GERAÇÃO ARMADA

LITERATURA E RESISTÊNCIA EM ANGOLA E NO BRASIL

CONSELHO EDITORIAL

Ana Paula Torres Megiani
Eunice Ostrensky
Haroldo Ceravolo Sereza
Joana Monteleone
Maria Luiza Ferreira de Oliveira
Ruy Braga

GERAÇÃO ARMADA

LITERATURA E RESISTÊNCIA EM ANGOLA E NO BRASIL

Marina Ruivo

alameda

Copyright © 2015 Marina Ruivo

Grafia atualizada segundo o Acordo Ortográfico da Língua Portuguesa de 1990, que entrou em vigor no Brasil em 2009.

EDIÇÃO: Haroldo Ceravolo Sereza

EDITOR ASSISTENTE: Gabriel Patez Silva

PROJETO GRÁFICO E DIAGRAMAÇÃO: Maiara Heleodoro dos Passos

ASSISTENTE ACADÊMICA: Bruna Marques

REVISÃO: Marina Ruivo

CAPA: Camila Hama / Maiara Heleodoro dos Passos

Imagem da capa: © Marina Ruivo

Este livro foi publicado com o apoio da Fapesp.

CIP-BRASIL. CATALOGAÇÃO-NA-FONTE
SINDICATO NACIONAL DOS EDITORES DE LIVROS, RJ

R883G

Ruivo, Marina
GERAÇÃO ARMADA : LITERATURA E RESISTÊNCIA EM
ANGOLA E NO BRASIL
Marina Ruivo. – 1. ed.
São Paulo : Alameda, 2015.
292p. ; 23 cm.

Inclui bibliografia e índice
ISBN 978-85-7939-327-3

1. Angola - História - Revolução, 1961-1975.
2. Brasil - História - Revolução, 1964-1985. 3. Brasil
- Política e governo. 4. Angola - Política e governo.
I. Título.

15-23576   CDD: 968
                          CDU: 94(68)

ALAMEDA CASA EDITORIAL

Rua Conselheiro Ramalho, 694 – Bela Vista

CEP 01325-000 – São Paulo – SP

Tel. (11) 3012-2400

www.alamedaeditorial.com.br

Ao Pedro, meu lindo menino.

SUMÁRIO

APRESENTAÇÃO 11
Rita Chaves

INTRODUÇÃO 19

CAPÍTULO 1 – LITERATURA E RESISTÊNCIA 33
Uma narrativa testemunhal 33
O que foi feito deverá 45
Resistência e literatura 47

CAPÍTULO 2 – HÁ LUGAR PARA A CHAMA DA UTOPIA? 63
Tempo de vivência da luta, tempo de vivência da derrota 63
O tempo em *Viagem à luta armada* 66
O início de tudo 66
Infância 73
Adolescência e luta 74

Intermezzo 76

Diogo 77

Coordenação Nacional 79

O vazio do presente 81

A força da narração 85

O TEMPO EM *A GERAÇÃO DA UTOPIA* 91

O tempo de vivência da luta 99

Efervescência coletiva 99

A derrota antes do fim 105

O tempo de vivência da derrota 118

A derrota na vitória 118

Perdição? 128

CAPÍTULO 3 – ENTRE URBES E CAMPOS 137

O CENÁRIO DA LUTA ARMADA 137

UMA NARRATIVA URBANA 139

O espaço inicial 140

O espaço da terapia 143

Lá fora 145

Lá dentro 152

Nos aparelhos 154

O ESPAÇO DE UMA NAÇÃO 157

As ruas de Lisboa 159

A áspera natureza 163

Domínio das águas 169

Cidade degradada 172

CAPÍTULO 4 – LITERATURA E GUERRILHA 177

CLEMENTE: O GUERRILHEIRO ESCRITOR 177

PEPETELA: O ESCRITOR GUERRILHEIRO 188

CAPÍTULO 5 – A CHAMA REVOLUCIONÁRIA 199

"Tercer Mundo global" 200

Em terras brasileiras 202

1964 205

As esquerdas brasileiras pré-64 207

O golpe 210

As esquerdas depois do golpe 211

As divergências entre as esquerdas 215

1968 219

Depois do AI-5 222

O MPLA e a história angolana 228

"Vamos descobrir Angola" 233

…E lutar por sua independência 237

A via armada 239

Os angolanos na Europa 240

A guerra 243

A independência 253

E a guerra, ainda 255

CONSIDERAÇÕES FINAIS 261

REFERÊNCIAS BIBLIOGRÁFICAS 271

SIGLAS

AGU – *A geração da utopia*, de Pepetela

VLA – *Viagem à luta armada*, de Carlos Eugênio Paz

M – *Mayombe*, de Pepetela

NTA – *Nas trilhas da ALN*, de Carlos Eugênio Paz

APRESENTAÇÃO

Uma geração, duas narrativas e o legado da resistência

Rita Chaves[1]

Que relações podemos estabelecer entre um romance do conhecido escritor angolano Pepetela, publicado em 1992, e uma narrativa de

---

1   Professora de Literaturas Africanas de Língua Portuguesa da Faculdade de Filosofia, Letras e Ciências Humanas da Universidade de São Paulo (FFLCH/USP), é autora de diversos artigos acadêmicos e científicos e organizou livros como *Mia Couto: um convite à diferença* (com Tania Macêdo e Fernanda Cavacas), *Passagens para o Índico – Encontros brasileiros com a Literatura Moçambicana* e *Portanto... Pepetela* (ambos com Tania Macêdo), além de muitos outros títulos.

caráter autobiográfico escrita por Carlos Eugênio Paz, um guerrilheiro da Ação Libertadora Nacional, editada em 1996? Que tipo de laços existiriam entre esses dois autores, pertencendo a gerações que dos dois lados do oceano alimentaram e foram alimentadas por utopias revolucionárias? Por que caminhos a escrita pôde associar-se aos sonhos que, na bela síntese de Antonio Candido, cobriram o mundo de moços? Essas e tantas outras indagações motivaram um singular roteiro de pesquisa que mobilizou a mente e o coração de Marina Ruivo, passageira de uma geração que cresceu sob os ventos da ressaca dessa vaga utópica e convive com sua derrocada pela tempestade neoliberal com que ainda nos debatemos. Alguns dos resultados desse projeto, com motivações para além das fronteiras da academia, estão aqui, finalmente, neste livro que, mais do que oferecer respostas, imagino, pode provocar outras perguntas e convocar outros interesses.

Diante de um trabalho pautado na aproximação das literaturas dos dois lados do oceano, raciocínios mais apressados poderiam aludir ao velho argumento da convergência das raízes pelas quais estamos ligados ao continente africano. Laços históricos para lá, questões raciais para cá, e já teríamos uma justificativa plausível para um estudo envolvendo Angola e Brasil no campo literário. Há, sem dúvida, um grande lastro enraizado no passado para explicar essa relação sobre a qual tanto se fala e tão pouco se conhece. Ninguém deve ignorar a dimensão da presença africana em nosso passado e as suas diferentes manifestações em nossos dias. O avanço dos estudos africanos entre nós nesses últimos doze anos tem comprovado a urgência do conhecimento e a sua validade na reconsideração de uma história eivada de preconceitos.

Narrativas como A *geração da utopia*, de Pepetela, e *Viagem à luta armada*, de Carlos Eugênio Paz, no entanto, ensinam-nos que não se restringe a tempos muito antigos as ligações entre as duas margens desse rio chamado Atlântico, como refere Alberto da Costa e Silva. Estamos perante obras que nos falam de um passado muito recente, de um período convulsionado que, de tão próximo, balança e contrabalança o nosso presente, sugerindo novos e velhos sentidos ao futuro que está em curso. Focalizando convergências e divergências, o trabalho de Marina Ruivo nos ensina que a história dos laços entre o Brasil e Angola também se pode ancorar em tempos mais recentes, em fatos que constituem a nossa contemporaneidade e desenham outras linhas para as nossas desejadas travessias. Com ela podemos ainda perceber a rede de conexões que, independentemente da intenção dos autores, os universos literários abrigam.

Dos pontos de aproximação entre as duas obras distingue-se a presença da luta armada como núcleo temático em textos que buscam representar o processo de transformação das sociedades a que pertencem seus autores. Em *A geração da utopia*, Pepetela compõe um olhar retrospectivo sobre personagens e espaços que estiveram no centro da luta pela independência do país, consagrada em 11 de novembro de 1975. Na sua maioria, os personagens focalizados integram o grupo que atuou na guerra de libertação e alguns participaram da tentativa de implantação de um projeto socialista, processo que se dissolve a partir do final dos anos 80. Em torno da construção dessa utopia e de sua diluição giram os quatro capítulos em que se divide a narrativa.

Em *Viagem à luta armada*, caminhando sobre os sinuosos fios da memória, Carlos Eugênio Paz aplica-se na compreensão de momentos turbulentos de uma luta que da vitória não conheceu sequer o gosto provisório. Sua fuga para a França, onde permaneceu entre 1974 e 1981, espelha a destruição da Ação Libertadora Nacional, pela violentíssima repressão da ditadura que queria derrubar. Assim como a sua, outras organizações foram dizimadas e os militantes que escaparam à morte pagaram a ousadia do sonho com a prisão e/ou o exílio. Diferentemente do que sucedeu em Angola, onde a resistência organizada e a luta de libertação conseguiram vencer os agentes diretos do colonialismo, no Brasil a revolução não passou de uma miragem e impôs aos guerrilheiros uma pesadíssima fatura. Marcelo Ridenti, uma das referências de Marina Ruivo para a compreensão do contexto histórico, avalia: "Ao contrário do que imaginavam as organizações armadas de esquerda, não se estava diante do momento-limite de uma situação revolucionária, em que formas alternativas de representação destroem a organização representativa institucional vigente" (1993, p. 247).

Com uma elevada taxa de violência, o regime manteve-se, fazendo da exceção a norma. Ainda esperaríamos alguns anos para que se realizassem as primeiras eleições para presidente no país, uma indicação de que a normalidade política estava voltando à sociedade brasileira. E, assim mesmo, sem outras conquistas inscritas no programa defendido pelos guerrilheiros.

A análise de cada um desses dois livros oferece-nos pistas para a reflexão acerca da sempre produtiva relação entre narrativa e História, iluminando não só questões próprias do debate à volta da literatura, mas abrindo perspectivas de compreensão das dinâmicas que se armam e desarmam em contextos dominados por conflitos. Em *Viagem à luta armada* e *A geração da utopia* evidencia-se o foco sobre a violência como prática do poder instituído e como resposta dos que não podem vislumbrar outro instrumento. A presença da "violência atmosférica", na poderosa síntese de Franz Fanon, é dado constitutivo das situações que engendram as duas narrativas; e cada um dos autores procura partilhar com o leitor a possibilidade de um mergulho que atravesse a camada aparente dos quadros que se formam a nossa frente.

Detendo-se nas articulações entre escrita e experiência, Marina Ruivo incursiona pela sempre instigante discussão acerca do testemunho, procurando entre as várias correntes os conceitos que melhor ampliem o campo de visão sobre uma obra de natureza múltipla como *Viagem à luta armada*. A pluralidade de propósitos que marca a sua própria origem exige tal acuidade. A narrativa de Carlos Eugênio, segundo a autora, "é uma narrativa literária, mas é também, simultaneamente, a narração de uma experiência, uma espécie de documento literário da história, em uma inter-relação de gêneros que era inclusive o objetivo do autor" (p. 41). Diante da complexidade, procura ela própria armar-se de um instrumental que, situando o testemunho entre os gêneros de fronteira, favoreça a captação dos elementos estéticos imbricados na construção da linguagem.

Ao examinar *A geração da utopia*, a estudiosa parte de outra certeza: a dimensão propriamente romanesca conferida pelo autor afasta da obra a definição de testemunho, distinguindo-a de uma recuperação da memória, "muito embora possa, como Pepetela costuma fazer, ter a intenção de fazer pensar sobre os elementos externos à ficção, que levam à própria sociedade angolana" (p. 46). Isso significa que a evocação de certos espaços e fatos, inscritos no percurso do autor, propicia a reconstrução de tempos fundamentais na formação e na diluição de utopias que constituíram a geração do autor, ele também um combatente do bom combate. Ou seja, também no romance angolano emergem sinais de um processo histórico em confronto com a noção de coletivo e com a perspectiva subjetiva de quem o viveu tão intensamente.

Marina Ruivo observa como, ao lidar com essa complexa articulação entre a história, a vivência direta de certos fatos e o desejo, que está na natureza da obra literária, de transcender os limites da objetividade, os autores elegem elementos estruturais que na montagem textual superam a dominância do enredo. A aprimorada construção do foco narrativo reforça-se no tratamento dado ao tempo que, conjugado ao espaço, revela sua dimensão na constituição dos personagens, cujo percurso reflete e/ou refrata o ponto de vista do narrador. A proximidade que parece cultivar com uns e a distância que aprofunda em relação a outros desvelam também o modo como vê o mundo que capta na composição de seu romance. Assim, o procedimento se esclarece na seleção dos meios de expressão: "Em *A geração da utopia*, o narrador em terceira pessoa, pelo recurso à onisciência seletiva múltipla, com o uso apurado do discurso indireto livre, não somente revela a interioridade dos personagens, como também suas próprias concepções a respeito da história de Angola" (p. 262).

O uso intensivo dos caminhos da memória torna o processo mais intrincado em *Viagem à luta armada*. Marina Ruivo detecta que o uso da primeira pessoa não confere exclusividade à dimensão individual do que se narra, uma vez que seu "centro não é propriamente o universo do eu, e sim a representação das relações deste eu com o contexto sócio-histórico" (p. 40). Nesse caso, já sabemos que esse contexto se tinge com as tintas da radicalidade. A relação um tanto estilhaçada com a experiência da guerrilha e o confronto com um passado dominado pela noção de violência e pela sensação de derrota contribuem para uma visão mais nebulosa do mundo. A associação algo direta entre terapia e escrita é reveladora da condição do sujeito que escreve tendo como alvo a reorganização de um universo em pedaços.

O caráter fragmentário desse interior projeta-se no tecido narrativo evidenciando as fraturas que, a um só tempo, reclamam e dificultam a recomposição. No texto inscrevem-se evidentemente as marcas do tempo do enunciado e elas se projetam no tempo da enunciação, fenômeno que o aproxima de uma série de livros que, multiplicando-se pelas livrarias do Brasil e de outros países latino-americanos saídos de governos ditatoriais, estabeleceram uma espécie de subgênero. Tendo como foco a revisão de um tempo dominado pela imposição do silêncio, as vozes caladas assumem, sobretudo a partir dos anos 80, o direito de lembrar e, ao transformar a lembrança em matéria, colocam a memória em contato direto com a história. É o que observa Beatriz Sarlo, para quem, com o fim das ditaduras da América Latina, "lembrar foi uma atividade de restauração dos laços sociais e comunitários perdidos no exílio ou destruídos pela violência de estado" (2007, p. 45).

Sem dúvida, as duas narrativas fazem do exercício da recordação uma maneira de se relacionar com tempos que, permeados pela esperança, eram sacudidos pela angústia que o enfrentamento dos riscos necessariamente trazia. Com perspectivas diversas, os sobreviventes dessa experiência que fazia da morte uma possibilidade muito próxima convertem a escrita num processo de depuração. Nesse processo, é importante assinalar, a empiria que está presente tanto em Pepetela quanto em Carlos Eugênio Paz é problematizada, o que impede que a descrição dos fatos e a referência aos gestos se façam sob o signo da sacralização. Em ambos, percebe-se de vários modos, a beleza da aposta não pressupõe o apagamento dos equívocos. Com base em procedimentos diversos, expurgam dos textos o senso consolador, a ideia de que o sofrimento redime e de que a experiência, ela só, produz necessariamente conhecimento.

Confrontando as duas narrativas, Marina Ruivo nos faz pensar no trânsito das utopias que deram um tom especial às décadas de 1960 e 1970. Por muitos campos do planeta, o desejo de mudança dava o tom e, de maneira especial, os jovens moviam-se pela crença de que chegara a hora de alterar mapas e fundar outro tempo. Se no continente africano e no asiático processavam-se lutas pela autodeterminação e pela independência, na América Latina a luta era contra o poder imperialista, manifestando-se muitas vezes igualmente contra as formas de colonialismo interno que insistiam em sobreviver. Das falas dos líderes de todo lado ecoavam os apelos à solidariedade transnacional e, por vias diferentes, os resultados repercutiam nos vários espaços. As falas de Agostinho Neto e Carlos Marighella, citadas na Introdução, dizem bem dessa convergência de aspirações e crenças que modalizavam o pensamento comprometido com a transformação. E se não havia uma ligação direta entre o MPLA e a ALN, alianças subterrâneas foram construídas entre os que reforçavam as redes de resistência cá e lá. Importa, pois, destacar com Marina Ruivo a existência de "um caldo cultural e político que, de uma maneira ou de outra, aproximava essas experiências que foram ficcionalmente resgatadas por estas duas narrativas literárias" (p. 22).

Apaixonada pela "geração armada" e pela paixão que os movia, a autora não camufla as razões que mobilizaram a sua seleção de obras e condicionaram a sua leitura. Ao definir, lá nos já distantes anos 90, a literatura angolana como objeto de sua pesquisa de iniciação científica, ela deixava transparecer a coragem de palmilhar terrenos pouco visitados. Em época de efervescência de estudos de gênero e da correspondente explosão do interesse pelo feminino e suas manifestações na produção literária, Marina preferiu estudar os personagens masculinos, empenhando-se em ver novas facetas no que já parecia tão conhecido. O mesmo gosto pelo pouco explorado esteve na base da opção pelo comparativismo que, a um livro como *A geração da utopia*, de Pepetela, um escritor consagrado, iria associar *Viagem à luta armada*, do estreante Carlos Eugênio Paz. E certamente chama a atenção em seu trabalho a exposição de suas convicções e a maneira desabrida de se colocar. Podemos, evidentemente, concordar ou não com suas posições e com os instrumentos que privilegia na abordagem dos textos, e isso pouca importância terá para o debate que a sua pesquisa convida. Não podemos, entretanto, deixar de observar que em sua leitura ela busca uma coerência saudável para o espaço acadêmico, tantas vezes tão dócil às modas e ao descompromisso.

Na conclusão do trabalho, ela deixa clara a sua trajetória e revela com nitidez as pegadas que seguiu, guiando-se por territórios que a outros olhos podem parecer minados como as matas por onde moviam-se os guerrilheiros de Pepetela. Ou povoados de armadilhas como as que ameaçavam os companheiros de Carlos Eugênio Paz. No papel de orientadora muitas vezes conversei com a jovem pesquisadora sobre esses perigos, mas igualmente muitas vezes percebi que no confronto com eles alimentava-se o seu crescimento. Ao atar as pontas dos tempos que selam o seu trabalho – o começo da pesquisa no mestrado e a publicação já depois do doutorado –, ela reitera a crença nos valores que determinaram o seu itinerário. Isso explica os sinais de uma certa fusão que em muitos momentos se pode notar entre a analista e o objeto de sua análise. Em certa medida, no exercício da leitura que faz, ela reivindica o legado da resistência que vê como a grande lição dos seus autores. Informados acerca da natureza de seu projeto intelectual e de algumas de suas concepções, constatamos por que, à vontade com a opção que faz, ela não hesita em assumir os riscos de uma escolha que, ao fim e ao cabo, é também uma forma de investigar o seu tempo e a sua maneira de nele estar.

REFERÊNCIAS BIBLIOGRÁFICAS

RIDENTI, Marcelo. *O fantasma da revolução brasileira*. São Paulo: Editora da Unesp, 1993.

SARLO, Beatriz. *Tempo passado. Cultura da memória e guinada subjetiva*. Tradução: Rosa F. de Aguiar. Belo Horizonte: Editora UFMG / São Paulo: Companhia das Letras, 2007.

INTRODUÇÃO

Este trabalho realiza uma leitura crítica de base comparativa das obras *Viagem à luta armada*, de Carlos Eugênio Paz, e *A geração da utopia*, de Pepetela, na busca de traçar as principais linhas que as aproximam e distanciam. O centro da análise é a estruturação dos elementos narrativos espaço e tempo. Pensadas as obras em relação, procurou-se também obter uma compreensão da particularidade de cada uma delas, problematizando como, em textos bastante diferentes entre si, o caráter resistente se constitui, especialmente, como uma defesa do poder de ação da própria literatura como experiência estética.

O testemunho *Viagem à luta armada*, publicado em 1996, é a estreia literária de Carlos Eugênio Paz, o guerrilheiro Clemente da ALN (Ação Libertadora Nacional), e conta, em primeira pessoa, a experiência do autor nessa organização das esquerdas armadas que, no final dos anos 1960 e princípio dos 70, lutou pela derrubada da ditadura militar e pelo estabelecimento de um poder popular no Brasil que caminhasse em direção ao socialismo. Na narrativa, é recriado o cotidiano dos combatentes, sendo reveladas as esperanças, os sonhos, as ações, os amores, o medo e a coragem, o companheirismo, a ternura. Em paralelo à experiência na ALN, em um ir e vir constante do presente ao passado, há também o descortinar de outra história, a que representa a vivência de derrota da luta, com a dor e a tristeza que invadiram o guerrilheiro Clamart, o narrador-protagonista.

Já Pepetela, em A *geração da utopia*, de 1992, segue as trilhas de sua produção literária anterior, a qual busca os muitos caminhos que envolvem a formação da nação angolana. No romance, é tematizada a história contemporânea de Angola, com a focalização de quatro momentos do percurso da geração que, lutando e conquistando a independência, projetava também uma profunda transformação social. Essa história é contada a partir do clima de efervescência político-cultural vivido pelos jovens angolanos que se reuniam na CEI (Casa dos Estudantes do Império), em Lisboa, em 1961, mesmo ano em que, em território angolano, eclodia a luta armada de libertação nacional, luta esta que também é representada, no seio da guerrilha do MPLA (Movimento Popular de Libertação de Angola). Posteriormente, apanha-se o início dos anos 1980, portanto já após a independência (que ocorreu em 1975), e o princípio da década de 1990, com o MPLA no poder e o confronto vivido pela sociedade angolana entre o projeto dos tempos da luta e a realidade de então.

Como se vê, os dois textos estudados tecem íntima relação com a história dos movimentos revolucionários e de resistência dos anos 1960/70. Tais lutas, transcorridas a quilômetros de distância uma da outra e separadas pelo Oceano Atlântico, não mantinham ligações diretas entre si. Porém, tanto por parte da ALN quanto do MPLA havia um desejo de irmanar de alguma forma tais processos, pois para além das conjunturas internas a cada nação existia também um contexto internacional de luta revolucionária e de rebelião contra a ordem instituída. Diante desse contexto – em que, por algum momento pelo menos, e para uma parcela da humanidade, o mundo todo parecia estar efetivamente à beira de grandes transformações –, não é de se estranhar que os movimentos de libertação nacional em Angola e no Brasil buscassem expressar a solidariedade entre suas lutas, o que se percebe, por exemplo, por um fragmento de discurso do então presidente do MPLA, Agostinho Neto, pronunciado em 1969 e intitulado "Angola: um povo em revolução", e publicado no número 3 da revista *Tricontinental*:

> Saudamos também, através da Organização Tricontinental, os homens que lutam de armas na mão para a realização deste objectivo [contra o imperialismo, para o progresso e a liberdade]; e, em particular os Povos que na Ásia – concretamente no Vietnam – lutam pela sua independência; os que combatem em África contra o colonialismo e os regimes racistas e os que lutam na América Latina contra a dominação do imperialismo norte-americano. Também exprimimos a nossa solidariedade total para com a luta destes povos.[1] (*apud* FORTUNATO, 1977, p. 157)[2]

Por sua vez, em seu "Chamamento ao povo brasileiro", em dezembro do ano anterior, 1968, o comandante da ALN Carlos Marighella havia defendido,

---

1 Foi respeitada a grafia dos originais angolanos e portugueses ao longo de todo este trabalho.

2 Deolinda Rodrigues, poeta e militante do MPLA, escreveu uma série de poemas denominada "Quatro mensagens de vida... de uma cela de morte", produzida enquanto a guerrilheira se encontrava presa em uma cela da UPA (União das Populações de Angola), onde, ao final, acabou sendo morta. O quarto poema, "Um quatro de Fevereiro", é bastante significativo tanto do sentimento de esperança e otimismo na vitória do MPLA, quanto da solidariedade com as lutas dos outros povos: "A paralítica mesa da cela/ não está nua/ no centro tem um emblema/ o nosso emblema/ e à volta da mesa/ três militantes do MPLA./ Sobe a bandeira verduga/ e na cela/ três militantes/ rendem homenagem/ aos heróis de Fevereiro/ aos heróis anónimos/ dos maquis, das prisões da pide, do exílio/ homenagem aos Cienfuegos,/ reverência especial aos jovens mártires do Kamy,/ êxito ao destacamento de caminho no interior,/ Vitória ao povo angolano/ sob a bandeira do MPLA./ Vitória ao Vietname heróico,/ à África e América Latina./ Não há relógio/ expirado o minuto de silêncio.// Três vozes renovadas/ lançam-se para lá da cela/ 'com o povo heróico'/ 'Revolução Angolana'/ e o dinâmico 'Da Triste História'.// Soam passos/ MPLA, Vitória ou Morte/ três punhos cerrados violam o ar da cela/ MPLA, Vitória ou Morte!/ MPLA, Vitória ou Morte!" (Andrade, 1980, p. 57-8).

como uma "das medidas populares previstas para serem executadas de forma inapelável, com a vitória da revolução", a proposta de retirar:

> [...] o Brasil da condição de satélite da política exterior norte-americana para que sejamos independentes, seguindo uma linha de nítido apoio aos povos subdesenvolvidos e à luta contra o colonialismo. (1979, p. 142-3)

Existia à época um caldo cultural e político que, de uma maneira ou de outra, aproximava essas experiências que foram ficcionalmente resgatadas por ambas as narrativas literárias. Lutava-se para acabar com o imperialismo e com qualquer forma de dominação, pretendendo-se construir a libertação nacional, que era vista como um passo importante na construção do socialismo.

Neste espaço introdutório, cabe ainda considerar que *Viagem à luta armada* e *A geração da utopia* não foram escritas no calor dos acontecimentos, mas depois, aproximadamente trinta anos após o início da história que é sua matéria literária. Depois, ainda, de acontecimentos que desempenharam um papel importante para o cenário das esquerdas[3] dos anos 1990, a queda do Muro de Berlim e o fim da União Soviética. As duas narrativas foram publicadas em um momento em que era bastante difícil vislumbrar saídas para o domínio do capitalismo neoliberal. Se, por um lado, tal fator repercute no curso dos textos, não podemos deixar de reconhecer que eles também apontam para o fato de que a história não acabou após o fim do chamado "socialismo real" e de que as contradições do sistema capitalista perduram.

Acredita-se que a análise de uma obra de Carlos Eugênio Paz contribui para a crítica da literatura brasileira contemporânea, sobretudo para o estudo

---

3   Ao longo deste trabalho, o conceito de "esquerda" será compreendido em seu sentido já consagrado. A partir dos textos de Daniel Aarão Reis Filho, em especial, optei por utilizá-lo sempre no plural, com a finalidade de reforçar que nele se englobam as diversas forças, com seus vários matizes, que são favoráveis às transformações sociais, lutando para extinguir a exploração econômica e a opressão.

de nossa literatura de testemunho e, ainda mais especificamente, para uma leitura das formas pelas quais as experiências das lutas sociais dos anos 1960/70 em nosso país vêm sendo convertidas em matéria literária. Igualmente, o estudo de uma obra de Pepetela é bastante fecundo para a continuidade dos estudos das literaturas africanas de língua portuguesa no Brasil e, no caso de *A geração da utopia*, para o debate das inter-relações literatura/experiência no seio dessas literaturas. Ademais, o trabalho de crítica sobre este romance é uma maneira de enriquecer a discussão sobre os modos pelos quais a literatura angolana vem construindo ficcionalmente a memória da luta de libertação.

Pela opção de colocar em confronto duas obras de diferentes sistemas literários, centrando-se no comparativismo, este trabalho pretende reforçar o espaço já conquistado pelos estudos comparados de literaturas de língua portuguesa. Além disso, não deixou de ser uma forte motivação a perspectiva de que a análise literária de *Viagem à luta armada* e *A geração da utopia* venha contribuir para o debate acerca dos significados desse passado, tão recente e, ao mesmo tempo, tão instigante.

Para a consecução dos objetivos, e em virtude da própria natureza do *corpus*, a pesquisa foi pautada por contribuições que advêm de diversas áreas do conhecimento humano, principalmente dos estudos literários e da historiografia, mas também, em menor grau, da ciência política, da filosofia e da psicologia.

Este livro origina-se da dissertação de mestrado em Letras que defendi no ano de 2005 no Programa de Pós-Graduação em Estudos Comparados de Literaturas de Língua Portuguesa do Departamento de Letras Clássicas e Vernáculas da Faculdade de Filosofia, Letras e Ciências Humanas da Universidade de São Paulo (FFLCH/USP), sob a orientação da professora doutora Rita de Cássia Natal Chaves.

Defendida a dissertação, em banca que contou com a participação dos professores doutores Flávio Wolf de Aguiar (FFLCH/USP) e Lívia Maria de Freitas Reis (Universidade Federal Fluminense – UFF), direcionei minha atenção à formulação de um novo projeto de pesquisa, desta feita para o doutoramento, na mesma universidade. Só depois de finalizada e defendida a tese é que voltei a olhar o texto da dissertação, constatando que ainda podia haver algum valor e atualidade em suas páginas.

De lá para cá, evidentemente, muita coisa se passou. A crítica das literaturas africanas de língua portuguesa ganhou um espaço bem maior do que o que tinha à época (e já então estava em crescimento), favorecendo-se inclusive do maior espaço das obras desses autores no cenário literário brasileiro, uma notícia para lá de positiva.

Muito também se deu de mudanças no cenário dos estudos acadêmicos que envolvem, de algum modo, o Brasil pós-golpe: se já estavam em franco crescimento, de lá para cá foram muitos os ganhos obtidos, com pesquisas cada vez mais extensas e aprofundadas.[4] Isso sem contar os grandes progressos feitos pela sociedade brasileira como um todo, no enfrentamento de seu passado, o que se pode ver pela criação da Comissão da Verdade, por via da Lei 125.28/2011, instituída em 16 de maio de 2012 com a "finalidade de apurar graves violações de Direitos Humanos ocorridas entre 18 de setembro de 1946 e 5 de outubro de 1988" (CNV), e que em 10 de dezembro de 2014 divulgou seu relatório. Tais progressos também podem ser vistos pelo próprio espaço obtido na imprensa para a circulação de matérias e discussões referentes ao Brasil sob ditadura. Pensando especificamente nos estudos relativos ao testemunho brasileiro sobre a experiência de luta contra a ditadura militar, eles também se ampliaram bastante.

Muito se deu também na trajetória dos autores aqui estudados: Pepetela prosseguiu em seu caminho de escritor cada vez mais consagrado

---

4   Tendo organizado, em 2004, um evento em torno dos quarenta anos do golpe civil-militar de 1964, pude verificar a enorme diferença existente entre as duas datas, os quarenta e os cinquenta anos do golpe. Evidente que houve eventos e discussões em 2004, além de cobertura na imprensa, mas nada comparável à imensa quantidade de palestras, debates, mesas-redondas e eventos em geral ocorridos em 2014.

O evento organizado em 2004 foi *Memória & Resistência: a educação pelo engajamento – 40 anos do golpe*, em conjunto com Amandy da Costa González, Eloísa Aragão e Marcello Lagonegro, que à época compúnhamos a AEP (Associação de Educadores e Pesquisadores). A coordenação geral ficou a cargo do professor doutor Marcos Ferreira Santos, da Faculdade de Educação da USP, que sediou o evento.

internacionalmente, e Carlos Eugênio Paz embrenhou-se na política brasileira, tendo se lançado inclusive candidato a deputado federal nas eleições de 2010, pelo PSB (Partido Socialista Brasileiro), no estado do Rio de Janeiro.

A trajetória da pesquisadora, obviamente, também passou por mudanças: acabei adentrando de modo mais direto na abordagem da produção literária brasileira, defendendo uma tese de doutoramento sobre a ficção pós-64 de Carlos Heitor Cony, e assim afastando-me um pouco, ainda que sem perder a ligação amorosa que com ela tenho, da literatura angolana, assim como do próprio acompanhamento mais direto das questões éticas e políticas ligadas ao Brasil pós-64.

No entanto, apesar do tempo decorrido, e de tantos câmbios, parece-me que a leitura que fiz de A *geração da utopia* – e que teve sua origem em pesquisa anterior, de iniciação científica, apoiada pela Fapesp e desenvolvida ao longo de quase dois anos na mesma universidade e também sob orientação da professora Rita – ainda pode contribuir para a crítica das obras do consagrado escritor angolano, ao abordar as relações traçadas entre literatura, luta de resistência, utopia revolucionária e derrota, pensadas sobretudo por meio da análise das categorias narrativas *tempo* e *espaço*.

No âmbito brasileiro, por sua vez, faz-se necessário apontar que, se muitas são as abordagens aos testemunhos, e se a própria figura de Carlos Eugênio Paz vem recebendo ainda mais destaque e relevância de 2005 para os nossos dias, ainda não houve outras abordagens de suas narrativas no escopo específico da crítica literária. Espero, portanto, com esta obra, ajudar a abrir as trilhas nesta direção.

Por outro lado, ao se considerar as mudanças todas que se deram nestes dez anos, se era inviável e despropositado efetuar uma total reformulação da dissertação original, foi impossível não realizar algumas mudanças em sua estrutura. Assim, o trabalho ora apresentado diferencia-se de sua fonte, ainda que dela faça sua base. A mudança mais significativa foi com relação à busca de uma maior aproximação dos dois textos e universos, procurando-se construir um diálogo passo a passo entre *Viagem à luta armada* e A *geração da utopia*, as trajetórias de Carlos Eugênio Paz e Pepetela, a história recente brasileira e também a angolana. Outra mudança importante foi que, aqui, a discussão sobre resistência, central na dissertação, e que lá procurava entender o conceito na tradição dos estudos de ciência política e jurídicos, passou para um plano secundário em relação à abordagem crítica das obras e à reflexão do caráter resistente delas, pensadas enquanto textualidades, narrativas literárias.

Para finalizar, é preciso dizer que considero plausível que alguém tome um exemplar de *Viagem à luta armada* ou de *A geração da utopia* sem saber nada sobre quem foram seus autores, nem sobre a luta das esquerdas armadas contra a ditadura, nem, ainda, sobre a luta de independência angolana, por exemplo, e seja agarrado por estes textos. E mais, esta pessoa pode mesmo realizar estudos de natureza crítica sobre eles sem percorrer os passos que a levem ao conhecimento mais íntimo desses elementos.

Ainda assim, mesmo aceitando tal premissa, parece-me que saber algo sobre quem é Carlos Eugênio Paz e quem é Pepetela, sobre que luta eles participaram, contra que combatiam e a favor de que se entregaram de corpo e alma fornece elementos que auxiliam no estudo crítico das obras literárias que eles produziram. Além disso, não custa confessar, porque em geral gostamos de saber quem é a pessoa que está por trás do livro que lemos, mesmo nos casos em que tal conhecimento pouca coisa possa trazer de relevante para a compreensão da obra produzida. Mas, no caso de Pepetela e Carlos Eugênio Paz, essas informações contribuem de fato, porque suas narrativas – e, com relação a Pepetela, é preciso frisar que aqui falamos de *A geração da utopia* – têm muito a ver com as experiências de suas vidas, experiências estas que entrecruzam a vivência individual com a história social de Angola e do Brasil.

Procurando respeitar essas convicções e, mais, ser fiel à minha própria experiência de primeira leitura dos textos – quando, se eu não era virgem no conhecimento sobre a história e a literatura de Angola (havia cursado um semestre da disciplina Literaturas Africanas de Língua Portuguesa voltado à produção literária angolana), o fato é que ainda sabia muito pouco a respeito, e foi o desejo de pesquisar e entender *A geração da utopia* e *Mayombe*, ao longo da iniciação científica e depois no mestrado, que me levou a mergulhar na história angolana, a querer entender a constituição do MPLA e ainda como foi o colonialismo em Angola, por exemplo, dentre outras questões que me faziam correr sedenta para qualquer livro ou revista que contivesse informações a respeito. No caso brasileiro, algo parecido também pode ser dito, pois, se eu também já tinha algum conhecimento sobre o período da ditadura, ele ainda era bastante difuso e, em geral, fornecido pela própria experiência da mídia (como esquecer que fui da geração que se entusiasmou com o seriado *Anos Rebeldes*, da Rede Globo?). Sabia que houvera grupos que lutaram de armas na mão contra a ditadura, ouvia há anos as canções da MPB, mas sabia pouco mais que isso. Foi a partir da decisão de que trabalharia com o testemunho de Carlos Eugênio Paz que mergulhei pra valer nesse mundo, desejosa de ler o máximo possível de textos que se relacionassem à temática e me fizessem próxima daquela vivência, para entendê-la o mais possível.

Assim, e procurando também respeitar o fato de que o centro deste trabalho se encontra na análise das obras, os elementos contextuais estão presentes aqui, mas em capítulos que se seguem, e não que antecedem, à leitura de *Viagem à luta armada* e *A geração da utopia*. Como se verá, porém, em alguns momentos tais elementos apareceram na própria discussão das obras, tamanha a imbricação das questões. De toda forma, espero que, com a atual disposição dos capítulos, o leitor que quiser partir diretamente para a crítica das obras, possa fazê-lo, e o leitor que desejar primeiro conhecer um pouco mais sobre a trajetória dos dois autores e/ou o contexto do imediato pré-golpe no Brasil, com a configuração das esquerdas de então, os acontecimentos decisivos que culminaram no golpe e, depois, os principais elementos que levaram a parcela das esquerdas a se armar, bem como um pouco da história do colonialismo em Angola no século XX, a forma como cultura e política se inter-relacionavam na resistência a ele, e o desenrolar da luta de independência, tal leitor possa se dirigir aos dois últimos capítulos desta obra e depois voltar para os capítulos iniciais, sem prejuízo algum.

Feita a ressalva, podemos prosseguir, não sem antes registrar minha profunda gratidão à professora Rita Chaves, mestre iniciadora e encorajadora, que topou embarcar em mais uma aventura – a desta publicação. Aos professores que compuseram a banca de defesa da dissertação, com destaque especial ao professor Flávio Aguiar, meu orientador no doutorado e também grande incentivador da publicação deste livro. E aos autores das obras estudadas, pela generosidade que sempre demonstraram diante da pesquisa que efetuei.

Muitas foram as pessoas que colaboraram para a realização da pesquisa, de diversas formas, e a todas elas permaneço muito grata. Além disso, agradecimentos especiais para minha família, por tudo, e para Eloísa Aragão, Daniela Amaral e Fábio Tagliapietra. Agradeço também a todas as pessoas que surgiram depois de eu haver terminado a dissertação, lá em 2005, e que, de alguma forma, influíram na minha escrita e/ou vida: Dulce Silva, Eugen Weiss, Fernanda Sophia, Giselle Agazzi, Joana Rodrigues, Luiz Brás, Maria Fatima Silva, Manuel Leal Boucinhas, Paula Francisquetti, Paulo Daruiche, Rafael Noronha e, muito especialmente, Manoel Herzog.

Agradeço ainda à Fapesp, por auxiliar esta publicação e pela bolsa que viabilizou a pesquisa do mestrado. Agradeço também ao CNPq, pela bolsa que possibilitou que eu concluísse a escrita da dissertação.

Em tempo: O título que o trabalho adquiriu aqui, *Geração armada*, origina-se, como é evidente, da fusão de partes dos títulos das duas narrativas. Mas é preciso dizer duas palavrinhas a esse respeito.

A primeira é que o título da minha pesquisa de iniciação científica já fazia uma mistura desse tipo, ao se denominar *A geração de Mayombe*, pois se detinha na investigação literária de personagens de Pepetela em seu romance *Mayombe*, que se passa na luta guerrilheira do MPLA e foi escrito no princípio dos anos 1970, e relacionava-os a personagens de *A geração da utopia*, obra em que o autor se propôs a um corte de longo alcance na história angolana. Na ocasião da pesquisa, o título me foi sugerido por Marcello Lagonegro.

A segunda é que *Geração armada* não faz referência apenas ao dado mais óbvio de que essa geração – em especial a parte dela que é representada nas obras – lutou de armas na mão para alcançar o que sonhava (ainda que esta seja uma característica fundamental dela, não há dúvida). Mas geração armada também de sonhos, de ideais, de conceitos, de pré-conceitos... Tão diferentes dos que vieram depois, mas, ao mesmo tempo, sempre tão iguais, na busca do ser humano de um mundo melhor, mais solidário, mais justo.

Por outro lado – e aqui talvez já seja uma terceira palavrinha –, é preciso dizer que gosto da noção de "geração", por mais ilusória que ela seja. Da noção de que há algumas características comuns a que as pessoas que nasceram na mesma época estão, ao menos, expostas. Lembro até hoje do reconhecimento que senti quando me deparei com as palavras de Franz Fanon, em seu clássico *Os condenados da terra*, falando do que cabe a cada uma das gerações:

"Cada geração deve numa relativa opacidade descobrir sua missão, executá-la ou traí-la."

E gosto dos questionamentos que tal noção nos traz: como geração, nós, os nascidos no final dos anos 1970, por exemplo, quando a ditadura estava em seu processo de "abertura lenta, segura e gradual", que missão tínhamos, que missão nos propusemos, que missão tentamos cumprir?

"*Costumo pensar que a nossa geração se devia chamar a geração da utopia. Tu, eu, o Laurindo, o Vítor antes, para só falar dos que conheceste. Mas tantos outros, vindos antes ou depois, todos nós a um momento dado éramos puros e queríamos fazer uma coisa diferente.*"

(fala de Aníbal, o Sábio, personagem de A geração da utopia)

"*Se continuamos puros de propósitos, temos que vasculhar tudo, como Fabiano me recomendou, revolver a lama e o lodo, [...]*".

(fala de Clamart, narrador-personagem de Viagem à luta armada)

CAPÍTULO 1
LITERATURA E RESISTÊNCIA

Uma narrativa testemunhal

"Um 'testemunho de vida' não é simplesmente um testemunho sobre uma vida privada, mas um ponto de fusão entre texto e vida, um testemunho textual que pode *nos penetrar como uma verdadeira vida*." (FELMAN, 2000, p. 14, itálicos do original)

Um bom caminho para começarmos a pensar na narrativa *Viagem à luta armada*, que mescla documento, experiência e ficção, é refletir sobre o conceito de *testemunho*. Alfredo Bosi, em um ensaio no qual procura caracterizar como obra de testemunho as *Memórias do cárcere*, de Graciliano Ramos, pontua:

> A questão de base que se deve enfrentar é esta: como a memória de fatos históricos se faz construção literária pessoal sem descartar o seu compromisso com o que vulgarmente se entende por *realidade objetiva*? (BOSI, 2002b, p. 221, itálicos do original)

E é nesse local de fronteira, entre a história e a literatura, que se encontra também o texto de Carlos Eugênio Paz, com sua narrativa da experiência pessoal do autor em acontecimentos relevantes da história da nação brasileira. A vivência individual casa-se com a história coletiva, em uma obra que entrecruza o compromisso com a história e a narração literária em primeira pessoa. Como diria Bosi (2002b, p. 221), "nem pura ficção, nem pura historiografia: testemunho".

Se quisermos ampliar a compreensão sobre a literatura de testemunho, para pensar como sua caracterização auxilia a compreensão desta obra, é preciso levar em conta a existência de três linhas teóricas para o testemunho na literatura, sendo que duas delas estão relacionadas principalmente à crítica da literatura hispano-americana, e a terceira vincula-se à crítica da literatura ligada à "Shoah" (termo hebraico que é utilizado para substituir a expressão "Holocausto").

No âmbito da crítica da literatura hispano-americana, há uma corrente formulada por pesquisadores em geral ligados à academia norte-americana, nos anos 1980, após a publicação do testemunho de Rigoberta Menchú (*Me llamo Rigoberta Menchú y así me nació la conciencia*). Essa corrente adota como marco inicial do testemunho a obra *Biografía de um cimarrón*, de Miguel Barnet, de 1966. A partir do texto de Barnet, os estudiosos estabeleceram alguns "critérios" para qualificar uma obra como testemunho. De modo bastante sintético, ela teria de ser produzida a partir do encontro entre um indivíduo iletrado ou semiletrado que conta sua história de vida a um indivíduo letrado, o qual recolhe o depoimento, transcreve-o e edita-o. O texto resultante revelaria as marcas desse encontro entre os dois narradores, trazendo aos leitores a história de vida do depoente, a qual se vincula a um grupo social excluído da participação no poder e no saber de uma determinada sociedade. Logo, há um desejo de permitir que venha à tona o discurso do *outro*, do *oprimido*, do *subalterno*.[1]

Tal concepção praticamente não pode nos auxiliar para a reflexão sobre *Viagem à luta armada*, tendo em vista que não há na obra esse encontro entre dois tipos de narrador. Por outro lado, a concepção formulada pelos jurados do prêmio literário da Casa de las Américas em 1969 é muito mais flexível para a consideração do que é o testemunho, contribuindo para nossa leitura. Como ressaltou Valéria De Marco (2001, p. 51), para essa formulação surgida em solo cubano, "pode-se falar de oprimido, mas este se identifica a opositor político à ordem vigente", aspecto que nos importa muito, pois em *Viagem à luta armada* trata-se de narrar a história de um movimento de oposição à ditadura que pretendia transformar a sociedade brasileira, revolucioná-la para que não mais existissem oprimidos ou opressores.

Essa corrente de análise sobre o testemunho foi formulada por Ángel Rama, Carlos María Gutiérrez, Hans Nagnus Enzensberger, Haydee Santamaría, Isidora Aguirre, Manuel Galich e Noé Jitrik, os quais constituíam o júri do Prêmio Casa de las Américas naquele ano. A intenção dos críticos era fornecer uma resposta à grande quantidade de originais que chegavam para o concurso da casa, obras que não se encaixavam em nenhum dos cinco prêmios existentes (poesia, romance, ensaio, teatro e conto), pois não eram ensaios historiográficos, mas também não eram propriamente ficção. Além disso, para eles, o valor dessas obras "não está somente no [aspecto] literário, senão naquilo que testemunham do processo da América Latina" (RAMA, 1995, p. 122). Os jurados pensavam especificamente em obras que são "um testemunho do processo histórico" (RAMA,

---

1   Sugerimos a leitura de Elzbieta Sklodowkska (*Testimonio hispano-americano. História, teoría, poética*. Nova York: Peter Lang, 1991), uma síntese crítica da bibliografia desta corrente sobre o testemunho. O ensaio de João Camillo Penna (2003, p. 299-354) é também uma análise bastante acurada das questões ligadas ao testemunho hispano-americano.

1995, p. 122), em livros "nos quais se documente, de fonte direta, um aspecto da realidade latino-americana atual" (GALICH, 1995, p. 124).[2]

Essa literatura, portanto, caracteriza-se para eles pelo ato de dar testemunho, a partir de uma vivência, de uma experiência histórica, consistindo em obras que se aproximam de muitos gêneros, mas com diferenças significativas diante deles. Assim, o testemunho pode se assemelhar à reportagem, à narrativa ficcional, ao ensaio e à biografia, mas não é exatamente nenhum desses gêneros.

Não é uma reportagem, na medida em que não se prende a uma publicação periódica, senão que é uma obra autônoma, que não é efêmera "e que, por isso mesmo, exige uma maior qualidade literária" (GALICH, 1995, p. 124). Pensando em *Viagem à luta armada*, verificamos que não se trata de uma reportagem sobre a luta das esquerdas armadas brasileiras, tendo em vista que há uma voz em primeira pessoa que fala de sua experiência individual, em uma obra autônoma e com preocupação estética.

Ainda que se aproxime da narrativa ficcional, ao colocar em cena personagens literariamente construídos, o testemunho não é propriamente um romance ou um conto, uma vez que tem um compromisso com a objetividade e uma relação de fidelidade para com a realidade representada que o distanciam da ficção. No caso do texto de Carlos Eugênio Paz, podemos perceber que as pessoas reais que viveram os acontecimentos adquirem um traço romanesco, aproximando-se de personagens de um romance e possibilitando ao autor um nível de liberdade ao falar delas. Contudo, nem por isso se pode esquecer o compromisso com a realidade histórica, percebido, por exemplo, pela preocupação do autor de obter, de certa forma, a autorização, o reconhecimento das pessoas que se viram representados em sua obra, conforme nos informou:

> A Guiomar [Silva Lopes] e o Takao [Amano] tiveram também um papel fundamental, porque acho que eu precisava um pouco da aprovação dessas pessoas para acabar realmente esse livro e publicá-lo. Não de todas as pessoas, mas daquelas que para mim são essenciais,

---

2   As citações de Rama e de Galich foram traduzidas do espanhol por mim.

> que vão ser sempre essenciais na minha vida, como a
> Guiomar, o Takao, o Ivan Seixas. [...] Comecei a pas-
> sar [os originais do livro] para esses companheiros, e eles
> dizendo: "Estou me reconhecendo aqui dentro, legal!".
> Foi a expressão mais ouvida: "me reconhecendo". Fui
> sentindo aquela coragem de seguir adiante.[3]

As pessoas são inseridas, no entanto, em um universo que não é o da historiografia. São narrados seus sentimentos, emoções, pensamentos, dúvidas, certezas, amores; pela particularização da narração, toca-se a ficção, sem que se perca a noção de que se trata de memórias de uma vivência. Dessa maneira, por exemplo, a personagem Marcela, assim como Felipe, Poeta, Fabiano, Diogo e Rafael, entre outros, ocupam tal força narrativa que se tornam, aos olhos dos leitores, personagens. Não são mais Ana Maria Nacinovic ou Alex de Paula Xavier Pereira, Aldo Sá Brito, Eduardo Colem Leite, Carlos Marighella ou Joaquim Câmara Ferreira de carne e osso, e sim como foram vividos por Clamart (que não coincide exatamente com Carlos Eugênio Paz, pois também aí há ficcionalização), como ficaram em sua memória e como foram reconstruídos.

A forma como é narrada a primeira vez em que Clamart viu Marcela, por exemplo, coloca-a no plano da ficção e não no do documento historiográfico: "Marcela entra sorrindo no carro e em minha vida, bela como nenhuma outra, paixão ao primeiro ponto.[4] Proibida, ela é companheira de Assad, sonharei com ela e a desejarei em segredo, não tenho o direito de interferir no amor dos dois" (VLA, p. 146). Nesta passagem, somos apresentados a Marcela pelo ângulo particularizador do narrador, o qual caracteriza o significado específico

---

3 Todas as citações do autor que estão sem identificação bibliográfica foram pronunciadas em entrevista à autora, realizada entre os dias 31 de outubro e 1º de novembro de 2002, no Rio de Janeiro.

4 Os "pontos" eram os locais em que os militantes se encontravam para trocar informações, combinar ações e discutir os rumos da luta. Assim, marcavam-se pontos em lugares públicos, onde fosse possível visualizar detidamente as proximidades, para verificar e evitar a presença da polícia.

que esta mulher adquiriu em sua vida; Marcela é inserida em um universo de relações que a torna ficção e não somente realidade objetiva.

As pessoas reais que viveram os acontecimentos, ao ser transformadas em personagens, recebem também nomes diferentes dos reais, o que é um signo de mão dupla: por um lado, um traço de ficcionalização, que permitiu ao autor, conforme declarou na entrevista, um grau razoavelmente alto de liberdade ao falar de seus companheiros:

> São terceiros nomes, não são nem os nomes legais, nem os nomes de guerra, porque se eu usasse nome de guerra, já estaria identificando. [...] Primeiro, tinha uma preocupação de respeito com as pessoas vivas [...] Como é que a gente pode saber se a pessoa está querendo ser citada? São coisas pesadas, mexem com a memória, com os sentimentos, com os sofrimentos, com as derrotas [...] Mas, de um lado eu queria isso, preservar a memória, a vida dos vivos. Então, se eu usasse o nome legal das pessoas que morreram, ou o nome de guerra, aí ia interferir num outro processo meu, que era o seguinte: apesar de saber que Marcela é Ana Maria Nacinovic, e Renata, Beth, os nomes de guerra dela, apesar disso, eu me sentia mais livre falando sobre ela quando a chamava de Marcela. Eu me sentia mais livre de dar vida àquela pessoa chamada Marcela, àquele personagem chamado Marcela [...] Então pensei: já que não estou identificando uns por questão de segurança, para deixar as pessoas à vontade, não invasão, respeito, e por outro lado me sinto mais livre... Resolvi colocar todo mundo com um nome completamente distinto [...].

O caso da denominação de Silvério para o traidor que leva à morte de Diogo – associando-se diretamente a Joaquim Silvério dos Reis, o traidor de Tiradentes – é sintomático de que houve clara intencionalidade ficcional já na elaboração dos nomes.

Por outro lado, a utilização de nomes ficcionais não deixa de ser um elemento a nos aproximar do próprio universo guerrilheiro, no qual as pessoas adotavam codinomes como uma tática da clandestinidade. Logo, a posição dos personagens é um elemento dúbio da obra. Se por um viés representam um desejo de ficcionalização, por outro há sempre que lembrar que a obra não descarta seu compromisso com a chamada objetividade, com a narração de fatos que efetivamente aconteceram. Não é à toa que ao final do livro compareça um glossário que traz os nomes reais das pessoas: há que reforçar que o que se leu aconteceu de fato, que os personagens dos quais se acompanhou a trajetória existiram na realidade. Sobre o significado de tal glossário, declarou-nos o autor:

> [...] depois faço um glossário identificando aquelas pessoas que morreram, porque acho importante localizá-las, porque uma das coisas que eu queria, transformando-as em personagens de um livro atual e que várias pessoas lessem, era exatamente dizer o seguinte: "Olha, Antônio Sérgio de Matos, você foi uma pessoa que dedicou sua vida ao seu povo. Ana Maria Nacinovic, Iuri Xavier Pereira, vocês foram pessoas que...". Sei lá, algum exemplar desse livro, daqui a trezentos anos, pode ter sobrado, e alguém vai ler e vai dizer: "Teve um pessoal que tinha umas propostas legais, eles enfrentaram um poder constituído, lutaram contra a tirania, contra a maior nação do mundo!" – porque nós declaramos guerra aos Estados Unidos, abertamente. O Marighella declarou guerra aos Estados Unidos na Rádio Nacional, na tomada da Rádio Nacional, tem um texto sobre isso, que ele disse, com a voz dele. [...] Eu tinha vontade de que essas pessoas passassem para a história, já que o nosso povo precisa. Infelizmente, como dizia Bertolt Brecht, o nosso povo ainda precisa de heróis. Infelizmente, mas ainda precisa.

A partir desta situação dos personagens, já é possível percebermos como *Viagem à luta armada* se aproxima intensamente do gênero romance, embora seja complicado dizer que pertença a ele por inteiro.

Podendo se aproximar do ensaio investigativo, o testemunho, contudo, é produzido a partir de um contato direto com o fenômeno representado, especialmente a partir de uma vivência. Neste caso, é nítido que a obra aqui estudada não é, de forma alguma, um ensaio acerca da luta das esquerdas armadas, mas uma narração a partir do interior, das entranhas de quem viveu os acontecimentos na carne, e não de quem os investigou.

Por fim, ainda que se assemelhe a uma biografia, o testemunho não objetiva contar toda uma história de vida pelo seu interesse pessoal e/ou individual, mas se preocupa com a relação entre a história de vida individual e a história social, recriando "um fenômeno coletivo, uma classe, uma época, um processo (uma dinâmica), ou um não processo (uma estagnação, um atraso) da sociedade ou de um grupo ou camada característicos" (GALICH, 1995, p. 125). O testemunho muitas vezes é escrito em primeira pessoa, no entanto, diferentemente da tradição do discurso em primeira pessoa, seu foco não é a investigação da subjetividade, e sim a relação do eu com o mundo. Como afirmou Valéria De Marco acerca do testemunho *Rabo de foguete*, de Ferreira Gullar, trata-se de "um vínculo umbilical entre o eu e o mundo, entre o indivíduo e o seu tempo, o cidadão e suas circunstâncias históricas. A intimidade é forjada em um embate de ação e reflexão com o mundo". É nesse sentido que "constrói-se a dimensão do romance" (DE MARCO, 2001, p. 66) e, por isso, é tão difícil precisar as fronteiras do testemunho.[5]

Viagem à luta armada é escrito em primeira pessoa, mas seu centro não é propriamente o universo do eu, e sim a representação das relações deste eu com o contexto sócio-histórico. O que importa não é a trajetória de vida de Clamart por ela mesma, mas como essa trajetória imbrica-se com a história coletiva.

---

5   Até mesmo porque o próprio romance é essencialmente um gênero aberto e multifacetado. Como caracterizou Mikhail Bakhtin (2002, p. 73), em definição bastante consagrada, o romance é "um fenômeno pluriestilístico, plurilíngue e plurivocal".

Como se vê, o testemunho pode ser considerado um gênero de fronteira, de difícil delimitação, para o qual, contudo, o valor estético desempenha um papel decisivo. Analisar *Viagem à luta armada* requer assim que se tenha constante atenção a seu aspecto duplo: é uma narrativa literária, mas é também, simultaneamente, a narração de uma experiência, uma espécie de documento literário da história, em uma inter-relação de gêneros que era inclusive o objetivo do autor:

> Memórias romanceadas porque eu não estava querendo fazer um livro de história. Nunca tive essa pretensão e nem tenho, posso no máximo colaborar com a história, contando as coisas, dando depoimentos [...]. Mas não tinha vontade de escrever um livro historiográfico, porque a minha ideia era contar a partir de mim. Só conto nos meus livros coisas que vivi. E, como sempre quis escrever, acho que queria as duas coisas. A única forma que vi de juntar os dois lados era contar em forma de romance, em forma de ficção, as coisas que vivi. [...] Como tinha vontade de escrever, acho que é muito a coisa do contador, sempre fui meio contador e achava que podia ser um bom contador usando a linguagem escrita. [...] Portanto, história eu não queria fazer. E ao mesmo tempo queria contar, de um jeito que tivesse vida, que as pessoas fossem personagens... Tinha essa pretensão de fazer *uma coisa meio híbrida entre história e ficção*. (destaque meu)

O compromisso com a história pode ser percebido pelo próprio objetivo da obra: preencher com palavras o silêncio então muito reinante na sociedade brasileira sobre os episódios, os objetivos e o significado da luta das esquerdas armadas. Para resistir ao esquecimento, havia que contar como foi, em detalhes, que tudo aconteceu. Narrar as ações, os planos estratégicos de lançar a guerrilha no campo, o projeto de uma nova sociedade, que se libertasse da ditadura e do imperialismo norte-americano e que se tornasse uma nação soberana, com justiça social. É preciso narrar as vitórias, os sucessos nas ações, mas também a prisão, a tortura, o assassinato de companheiros e a derrota. Todo o texto aponta para o desejo de contar como tudo aconteceu, aproximando-se da chamada realidade objetiva.

Todavia, tratando-se de uma obra testemunhal, ele é escrito a partir de uma vivência direta dos acontecimentos e não por meio de uma investigação documental do ocorrido. Ao nascer pelo recurso à memória, já adentra necessariamente no terreno da ficção, pois, como nos alerta Eclea Bosi, pautada na investigação de Maurice Halbwachs, "lembrar não é reviver":

> O caráter livre, espontâneo, quase onírico da memória é, segundo Halbwachs, excepcional. Na maior parte das vezes, lembrar não é reviver, mas refazer, reconstruir, repensar, com imagens e ideias de hoje, as experiências do passado. A memória não é sonho, é trabalho. Se assim é, deve-se duvidar da sobrevivência do passado, "tal como foi", e que se daria no inconsciente de cada sujeito. A lembrança é uma imagem construída pelos materiais que estão, agora, à nossa disposição, no conjunto de representações que povoam nossa consciência atual. Por mais nítida que nos pareça a lembrança de um fato antigo, ela não é a mesma imagem que experimentamos na infância, porque nós não somos os mesmos de então e porque nossa percepção alterou-se e, com ela, nossas ideias, nossos juízos de realidade e de valor. O simples fato de lembrar o passado, *no presente*, exclui a identidade entre as imagens de um e de outro, e propõe a sua diferença em termos de ponto de vista. (BOSI, 1995, p. 55, itálico do original)

A autora prossegue nos comentários sobre a obra de Maurice Halbwachs, acrescentando que a "conservação total do passado" só seria viável se as pessoas não modificassem seu "sistema de representações, hábitos e relações sociais", pois "a menor alteração do ambiente atinge a qualidade íntima da memória".

No caso da obra de Carlos Eugênio Paz há que se levar em conta que o que se lê são os acontecimentos tal como foram reconstruídos pela memória do autor, não correspondendo exatamente aos episódios tal como de fato aconteceram. A crítica literária Adélia Bezerra de Meneses traz também alguns elementos que auxiliam nessa discussão. Traçando um paralelo entre Aristóteles e Freud, pelo qual procura apontar algumas similaridades na obra dos dois pensadores acerca da memória, a autora destaca um ponto fundamental: a memória faz-se também movida pela imaginação e, em consequência, pelo desejo:

> Depois de articular a memória e uma noção de *tempo*, e de discorrer que a memória se aplica ao passado, Aristóteles se pergunta em seu *Tratado da Memória e da Reminiscência*:
> "A que parte da alma pertence a memória?
> É evidente que a esta parte da qual brota também a imaginação".
> Mas a coisa não para aí. Mais surpreendente ainda é a sua assertiva, segundo a qual a imaginação é movida pelo Desejo. Atenção: essa não é uma frase de Freud: é um pensamento de Aristóteles, do *Tratado sobre a Alma*! Literalmente, encontramos no Livro II, 10:
> "… a imaginação, quando se move, não se move sem o desejo". (MENESES, 1995a, p. 139-40, itálicos do original)

Como nos informa Adélia Bezerra, a relação entre memória e imaginação e entre imaginação e desejo, portanto entre memória e desejo, foi estabelecida por Freud a partir de seu trabalho com as histéricas, que se recordavam de "cenas de sedução" que "jamais tinham ocorrido, e que eram apenas fantasias que minhas pacientes haviam inventado ou que eu próprio talvez houvesse forçado nelas" (FREUD *apud* MENESES, 1995a, p. 140). No seu texto "Lembranças encobridoras", Freud considera que esse processo de interferência da imaginação e do desejo na ação de lembrar não é exclusivo das histéricas e neuróticos, mas faz parte da própria constituição da memória: "[Freud] vai mostrar que a memória não é confiável, que uma 'lembrança' pode ser ficção, que memória e imaginação se deixam contaminar pelo Desejo" (MENESES, 1995b, p. 148).

Essas considerações são da maior importância para a análise de *Viagem à luta armada*, que reconstrói detalhadamente cenas e episódios, com riqueza de diálogos. Uma reconstrução que se faz certamente com o recurso da imaginação, ligada ao desejo, ainda que a intenção seja recriar uma vivência. Nas palavras de Adélia Bezerra de Meneses: "Aí está a ficção: não a experiência bruta, mas o fato... modificado, mediatizado, passando pelo processo de mimese". E ela continua: "Não é o dado bruto o que importa, mas sua transposição para o papel, e sua necessária transformação, quando entram os recursos estilísticos, a metáfora, a metonímia, o símbolo, a alegoria; quando atuam os processos de elaboração poética de condensação e deslocamento, [...]" (MENESES, 1995b, p. 159-60).

Viagem à luta armada, inclusive, faz do processo de rememoração uma de suas linhas temáticas, e o que lemos é claramente fruto da memória do narrador-personagem Clamart, desencadeada após sua imersão em uma banheira. Todo o texto, a partir daí, decorre desse processo, de sua *viagem pelas águas da memória*. Pelo fato de ser construído a partir da memória, toca necessariamente a ficção, construindo-se à semelhança de uma narrativa ficcional, com a singularização do espaço, do tempo, dos personagens, e com foco narrativo em primeira pessoa. E é mediante essa construção ficcional que a obra transcende o aspecto particular de uma narrativa de experiência individual, alcançando uma representação de grupo, de um momento, de um contexto histórico. Assim, *Viagem à luta armada* também pode ser lido – e aqui tomamos de empréstimo as palavras de Antonio Candido, no ensaio "Poesia e ficção na autobiografia", a respeito das obras *Boitempo*, de Carlos Drummond de Andrade, *A idade do serrote*, de Murilo Mendes, *e Baú de ossos*, de Pedro Nava – "reversivelmente como recordação ou como invenção, como documento da memória ou como obra criativa, numa espécie de dupla leitura, ou leitura de 'dupla entrada', cuja força, todavia, provém de ser ela simultânea, não alternativa" (CANDIDO, 2006b, p. 65).

O que foi feito deverá

"*O que foi feito, amigo,*
De tudo que a gente sonhou…"
(Milton Nascimento & Fernando
Brant, "O que foi feito deverá")

Os versos de Fernando Brant para a música de Milton Nascimento, escritos em 1978, são extremamente reveladores do ambiente sociopolítico e cultural do Brasil de então – nas sintéticas palavras de Márcio Borges, outro parceiro de Milton, "Ditadura, ano quatorze" (BORGES, 1999, p. 326). Mas, como é próprio da arte, tais versos extrapolam o contexto em que foram produzidos e parecem ter a possibilidade de se espalhar mundo afora, quase como um grito de angústia a sintetizar uma inquieta interrogação das esquerdas mundiais. É nesse sentido que pensamos que – com outros tons e coloridos, mediante o uso da forma narrativa e, ainda, de modo a refletir (sobre) o contexto angolano – o romance A *geração da utopia*, de Pepetela, busca justamente decifrar *o que foi feito, amigo, de tudo que a gente sonhou*. Procura entender o que foi feito do projeto de libertação nacional, o qual propunha a construção do socialismo em Angola, mas que, em algum momento dessa trajetória, se perdeu, se desorientou, se podemos dizer assim. Luta que mobilizou grande parte da nação, por meio de expectativas e esperanças e, também, de uma guerra longa. Projeto, inclusive, no qual o próprio Pepetela lutou, pela força das palavras e, também, das armas de fogo. Engajamento coletivo de uma geração que conseguiu, sem dúvida alguma, a independência política, mas ficou a dever a independência econômica, as condições de vida dignas para a população, a igualdade, a liberdade – enfim, todo o projeto socialista.

É imensa e espraia-se pelas páginas de A *geração da utopia* a angústia por entender o porquê desses acontecimentos que não deixam de representar uma derrota. O enredo do romance apanha momentos essenciais da constituição do projeto libertário e acompanha-o até seu desmoronamento, no princípio dos anos 1990, movimentando-se pela história recente de Angola com a finalidade de tentar compreendê-la – e aqui lembramos de uma declaração de Pepetela a respeito do processo de escritura do romance *Mayombe*:

> [...] no caso do *Mayombe*, nesse momento eu dava aulas de formação política, tinha uma actividade bastante intensa, agindo no seio dessas contradições e tentando resolvê-las. Portanto, era extremamente importante para mim, à noite, poder refletir sobre isso, sobre o que se passava, sobre a realidade. *Ora, a forma de eu refletir é escrever: era para mim.* Claro, era uma experiência que eu tinha, de actividade prática e, à noite, digamos que eu teorizava essa experiência para, no dia seguinte ou daí a um mês, ter uma actividade um pouco mais consciente. *Esse era o objectivo – um objectivo que se mantém sempre quando escrevo: é para eu compreender melhor. Só compreendo uma coisa quando escrevo sobre ela.* (apud LABAN, 1990, p. 774-5, itálicos nossos)

Porém, diferentemente de *Viagem à luta armada*, A geração da utopia, ainda que tome por base vivências de seu autor, foi construído como um romance, um texto de fato ficcional, e não como um testemunho, nem como memórias, ou autobiografia. Nele temos o exercício pleno da criação ficcional, que, se de alguma maneira sempre parte da experiência de seu autor, em algum grau – e isso é algo que também o próprio Pepetela afirma: "Mas é claro que sempre se escreve sobre o que se vive, mesmo que transportemos nossa experiência pessoal para outros personagens e para outras épocas" (*apud* NINA, 1997) –, não tem a finalidade de recriar uma memória, reconstituir uma vivência, muito embora possa, como Pepetela costuma fazer, ter a intenção de fazer pensar sobre os elementos externos à ficção, que levam à própria sociedade angolana.

Estas considerações são importantes na medida em que deixam claras desde já as diferenças nitidamente existentes entre um texto e outro que compõem o *corpus* deste trabalho. Apesar delas, no entanto, e reconhecendo-as de antemão, julgo que a aproximação entre ambos os textos é produtiva e os ilumina mutuamente, sobretudo no que diz respeito às relações que tecem entre os âmbitos da literatura e da resistência, eixo que abre produtivos caminhos para a análise comparativa que aqui construímos.

Resistência e literatura

Pensar em relações entre resistência e literatura exige logo de início, e como nos alerta Alfredo Bosi em seu ensaio "Narrativa e resistência", que se questione como a literatura, que pertence ao campo da estética, pode se relacionar com a noção de resistência, que é um conceito vinculado, por sua vez, à ética. Em suas considerações, Bosi se baseia em Benedetto Croce e sua dialética das distinções, a qual, a seu turno, parte de conceitos hegelianos. Para Croce, e na leitura que dele faz Bosi, existem as *potências cognitivas*, que compreendem a razão (à qual estão ligadas a teoria, a ciência e a filosofia) e também a intuição (a que se relaciona a arte). Por outro lado, existem as chamadas *potências da práxis*, que abarcam o desejo (ao qual se relacionam os processos chamados de biopsíquicos) e a vontade (que se liga à ética e à política). Logo, a partir desta diferenciação de Croce, literatura e resistência estariam em campos bastante distintos. Mas é o próprio Bosi quem afirma que:

> [...] no fazer-se concreto e multiplamente determinado da existência pessoal, fios subterrâneos poderosos amarram as pulsões e os signos, os desejos e as imagens, os projetos políticos e as teorias, as ações e os conceitos. Mais do que um acaso de combinações, essa interação é a garantia da vitalidade mesma das esferas artística e teórica. O reconhecimento dessas relações levou o mesmo Croce a teorizar, a certa altura do seu longo percurso, sobre a totalidade vigente em toda grande obra de arte. O pensador que soube distinguir com clareza os momentos de um processo soube também encontrar os liames significativos entre uma instância e outra. (BOSI, 2002a, p. 119)

Nesse sentido, as combinações entre esses campos se constroem e são múltiplas, conformando a própria "vitalidade" da arte e da teoria, como diz Bosi. Neste ponto é importante termos em mente que o vocábulo "resistência" se origina do latim tardio *"resistentia, ae"*, um derivado do verbo *"resisto, is, stiti, stitum, ere"*, que significa "parar voltando-se, fazer alto frente; deter-se etc", bem como "ficar, estar afastado; preservar, persistir, teimar; resistir, opor-se" (HOUAISS & VILLAR, 2001). "Resistir" é um dos muitos verbos que se originaram a partir do interpositivo *"-sta"*, que, nesta palavra, significa "parar voltando-se; parar, deter-se, não passar adiante, ficar" (HOUAISS & VILLAR, 2001).

Por sua origem, já se percebe como *resistência* traz o sentido de deter um processo e fazer frente a ele, opor-se a algo do qual se discorda, persistir em alguma ideia, não deixar que se passe adiante. Resistência, portanto, expressa, entre outros significados, um que nos será importante para a compreensão de *Viagem à luta armada* e *A geração da utopia*, qual seja, o de *oposição insistente*, ou, nas palavras de Alfredo Bosi: "O seu sentido mais profundo apela para a força da vontade que resiste a outra força, exterior ao sujeito. Resistir é opor a força própria à força alheia. O cognato próximo é *in/sistir*; o antônimo familiar é *de/sistir*" (2002a, p. 118). *Resistência*, esta palavra que aparece já no português do século XV, significa, por conseguinte, para tomarmos uma definição de dicionário:

> ato ou efeito de resistir 1 qualidade de um corpo que reage contra a ação de outro corpo 2 o que se opõe ao movimento de um corpo, forçando-o à imobilidade 3 capacidade de suportar a fadiga, a fome, o esforço 4 recusa de submissão à vontade de outrem; oposição, reação 5 luta que se mantém como ação de defender-se; defesa contra um ataque 6 *fig.* reação a uma força opressora 7 qualidade de quem demonstra firmeza, persistência 8 *fig.* aquilo que causa embaraço, que se opõe 9 força que anula os efeitos de uma ação destruidora 16 JUR direito que possui alguém de defender-se de ordens injustas, ou atos que violem seus direitos; oposição 19 MIL POL organização que, num país ocupado por forças militares

estrangeiras, reúne civis e militares empenhados em combater o inimigo com ações de sabotagem, guerrilha etc. 19.1 *p. ext.* MIL POL conjunto das formações que participam dessa ação. (HOUAISS & VILLAR, 2001)

As narrativas focalizadas por este trabalho representam ficcionalmente movimentos que *podem também* ser compreendidos como organizações políticas de resistência. Todavia, não é este o principal aspecto em que penso ao caracterizar *Viagem à luta armada* e *A geração da utopia* como obras resistentes. A hipótese é a de que, não somente por seu tema, mas também pelo processo de sua escrita, elas se configuram literariamente como resistência ao tempo presente para o qual foram escritas e, de modo ainda mais especial, como resistência ao apagamento da memória – da memória das lutas dos brasileiros contra a ditadura, e da luta de libertação angolana, com tudo o que de sonho, projeto, desejo e utopia revolucionária tais lutas comportavam, e com tudo o que de incômodo essa recordação traz para a atualidade (e não podemos nos esquecer de que os dois textos foram escritos nos anos 1990, auge da chamada globalização neoliberal).

No caso do universo brasileiro, é relevante ter em mente alguns elementos acerca de como se deu a transição para a democracia, reveladores de como a nação foi construindo sua relação com o passado recente. Há que situar o dado de que, depois de um momento de relativa popularidade da ditadura, nos anos do famoso "milagre econômico", sua permanência foi aos poucos se tornando incômoda, mesmo para aqueles que haviam articulado o golpe de 1964 e que sustentavam o regime. Ernesto Geisel assumiu o governo em 1974 defendendo, assim, a proposta de "transição lenta e segura" à democracia. Em paralelo, as esquerdas, que estavam bastante desestruturadas, com muitos de seu dirigentes mortos, presos ou exilados, passaram a adotar, no geral, a perspectiva da participação nas lutas institucionais.[6]

---

6   No Capítulo 5 são fornecidos elementos mais detalhados sobre o processo de luta das esquerdas armadas contra a ditadura e mesmo da própria instauração da ditadura, com o golpe civil-militar de 1964.

A chamada *liberalização* da ditadura foi levada a cabo vagarosamente, e o governo, quando julgou que havia possibilidade, acabou com a censura e revogou os Atos Institucionais (AIs). Como destaca o historiador Daniel Aarão Reis Filho, os tempos mudavam e os próprios defensores do regime começavam a aparecer, como numa espécie de passe de mágica, como eternos lutadores da causa da democracia, inclusive visitando os presos políticos. Nesse contexto, construiu-se a visão de que, em tal processo de abertura, era preciso evitar qualquer espécie de "revanchismo", pois se havia chegado a "um momento em que não se sabia mais como pudera existir naquele país uma ditadura tão feroz" (REIS FILHO, 2004, p. 45).

A perspectiva que passou a ser disseminada com bastante vigor era a de que, de uma forma ou de outra, todos os brasileiros haviam resistido, restando a pergunta incômoda: O golpe e a ditadura teriam sido sustentados por quem, afinal? As considerações de Reis Filho sobre esse processo são relevantes não apenas para uma análise da história recente brasileira, mas também, de modo ainda mais específico, para amplificar os riscos existentes na caracterização das esquerdas armadas como "movimentos de resistência", já que nesse momento de *transição à democracia*, a própria palavra "resistência" foi encontrada como uma espécie de tábua de salvação para todos e acabou por virar "um mote. Seria preciso agora universalizá-la. De modo que não houvesse naquela refrega vencedores e vencidos, pois era grande o ânimo da conciliação" (REIS FILHO, 2004, p. 46).

Formava-se mesmo um clima de *conciliação*, para o qual a própria luta pela anistia, em especial a partir da segunda metade dos anos 1970, desempenhou seu papel. E isso muito embora tal luta tenha sido essencial para o país, tendo sido levada adiante com audácia e coragem, no enfrentamento com a repressão que, não nos esqueçamos, ainda era vigente. O ponto é que duas concepções de anistia disputavam a sociedade brasileira, em oposição frontal. A primeira lutava pela *anistia ampla, geral e irrestrita* e exigia também a devida apuração dos crimes da ditadura e o completo desmantelamento das estruturas da repressão governamental. Já a segunda corrente, vitoriosa no embate, defendia uma anistia da conciliação ou reconciliação nacional – a qual vem sendo mais e mais questionada nos dias de hoje, passados cinquenta anos do golpe de 64. Uma visão que criou, ainda nos termos de Daniel Aarão, "uma esponja suficientemente espessa para conseguir que todos esquecessem tudo e nada mais restasse senão a construção da democracia nos horizontes que então se abriam" (REIS FILHO, 2004, p. 47).

Foi em razão da vitória desta segunda concepção de anistia que se efetivou a famosa anistia recíproca, pela qual foram anistiados não somente os torturados e perseguidos pela ditadura, como também os torturadores. Conforme Daniel Aarão, a vitória desta concepção de anistia foi um elemento decisivo para o que ele chama de "profunda *metamorfose* na recuperação da luta armada contra a ditadura militar" (REIS FILHO, 2004, p. 47, itálico do original). Por meio dessa "metamorfose", foi apagado, quase por completo, o caráter *revolucionário* das organizações das esquerdas armadas, cuja luta foi transformada em *resistência democrática*, em atitude de reação à ditadura e em defesa da democracia – e é fundamental que não nos esqueçamos de que as esquerdas armadas não desejavam, de modo algum, um retorno à democracia vigente no pré-golpe, ou seja, a democracia burguesa e formal.[7]

E para esse processo, os primeiros testemunhos publicados por ex-guerrilheiros acabaram por contribuir bastante, destacando-se O *que é isso, companheiro?*, de Fernando Gabeira, publicado em 1979, e Os *carbonários – Memórias da guerrilha perdida*, de Alfredo Sirkis, lançado no ano seguinte. Sem entrar na discussão do valor estético das obras – e o livro de Gabeira recebeu uma leitura crítica muito significativa por parte de Davi Arrigucci Jr. (1987) –, o que se aponta aqui é o fato de que estes e outros testemunhos procederam a uma revisão da história das esquerdas armadas conferindo-lhes um caráter de aventura impensada e inconsequente de jovens de classe média que não possuiriam nenhuma noção da realidade. Jovens esses que, entretanto, e por essa mesma concepção, ainda assim teriam desempenhado um papel de relevo para a redemocratização do Brasil. Em outro texto, já observou Daniel Aarão:

---

7   No Capítulo 1 da dissertação que deu origem a este livro, tais questões foram bastante esmiuçadas.

> Com o recuo da ditadura militar, e a abertura "lenta, segura e gradual", vastos segmentos da sociedade queriam recuperar a história agitada dos anos 60, reconciliar-se com ela, mas na paz, na concórdia, sem revanchismos estéreis, como aconselhavam os militares e os homens de bom senso. No contexto da anistia recíproca, não seria possível avivar a memória sem despertar os demônios do ressentimento e das cobranças? Seria como recordar esquecendo, esquecendo a dor. Não é para isto que temos o recurso do humor? (REIS FILHO, 1997, p. 35)

Diante da vontade de conhecer o que havia se passado, procedia-se no geral a uma memória que praticamente apagava os conflitos, que fazia dos guerrilheiros jovens tolos, despreparados e distanciados da realidade, ainda que imbuídos de intenções justas. Com tal divisão, desconsiderava-se que, nos poucos anos que separavam aquela luta, aquele projeto, do ponto no tempo de onde se situavam para olhá-la, era todo um *mundo* que efetivamente havia sido derrocado. Um mundo em que era possível alguém entregar sua juventude para lutar de armas na mão por um projeto social, coletivo, de uma forma como, depois, não foi mais sequer imaginável, daí a extrema dificuldade de entendê-lo. Uma dificuldade que, para nós, falando já de outro século, talvez seja ainda maior.[8]

Uma obra bastante ilustrativa desse clima predominante nos anos 1980 é *A fuga*, do também ex-militante da ALN (Ação Libertadora Nacional) Reinaldo Guarany, publicada em 1984. Nela, tudo é contado por meio do humor de um narrador que efetivamente se posiciona *por cima* dos acontecimentos, acima do que considera meras ilusões dos personagens, os quais são caracterizados como lunáticos, ridicularizando a luta das esquerdas armadas de que o autor

---

8   A respeito da construção e consolidação da visão de que toda a sociedade brasileira resistiu à ditadura, de que a luta das esquerdas armadas era uma luta de resistência democrática, visão essa que vitimiza essas próprias esquerdas, sugiro a leitura do artigo de Daniel Aarão Reis Filho, "Ditadura e sociedade: as reconstruções da memória", publicado no livro organizado pelo autor junto com Marcelo Ridenti e Rodrigo Patto Sá Motta (2004).

participou sem efetuar uma leitura crítica consistente de suas razões e derrotas. E sem alcançar tampouco um resultado literário interessante, pois o livro é esteticamente muito fraco, como aliás já observou, por exemplo, o sociólogo e crítico Renato Franco (2003).

O final de A *fuga* é bastante significativo deste desejo, que não era somente do autor, de virar rapidamente a página do livro da história, entrando em um novo tempo no qual os conflitos não haviam sido resolvidos, mas estavam travestidos das vestes "democráticas". Suas cenas finais revelam o protagonista fugindo da fúria de um marido traído e abandonando o que era apenas um "uniforme de guerrilheiro":

> E, enquanto corria, pensava na ironia do destino, que mais uma vez botava-me diante de uma fuga, só que aquela ali era para valer, aquele goiano furibundo não podia ser comparado aos "gatinhos" da PE [Polícia do Exército], nem com as "madames" do Pinochet, aquele cara era brabo mesmo.
>
> E assim, salvei minha vida, atravessando charcos de neve, trilhos de trem, bosques inundados, estradas, matas, saltando muros enquanto corria, porque sabia que se aquele goiano me agarra, os restos que sobrariam da minha triste figura seriam indignos de um enterro de cristão. E correndo, perdia meu uniforme de guerrilheiro heroico, perdia minha carapaça de luta armada para um marido raivoso que, por ironia do destino, era partidário das formas pacíficas de luta política. A boina de Che eu perdi em uma esquina qualquer, as botas de nuestra lucha en Sierra Maestra ficaram nas garras do goiano-tigre, a túnica verde eu usei para enxugar o pranto da minha vergonha e medo. (GUARANY, 1984, p. 152-3)

A última cena de A *fuga* apanha o narrador-personagem retornando ao Brasil, enfatizando a imagem de que a luta das esquerdas armadas fora para ele apenas uma leve brincadeira: "No Galeão havia uma multidão me esperando,

esperando o 'guerrilheiro heroico'. Coitados, mal sabiam que a última maquiagem de selva fora deixada nas mãos de um goiano que babava de raiva" (GUARANY, 1984, p. 154).

Foi em meio a esse contexto em que se ia construindo a *conciliação nacional* que Carlos Eugênio Paz, no ano de 1981, voltou ao Brasil, abandonando o exílio em Paris, em que se encontrava desde 1974. Volta que não foi tranquila, pois ele ainda não havia sido beneficiado pela Lei de Anistia, a qual, ademais, não anistiava quem houvesse sido condenado por "crimes de sangue", o que era seu caso – nos termos do inciso dois do artigo primeiro da Lei nº 6.683, de 28 de agosto de 1979, eram excluídos de anistia os militantes de esquerda "que foram condenados pela prática de crimes de terrorismo, sequestro e atentado pessoal".

Com isso, Carlos Eugênio necessitou iniciar mais uma batalha, desta feita nos tribunais. Retomou a clandestinidade e refugiou-se por três meses na embaixada francesa, até conseguir judicialmente a anistia. Foi nesse clima que voltou a percorrer as ruas brasileiras, marcadas por histórias intensas, de vitórias e derrotas em combates, e de muitas mortes também. Ao fazê-lo, reintegrando-se à vida daqui, foi percebendo e se incomodando com esta espécie de silêncio sobre o vivido há tão poucos anos, um silêncio bastante *falante*, como o demonstram as próprias tiragens sucessivas dos primeiros testemunhos dos militantes, a que nos referimos,[9] mas que buscava sobretudo *integrar* a nação, construindo uma memória em que se lembra sem lembrar de fato, em que se *recorda para esquecer*.

O apagamento da história de que participara angustiava o ex-guerrilheiro Clemente e futuro escritor. Percorrendo as ruas brasileiras tão plenas de histórias e sentindo como as desigualdades sociais acirravam-se ainda mais, excluindo cada vez um número maior de brasileiros, ele sentia a necessidade de evitar

---

9   *Os carbonários*, de Alfredo Syrkis, por exemplo, publicado em agosto de 1980, já estava em sua sétima edição em dezembro de 1981. Já *O que é isso, companheiro?*, de Fernando Gabeira, lançado logo em 1979, foi um verdadeiro estouro de vendas. Não foi possível obter o acesso aos dados das edições, mas, segundo o jornalista Paulo Moreira Leite (1997, p. 51), esta obra foi efetivamente um "best seller que vendeu 500 mil exemplares".

que a *tragédia do esquecimento* se consumasse, para tomarmos aqui algumas colocações de Hannah Arendt, que abordam especificamente a experiência da Resistência Francesa, mas que nos parecem iluminar a compreensão desse momento vivido pela sociedade brasileira:

> A tragédia não começou quando a liberação do país como um todo esboroou automaticamente as ilhotas de liberdades [...], mas sim ao evidenciar-se que não havia mente alguma para herdar e questionar, para pensar sobre tudo e relembrar. O ponto em questão é que o "acabamento" que de fato todo acontecimento vivido precisa ter nas mentes dos que deverão depois contar a história e transmitir seu significado deles se esquivou, e sem este acabamento pensado após o ato e sem a articulação realizada pela memória, simplesmente não sobrou nenhuma história que pudesse ser contada. (ARENDT, 1979, p. 31-2)

Carlos Eugênio Paz era e é um *dos que se lembra*, procurando dar o "acabamento" necessário aos acontecimentos para que eles não se percam, lutando contra o esquecimento, resistindo à sua investidura, participando da construção da memória social de uma história tão recente. Foi dessa percepção de que a história que vivenciou desaparecia das mentes dos brasileiros que nasceu o projeto da escrita de sua experiência. O trecho a seguir, proferido pelo autor na entrevista que nos concedeu, revela como se sentia ao voltar ao Brasil:

> Depois, quando voltei ao Brasil, começou a me dar uma certa vontade de escrever, de contar. Porque sentia a falta de memória do Brasil, que a gente sabe teoricamente que existe, e que não é um acaso, é uma política das classes dominantes brasileiras [...]. Sempre teve uma política intencional de apagar nossa memória, como povo, como nação. Mas, quando voltei ao Brasil, isso ficou muito evidente no dia a dia. Cheguei aqui no governo Figueiredo, 1981, e era como se estivesse chegando

> num país onde não tivesse acontecido nada daquilo que eu lembrava que tinha vivido […] E isso eu encontrava não só no dia a dia da população, que nem falava sobre aquele tempo; estava também dentro da própria esquerda brasileira, a esquerda oficial, institucional, que é bom deixar claro, porque eu encontrava militantes da ALN, militantes da VPR, pessoas que tinham vivido aquilo tudo e que não estavam esquecidas de nada. Mas essa falta de memória me chocou muito e começou a surgir uma questão: "Mas, e aí? E essas pessoas que morreram? Morreram em vão? Morreram…". Porque até o papel político da nossa resistência foi esquecido, era como se fosse até o contrário. Cheguei a ouvir análises de pessoas de esquerda que diziam o seguinte: "Se não houvesse a luta armada, a ditadura tinha acabado antes". O que é uma grande mentira!

E, para narrar a luta da ALN a partir do seu interior, com uma visão envolvida e sem arrependimentos, Carlos Eugênio é um ator privilegiado: tendo entrado na organização muito jovem, dos 15 para os 16 anos, viveu os diversos momentos da guerrilha urbana brasileira, mesmo porque conseguiu não ser preso. Vivenciou o processo desde sua gestação até as discussões para a interrupção das ações armadas, o que lhe conferiu um ângulo de visão alongado. Sabia que tinha muita história para contar e decidiu fazê-lo. Da trilogia planejada, foram publicados dois volumes: *Viagem à luta armada* e *Nas trilhas da ALN*.

Por outro lado, se pensarmos no caso de *A geração da utopia*, o caráter de resistência ao apagamento da memória do conteúdo revolucionário contido no projeto de libertação nacional é nítido também, espraiando-se ao longo de toda a narrativa, construída com maestria e encantando os leitores. É um romance melancólico, sem dúvida, que deixa nos leitores o gosto amargo da derrota sofrida por esse projeto, apesar de se haver conseguido a independência.

Traçando o percurso de uma geração de angolanos – chamada por um dos personagens da obra de "a geração da utopia" –, o texto organiza-se em quatro longos capítulos, cujas ações passam-se em combinações diferentes de espaço e tempo. O ponto de partida escolhido pelo autor para sua narração foi o ano de 1961, na capital da então metrópole de Angola, recriando a vivência dos angolanos que se encontravam em Portugal para estudar e que se reuniam na antológica CEI, a Casa dos Estudantes do Império. Nela, os estudantes das colônias portuguesas almoçavam, organizavam palestras e também festas, conversavam, debatiam e, especialmente, criavam laços, não somente afetivos, mas de comprometimento político. E tudo isso em um momento em que a juventude das colônias vivenciava uma efervescência rumo à proposta de libertação nacional.

Pela leitura do primeiro capítulo do romance podemos perceber como a representação literária da CEI e da vida que se desenrolava a seu redor ganha a dimensão de uma imagem da formação da consciência nacional angolana. Nesse sentido, é importante lembrar as considerações do cientista político Benedict Anderson, as quais revelam de que modo o romance, como gênero literário, associa-se à própria formação, na modernidade, do conceito de *nação*. Para o autor, tal conceito expressa "uma comunidade política imaginada – e imaginada como implicitamente limitada e soberana" (ANDERSON, 1989, p. 14).

Sua argumentação, que procura compreender como se originou a noção de nação e como daí advieram os nacionalismos, parte de uma discussão das transformações pelas quais passou, também na modernidade, a concepção de *tempo*. Apoiando-se em Walter Benjamin, Anderson (1989, p. 33) discute como o pensamento medieval da "simultaneidade longitudinal" acabou por transformar-se, lentamente, no que o filósofo alemão denomina de "tempo homogêneo e vazio". Para essa moderna visão, "a simultaneidade é como se fosse transversal ao tempo, marcada não pela prefiguração e cumprimento, mas por coincidência temporal, e medida pelo relógio e pelo calendário" (ANDERSON, 1989, p. 33). Uma das maneiras pelas quais essa mudança na análise do tempo veio a se expressar (e que foi, ao mesmo tempo, impulsionadora para tal modificação) foi justamente o romance.

Segundo Anderson (1989, p. 34), o romance, assim como o jornal, fornece "os recursos técnicos para 're-[a]presentar' a *espécie* de comunidade imaginada que é a nação", porque trabalha com eventos que ocorrem ao mesmo tempo e que não estão, necessariamente, vinculados um ao outro senão pelo fato de que pertencem a "sociedades" – conceito traduzido por ele como "entidades sociológicas de uma realidade tão firme e estável, que seus membros podem até mesmo ser descritos como passando um pelo outro na rua sem jamais se relacionarem e, ainda assim, estarem ligados" (ANDERSON, 1989, p. 34-5).

Além disso, o que também inter-relaciona os personagens de um romance é a própria consciência onisciente dos leitores. Ainda conforme o autor norte-americano, "o fato de que todos esses atos são desempenhados no mesmo tempo, medido pelo relógio e pelo calendário, mas por atores que podem estar em grande medida despercebidos uns em relação aos outros, demonstra a novidade desse mundo imaginado evocado pelo autor nas mentes de seus leitores" (ANDERSON, 1989, p. 35). E, justamente, é esta "ideia de um organismo sociológico que se move pelo calendário através do tempo homogêneo e vazio [que] apresenta uma analogia precisa com a ideia de nação, que também é concebida como uma comunidade compacta que se move firmemente através da história" (ANDERSON, 1989, p. 35).

Podemos perceber como *A geração da utopia* constrói tal imagem da nação angolana não somente pela representação da CEI, mas por todo o conjunto narrativo, destacando-se a caracterização e construção de seus personagens. Diante dos vários atores que compõem o texto, tecendo uma espécie de painel dessa geração, quatro ocupam o protagonismo, participando dos momentos flagrados pelo enredo. São eles: Sara, Vítor, Aníbal e Malongo. O narrador é em terceira pessoa, mas utiliza-se constantemente do discurso indireto livre, sendo por meio deste recurso que se marca qual o personagem central de cada capítulo. Os quatro protagonistas são bastante diferentes entre si e revelam quatro trajetórias diversas, dentre as inúmeras possíveis, para os membros da "geração da utopia", formando um painel não somente nacional, mas, sobretudo, geracional.

O segundo momento caracterizado pelo romance é o ano de 1972, nas chanas (savanas) do Leste de Angola, quando já haviam se passado onze anos do início da luta armada, e a guerra continuava. A ação do capítulo transcorre inteiramente no ambiente da guerrilha, e o protagonista é um guerrilheiro, Vítor, o qual adotava o codinome de Mundial. Um elemento importante, neste momento de nossa exposição, é o fato de que este segundo capítulo, intitulado "A chana", teria sido o embrião do romance A *geração da utopia*. Isto porque, segundo declaração do autor,[10] este texto foi produzido no próprio ano de 1972 – quando ele se encontrava lutando na Frente Leste do MPLA (Movimento Popular de Libertação de Angola) –, com o propósito de ser uma narrativa em si, independente. Naquele momento Pepetela não ficou satisfeito com o resultado obtido, mas guardou o manuscrito. Logo, a escritura de "A chana" é apenas ligeiramente posterior à do romance *Mayombe*, de 1971, cujo enredo também se desenvolve em meio à guerrilha do MPLA. As visões sobre a luta, contudo, diferem bastante nos dois textos, fato que será objeto de nossa análise.

Ainda conforme Pepetela, a redação de "A chana" sofreu apenas algumas ligeiras alterações no tocante à estrutura formal, como por exemplo a redução dos diálogos. Mas a ideia principal e mesmo a sequência narrativa teriam sido mantidas quando, quase vinte anos depois, o autor, ao receber uma bolsa do governo alemão, rumou para Berlim com o projeto de escrever um novo romance, levando na bagagem esse texto de 1972 e transformando-o no segundo capítulo de A *geração da utopia*.

O ponto de partida para a elaboração deste romance foi o mesmo momento histórico já flagrado em *Mayombe*, a guerrilha, fato que, por si só, denota a importância da luta de libertação para a trajetória do autor, em vários sentidos. Cabe lembramos aqui uma declaração sua de que a guerrilha foi "o melhor momento da minha vida. Era o período em que estava absolutamente tranquilo com a minha consciência. Fazia aquilo que deveria fazer" (*apud* CASTRO, 1997, p. 12). Logo, foi a partir da narrativa dos tempos da luta armada que o escritor retornou alguns anos no passado angolano e, também, projetou-se ao que ainda era futuro em *Mayombe*, mas que, no princípio dos anos 1990, já havia se tornado passado e presente, de modo bastante concreto.

---

10   Fornecida no *Encontro entre Pepetela e pesquisadores de sua obra*, ocorrido em São Paulo/SP, em 5 de maio de 2000, e organizado pela professora doutora. Rita Chaves.

O próximo momento histórico representado por *A geração da utopia* tem como marco o ano de 1982 e situa-se em uma pequena baía próxima à cidade de Benguela, no sul de Angola. Este terceiro capítulo, denominado "O polvo", traz-nos a dolorida vivência do naufrágio do projeto de transformação social, perdido nas malhas da corrupção e da guerra, que continuava e já era não mais contra o colonialismo português. Guerra que acabou por ser transformada em conflito civil, opondo, de início, projetos nacionais diferentes, os quais recebiam inclusive apoios internacionais bastante diversos. Em um primeiro momento, tal guerra parecia tomar o rumo de uma *guerra revolucionária*, já que o MPLA, tendo conquistado o governo da nação, lutava para implementar o projeto socialista em Angola, necessitando derrotar militarmente a oposição a este projeto.

De acordo com o professor de Ciência Política e Relações Internacionais da Unesp, Héctor Luis Saint-Pierre, a guerra civil e a guerra revolucionária apresentam relações entre si, mas não são, de modo algum, o mesmo fenômeno político:

> [...] a guerra revolucionária é uma guerra civil na qual o fundamento último do conflito, sua caracterização política, é a agudização bélica da luta de classes. Se todas as guerras revolucionárias são guerras civis, nem todas as guerras civis são guerras revolucionárias, assim como nem todas as guerras são guerras civis. Portanto, a guerra revolucionária é um conflito armado do tipo da guerra civil, na qual o que está em jogo é o domínio político de uma classe social. (SAINT-PIERRE, 2000, p. 68)

No caso angolano, podemos pensar como a guerra civil que se iniciou já antes da conquista da independência chegou a apresentar um caráter revolucionário, na medida em que uma das forças em disputa, o MPLA, apresentava-se, ou procurava se apresentar, como representante dos interesses populares nacionais, lutando para conseguir implementar os anseios das classes exploradas – o que se associa a outra espécie de definição que Saint-Pierre (2000, p. 28) dá para o conceito de guerra revolucionária: "o conflito no qual as classes exploradas procuram por meio da luta armada o desequilíbrio das relações de forças para estabelecer uma situação de igualdade que acabe com as classes sociais". A transformação de uma guerra de libertação nacional em uma guerra revolucionária é, ademais, uma possibilidade recorrente ao longo da história humana.

Mas o fenômeno que em Angola chegou a ensaiar os passos para se constituir como uma guerra revolucionária acabou por perder este caráter, devido a múltiplas razões, de âmbito nacional e internacional, as quais extrapolam e muito os limites deste trabalho. A guerra civil angolana transformou-se em uma disputa militar na qual se foi perdendo o fim revolucionário, deixando de ser uma "manifestação bélica de uma política revolucionária" (SAINT-PIERRE, 2000, p. 69), e tendo sido esvaziadas e quase que totalmente abolidas, assim, as diferenças de projetos nacionais entre as forças beligerantes. Isso sem que nos esqueçamos dos outros ingredientes que forneciam um tempero especial a esse caldo: os diamantes e o petróleo do solo angolano.

O quarto capítulo de *A geração da utopia*, "O templo", que se passa em Luanda, em 1991, revela como a paz era uma imensa expectativa do povo. Neste último momento do romance, Pepetela nos apresenta a sociedade angolana desorientada pela derrocada da prática socialista e pela emergência do modelo econômico neoliberal. Foi neste ano de 1991, como também retrata a narrativa, que houve a assinatura de um acordo de paz entre as forças angolanas em guerra.

A literatura angolana, já no início da década de 1980, apontava para os descaminhos em relação ao projeto de libertação, como adiante comentaremos. É a esta força de resistência, tão marcada na literatura angolana e que vem da oposição ao colonialismo, que se liga *A geração da utopia*, impedindo que se perca a memória da luta que mobilizou toda uma geração de angolanos, em sonhos que se projetavam ao futuro.

Feitas estas primeiras aproximações às narrativas, é chegado o momento de adentrarmos de modo mais intenso nelas, o que faremos a partir do próximo capítulo, uma análise da temporalidade em *Viagem à luta armada* e em *A geração da utopia*.

CAPÍTULO 2
HÁ LUGAR PARA A CHAMA DA UTOPIA?

Tempo de vivência da luta, tempo de vivência da derrota

Neste capítulo, as duas obras são analisadas a partir da forma como representam a categoria *tempo*, uma das categorias clássicas de composição da narrativa (sendo as demais, recordemos: personagem, foco narrativo, enredo e espaço; as três primeiras serão abordadas neste trabalho apenas de modo indireto, a partir da leitura das outras duas, tempo e espaço; esta última é analisada no capítulo seguinte).

Muito embora sejam, como já dissemos, textos esteticamente bastante diferentes entre si, na análise da construção temporal de ambos foi possível reconhecer a existência de uma semelhança que é sintomática do fato de que *Viagem à luta armada* e *A geração da utopia* compõem um balanço resistente da luta de que seus autores participaram como atores diretos. Assim, há duas temporalidades nitidamente demarcadas nas duas narrativas: uma que chamamos de *tempo de vivência da luta*, com suas alegrias, expectativas, orientação para o futuro, tensões também, e muita ação. Outra é o *tempo de vivência da derrota*, com sua inércia, desalento, desorientação, trauma e luto.

No livro de Carlos Eugênio Paz, como iremos ver, as duas temporalidades se alternam, na medida em que o narrador-personagem, situado no presente a partir do qual narra, e que é a plena vivência do que chamamos de tempo da derrota, se recorda constantemente de seu passado de luta, em um processo de rememoração que vai e volta, em *flashes*. É por meio de sua recordação que ele nos conta a vivência na luta guerrilheira. Ou seja, o tempo de vivência da luta, em *Viagem à luta armada*, se dá como memória, pois o ponto de onde se situa o narrador já é o da derrota daquela luta em que depositou todos os seus sonhos. Ainda assim, ele constrói esse tempo de forma a trazê-lo ao presente, dando-lhe intensidade dramática, de ação mesmo, inclusive por meio do uso do presente do indicativo como tempo verbal.

O tempo de vivência da luta em *Viagem à luta armada* é praticamente pura ação, dando-nos muitas vezes a sensação do quão boas as cenas ficariam se transpostas à linguagem cinematográfica. Particularmente, acredito que seja na narrativa das ações que mais bem se revela o escritor em Carlos Eugênio Paz, como podemos ver pelo excerto reproduzido a seguir, que compõe a primeira cena dos tempos de luta rememorada pelo narrador Clamart. O trecho é um pouco longo, mas possibilita perceber como se desenvolve sua narração, do começo ao fim de uma sequência narrativa:

> Campainha... a essa hora, só pode ser polícia. Adrenalina, descarga dupla. Pulo da cama com a metralhadora na mão esquerda, engatilho-a com a direita. Encosto o ouvido na porta do quarto, ouço os passos arrastados de dona Marta, que pergunta quem é, e pede

paciência. Totalmente desperto, visto calça e camisa, me sento para amarrar os sapatos. Dona Marta abre a portinhola da porta de entrada.

— Polícia, estamos procurando um terrorista. Olhe a foto e veja se o conhece.

— Sou uma mulher de idade, me recupero de uma operação delicada e vocês me tiram da cama a esta hora procurando terroristas... Deixe ver...

— Desculpe, dona, é nosso serviço... quem mora aí, além da senhora?

— Somente meu sobrinho, rapaz trabalhador, não se mete com terroristas. Tenho certeza de que não conheço este jovem, nunca o vi por aqui.

No corredor os policiais parlamentam confusos, enquanto no quarto coloco o casaco.

— Está segura de que não o viu pelo prédio? Temos que encontrá-lo, é um assassino perigoso.

— Não tenho saído muito, tive que operar a perna... Por que não tentam em outro apartamento?

[...]

Meu anjo da guarda fecha a portinhola, abro a porta do quarto com a sacola de feira onde carrego a metralhadora, na mão esquerda. Na cintura, duas pistolas semiautomáticas e um revólver .38, disfarçados pelo casaco marrom. Levo uma granada em cada bolso lateral, e as calças pesadas de tanto pente de 7.65 e 9.00 mm carregados de balas. [...]

Hoje é dia de pagar o aluguel, coloco o dinheiro em cima da mesa onde tomamos tantos cafés, abraço-a, beijo-a, ela chora, me abre a porta, tenta devolver o dinheiro, recuso, lanço um último olhar, fecho a porta devagar, respiro fundo, silenciosamente vou até a escadaria, estou sozinho e cercado. Na metade do segundo lance, paro e tento escutar o que se passa embaixo. [...] Algo me empurra, desço a escada a passos firmes, chego ao térreo todo sentidos. Um dos tiras me aponta um FAL 7.62 engatilhado, tomo a iniciativa.

— Bom dia, seu José.

— Bom dia, Fred, já vai trabalhar?

— É, hoje pego mais cedo...

O tira me encara, sustento o olhar, ele dá a ordem.

— É o sobrinho da velha do terceiro andar, deixem passar... depois fechem, ninguém sai sem minha autorização, vamos subir e revistar os apartamentos. Quero todo mundo com olhos abertos e as armas engatilhadas, esse cara é da pesada, não vai se entregar.

Passo no meio dos tiras armados até os dentes, corredor escuro, não penso em nada, o instinto me guia e me dá bons sinais, ainda não foi dessa vez... Cruzo a portaria, estou fora... agora, bem devagar, só mais um pouco... não olhe pra trás, pode quebrar o encanto... como é bom viver... Passo entre as camionetas Veraneio cheias de inimigos, vem vindo um táxi, faço sinal, o carro para. [...] (VLA, p. 20-1)

Por sua vez, em A *geração da utopia*, como também acompanharemos, o processo é outro. Os dois primeiros capítulos do romance caracterizam o tempo de vivência da luta, quando a independência era um projeto para a nação. Já os dois últimos capítulos configuram um tempo *do depois*, o depois da independência, mas não só: trata-se de um tempo em que a utopia gestada desmoronou.

O tempo em *Viagem à luta armada*
O início de tudo

Esta narrativa testemunhal, como já dissemos, não se desenrola a partir de uma sequência cronológica linear dos acontecimentos. Ao contrário, os episódios da luta da Ação Libertadora Nacional (ALN) vão e voltam no tempo, de acordo com o fluxo da memória do narrador-personagem Clamart, o qual, de início, rememora sozinho, no escuro de uma banheira, e depois narra sua experiência a Helena, sua terapeuta.

Ao pensarmos como está organizada a temporalidade neste texto, é interessante "colocar tudo em linha reta", na expressão de Flávio Wolf de Aguiar para a análise do tempo em *Grande sertão: veredas* (AGUIAR, s.d., p. 63), análise esta que tomaremos como base para nossa leitura de *Viagem à luta armada* – ressalte-se que tomamos como modelo apenas o procedimento analítico-crítico de Flávio Aguiar diante do clássico de Guimarães Rosa.

Nos termos do crítico, é importante "desentranhar o narrado da narração, a fábula (no que pudermos) da astúcia do narrador e da ironia do escritor", a fim de analisar qual o sentido da ordenação dos fatos tal como aparece na narrativa. Com tal objetivo, partimos da necessidade de fixar um "marco zero" para a obra, um momento primeiro a partir do qual se projete o tempo anterior e o tempo posterior. Como o testemunho é narrado em primeira pessoa, assim como acontece com *Grande sertão: veredas*, e se desenrola por intermédio da rememoração da experiência vivida, buscamos "na consciência de Riobaldo [em nosso caso, de Clamart] a construção deste marco" (AGUIAR, s. d., p. 63).

Com essa finalidade, recorremos ao primeiro "memorável" de Clamart, ou seja, ao primeiro acontecimento de sua lembrança que representa "um *efetivo* de ordem superior que se destaca da série de fatos da mesma ordem e [em que] todos os pormenores se ligam a essa ordem superior, numa relação única e cheia de sentido; a partir dos fatos livres realiza-se uma efetividade vinculada" (JOLLES *apud* AGUIAR, s. d., p. 64). O marco zero define-se "não apenas no sentido da marcha do tempo, mas na medida em que a percepção do tempo passa a fazer sentido para o personagem, que, no caso, é o narrador" (AGUIAR, s. d., p. 63-4).

Para a obra de Carlos Eugênio Paz, poderíamos pensar em partir da infância, o passado mais antigo evocado por Clamart. No entanto, dela participam apenas imagens isoladas, *flashes* de lembranças de um tempo que sem dúvida importa, mas que não é propriamente fundador da experiência decisiva de sua vida, a luta das esquerdas armadas, matéria de sua narração. Afinal, Clamart conta-nos a história de sua formação, que é, essencialmente, a formação do guerrilheiro.

A fim de desentranhar o *como tudo começou*, um episódio ocupa papel central. Ele não aparece no início da narrativa da luta guerrilheira, que principia *in media res*, ou seja, já nos lança para o meio dos acontecimentos, para um Clamart combatente em plena ação. Esse início do tempo do narrado, aliás, somado à matéria enfocada, faz com que a obra se aproxime de uma narrativa épica, e, se *Viagem à luta armada* conta a formação individual do narrador-personagem, acaba por contar também a formação do contexto da luta das esquerdas armadas, vista por seu lado épico, expressando o desejo de que o narrado possa pertencer à memória da coletividade. Neste aspecto, é interessante considerar o que nos diz Joaquim Aguiar sobre as relações específicas entre memorialismo e épica. Para o crítico, o memorialismo, assim como o romance, o conto e a novela, liga-se à épica por seu caráter de narração de eventos passados:

> De modo semelhante ao gênero clássico, o memorialismo exige a presença de um narrador apresentando os acontecimentos e os personagens neles envolvidos e pressupõe sempre dois tempos: o presente em que se narra e o passado em que ocorrem os eventos narrados. As formas épicas são necessariamente posteriores aos acontecimentos que representam. Sendo assim, para o épico é necessária a distância no tempo, entre o presente e o passado, mas é este que deve ressurgir como matéria da épica. A busca do passado, porém, nunca o reencontra de modo inteiriço, porque todo ato de recordar transfigura as coisas vividas. Na épica, como na memória, o passado se reconstrói de maneira alinear com idas e voltas repentinas, com superposição de planos temporais, com digressões e análises. Naturalmente, o que retorna não é o passado propriamente dito, mas suas imagens gravadas na memória e ativadas por ela num determinado presente. (AGUIAR, 1998, p. 25)

Mas, sem perder o fio da meada do *princípio de tudo*, do marco zero da narrativa, verificamos que, em um momento, já na altura da página 68 do livro, Clamart, que vinha nos contando uma reunião com Altino e Diogo, comandante da ALN na época (e que representa Joaquim Câmara Ferreira, o Velho), diz: "O clima de nosso almoço foi propício às recordações. Felipe, irmão mais novo de Altino, companheiro inseparável da adolescência, Colégio Pedro II – Sul, meus dezesseis anos…" (VLA, p. 68). A partir destas duas frases, o narrador põe-se a recordar o *como tudo aconteceu*, como ele veio parar na situação que está nos contando, marcando nitidamente seu objetivo com a última frase introdutória: "*No início* éramos quatro mosqueteiros, e Felipe nosso D'Artagnan" (VLA, p. 68, itálico nosso).

Nesta recordação dentro da recordação – pois o que vinha narrando também era fruto de sua memória –, o primeiro episódio evocado, isto é, o primeiro acontecimento carregado de sentido na memória de Clamart, seu primeiro memorável, é um jogo de pebolim com Felipe, o grande amigo da adolescência, no colégio em que ambos estudavam. Nesse jogo, revela-se o clima então vivido, de profunda vinculação com a causa revolucionária, que participava das diversas ocasiões da vida, mesmo das brincadeiras. Assim, jogando pebolim, discutem se Deus existe ou não, se o materialismo histórico é que tem a razão, ou se o melhor para o Brasil é a libertação nacional, "abrangente, há lugar até para quem tem fé" (VLA, p. 69), nas palavras do protagonista.

Esse acontecimento é crucial na memória de Clamart, tendo em vista que nele se revela o clima de companheirismo e fraternidade que será a marca de sua experiência na ALN. Clamart, em um simples jogo de pebolim, aprendia a solidariedade, bem como a discutir política, vinculando-a de maneira profunda à vida vivida por cada um. Com Felipe, tomava contato com um "mundo novo", como percebe no plano da narração:

> Felipe, entre tantas coisas, me ensinou o companheirismo, essas madrugadas me lapidaram. Lembro-me de todas, sempre lembrarei, é daquelas coisas que têm cheiro, som e cor. […] Felipe me apresentou um mundo novo,

> diferente do que eu vivia, e lhe sou eternamente grato. A essas madrugadas e a Felipe dedico tudo de bom que cometer na vida. (VLA, p. 75)

O jogo de pebolim – transcorrido provavelmente em um tempo situado entre 1966 e 67, pela referência aos seus 16 anos – é um acontecimento repleto de sentido para Clamart, que identifica aí *o princípio de sua história*, da história que está nos contando. Como diz no trecho que citamos, sem Felipe não haveria o ingresso em um mundo completamente diverso do que aquele em que até então vivia. Felipe é a porta de entrada para que Clamart caminhe nesse novo mundo, escolhendo seu rumo.

E é a partir da narração do jogo com esse amigo, logo acrescido da participação de Valério e Aureliano, que a narrativa começa a tomar a forma de uma sequência cronológica mais linear dos acontecimentos, buscando contar a origem de sua história, de sua participação na luta das esquerdas armadas brasileiras. Esse episódio pode, portanto, ser tomado como o marco zero do narrado, o qual se desenrola mediante diversos blocos narrativos, até chegar ao desfecho, com os "justiçamentos" de Mário e de Blansen – a divisão que fizemos de *Viagem à luta armada* em "blocos narrativos" foi feita a partir do procedimento analítico do professor Flávio Aguiar, também para o livro *Grande sertão: veredas*, de Guimarães Rosa, exposto na disciplina de Literatura Brasileira VI, ministrada no curso de Letras da Faculdade de Filosofia, Letras e Ciências Humanas da USP, no segundo semestre de 1998.

Após o jogo, o próximo passo é a narração de uma ação que os quatro, Felipe, Clamart, Aureliano e Valério, "aprendizes de guerrilheiro, discípulos de Fabiano" (VLA, p. 70), realizam na noite daquele mesmo dia: a pichação da escola em que estudavam, uma espécie de prova de iniciação do grupo.

O tempo verbal utilizado para narrar estes episódios primeiros é, tal como o conjunto da narração, o presente do indicativo. De acordo com o autor, a escolha teria sido feita pois seu desejo era transmitir as ações em si, para o que o presente seria o tempo mais indicado:

> Quis contar a ALN da forma mais ação possível. Então, por exemplo, é tudo no presente, todos os verbos estão no presente, porque se a gente fosse começar a contar: "Aí, então, fomos não sei aonde, fizemos isso...", ficaria mais fraco. E é engraçado, fui compreender isso na língua francesa. Não tinha compreendido isso, talvez até intuísse, mas aprendi isso com o francês, porque no francês [...] ação se conta no presente. É uma coisa que é quase uma regra no francês [...], porque é a forma mais direta e que mais transmite essa coisa: "Campainha... a essa hora, só pode ser polícia".

Depois da pichação do colégio, o próximo episódio é uma conversa com um Felipe carregado de ansiedade, que lhe conta que Fabiano os escolheu para ir treinar em Cuba, o que significava "finalmente dedicar todas as horas do dia à revolução" (VLA, p. 73), nas palavras de Clamart. Na conversa, em que ambos juram não abrir informações nem sob tortura, Clamart é informado de que em breve irão se encontrar com Fabiano, que no livro representa Carlos Marighella.

A narração da conversa dos dois jovens com Fabiano – passada provavelmente em 1968, devido à referência ao fato de Clamart ter que servir o Exército – é fundamental, ainda que seja sucinta no texto. É nela que os adolescentes firmam o compromisso com a revolução, a partir da adoção da tática da luta armada. As frases que a introduzem são significativas: "Tardes de domingo com meu pai em Maceió, tardes de domingo com Fabiano pelas ruas do Rio de Janeiro. Isso é felicidade" (VLA, p. 75). Se o jogo de pebolim com Felipe revelava o ingresso em um mundo novo, de discussão e vivência da política e do sonho de transformação social, a conversa com Fabiano é o definitivo acesso a esse mundo, como denotam as próprias palavras do comandante: "esse é um caminho sem volta e só acaba com a derrota, a vitória ou a morte" (VLA, p. 75).

Dessa conversa, aparecem principalmente as palavras de Fabiano, que aborda a "dimensão da decisão que tomaram" (VLA, p. 76) os dois jovens, insistindo no profundo significado de ruptura com a vida que até então levavam:

— Fico feliz por aceitarem, não é fácil largar nossas rotinas e nos dedicarmos a uma causa, significa abdicar da família, dos amigos e das carreiras. Tudo o que fizerem a partir de agora, vai ser em função da revolução e em benefício dela. Não poderão medir sacrifícios nem negar fogo diante das dificuldades e dos perigos, [...]. (VLA, p. 75)

O que faz o encontro com Fabiano ser um memorável para Clamart é que ele é o encontro com um mestre, um encontro que é percebido, ao tempo da narração, como tendo mudado radicalmente sua vida: "Suas palavras [de Fabiano] foram proféticas, minha vida mudou completamente, depois dessa conversa" (VLA, p. 77). O filósofo Georges Gusdorf, abordando a relação entre um discípulo e seu mestre, auxilia-nos para a percepção da dimensão de Fabiano para o jovem Clamart:

Reconhecer um mestre para si é identificar a si mesmo, é aceitar a nova obrigação de procurar a plena realização na perspectiva bruscamente descoberta. Em outras palavras, a lição do encontro de um mestre é o desvendamento de uma verdade [e, como defende o mesmo autor, a verdade não é mais do que a busca incansável da verdade] por interposta pessoa. Essa verdade, encarnada num indivíduo, não é apenas a verdade dele – é também a minha. Doravante, comprometo-me sob pena de ser infiel, não somente ao mestre num instante reconhecido, mas também e sobretudo à minha própria exigência. (GUSDORF, 1995, p. 62)

Foi Felipe quem lhe propiciou o ingresso neste outro mundo, mas o mergulho de Clamart começa a tomar o rumo de um caminho decidido e consciente quando da conversa com Fabiano, que é o mais-velho e é quem apresenta a possibilidade de trilhar o caminho intuído. Encontrar Fabiano e ouvir suas palavras é descobrir em si mesmo a trilha do que é a sua verdade. Se não houvesse essa conversa, o protagonista não passaria pela experiência que narra aos leitores; é a partir dela que a mudança de sua vida se confirma, ganhando um significado e um sentido: transformar a sociedade brasileira, fazer a revolução.

Infância

O que antecede ao marco do jogo de pebolim pertence a um tempo anterior, a uma vida anterior, com a qual poucos laços se mantêm, embora Clamart ainda seja muito jovem quando ingressa na luta da ALN. Trata-se de sua infância, recordada com carinho, mas absolutamente diversa do compromisso com a revolução e consigo mesmo. Um tempo em que sua vida era governada pelos pais, que aparecem marcadamente nessas imagens da infância, de forma diferente de sua adolescência, quando é ele quem vivencia os acontecimentos, enfrenta-os e apenas comunica aos pais suas decisões.

A memória da infância aparece em alguns momentos apenas, espaçada, muitas vezes fundindo-se a recordações do tempo da luta, e se dá quando Clamart, no presente da narração, encontra-se imerso na banheira, num apartamento no subúrbio de Paris, em meio ao exílio e à dor da derrota da luta.

A primeira imagem da infância é um sonho, quando ele está abraçado à sua mãe, ambos muito assustados e sendo protegidos de um inimigo pelo pai, que aparece como figura de proteção, é o que age – *"esmurra um homem grande e asqueroso"*, mas o soco produz um *"som impotente"* (VLA, p. 17) e *"Nada nos protege do perigo"* (VLA, p. 18, itálicos do original). Assim, estavam indefesos, ainda que o pai tentasse defendê-los.

A segunda imagem é oposta à primeira: "Agora tudo é leve". Marcando que se trata de memória com o uso do verbo *"lembro"*, Clamart recorda-se de uma cena agradável. Está deitado no chão de casa, ouvindo música e olhando o horizonte, nas *"tardes quentes de domingo no bairro do Farol"*, em Maceió, com o pai afagando sua cabeça lentamente, produzindo *"a sensação de eterno…"* (VLA, p. 18), a qual também era produzida pela guerrilha: *"o eterno que só a aventura pode dar…"* (VLA, p. 17, itálicos do original).

A terceira imagem é a de *"abandono"*: o pai é flagrado por sua mãe em uma cena de traição, buscando a cumplicidade do filho. Tudo se passa em São

Luís do Maranhão. O filho não se faz cúmplice do pai, mas também não diz nada e ausenta-se do conflito. Rompe-se o círculo familiar, *"os sonhos de um menino de seis anos"* viram *"pesadelos"*, ainda que *"a cada domingo possa sentir as lembranças do que já foi eterno, quase como reais. Quase…"* (VLA, p. 18, itálicos do original).

Na quarta imagem, novamente o personagem está com o pai, que constrói uma pipa, *"no tempo em que não havia nada além do doce viver"*. Empinam a pipa e é o pai quem lhe dá *"certeza e calma"* (VLA, p. 24, itálicos do original). Como se vê, as cenas da infância são reveladoras da proteção que a figura paterna propiciava a Clamart. Há ainda uma quinta imagem da meninice: mais uma vez um sonho, mas passado em Garça Torta, Alagoas. O narrador mistura a vivência com Marcela e o passado de criança, quando sua *"mãe estende a toalha áspera que não seca, arranha, a pele sangra, […]"* (VLA, p. 151, itálicos do original). Assim, a infância participa ocasionalmente da obra, e apenas como um tempo anterior, em que praticamente não havia preocupações, quando (quase) tudo era inocência.

Adolescência e luta

A narrativa começa a tomar o rumo de uma sequência linear com o já referido jogo de pebolim. Após comunicar ao pai a decisão de ingressar na luta, há o anúncio da partida de Felipe e Altino para Cuba e Clamart é encarregado de assumir sua primeira missão de responsabilidade, o comando de um grupo de fogo.

Formado o grupo, iniciam-se suas primeiras tarefas, realizando-se também muitos treinamentos. A primeira ação de porte que o grupo planeja executar é a expropriação de dinheiro[1] de um cinema. São narrados todos os preparativos e planos, até que se chega à ação em si, batismo daqueles jovens na luta,

---

1 As organizações das esquerdas armadas faziam uso desse termo, "expropriação", e não de "roubo" ou "assalto". Tratava-se de expropriar o dinheiro do próprio inimigo para financiar a luta, dinheiro este que a sua vez havia sido roubado pelo sistema financeiro do povo. Ou seja, o entendimento era o de que se tratava de trazer de volta ao povo, por meio da luta, o dinheiro que lhe era espoliado, para usá-lo na derrubada do sistema opressor.

cujo objetivo primordial, a captura do dinheiro, não é alcançado. No entanto, ninguém sai ferido nem é preso, permitindo que haja pontos positivos a contabilizar. O próximo passo é conversar com Fabiano, contar-lhe o que ocorreu, para saber o que o comandante irá achar. É nessa conversa com Fabiano e Daniel que Clamart é de fato convidado a participar da Coordenação Regional da ALN no Rio, o que prontamente aceita.

1968 chega ao fim e o narrador prepara-se para contar 1969, ano de muita dor e sofrimento, já antecipados nesta oração: "O ano que começa, depois que 1968 termina, é o ano do assassinato de Fabiano" (VLA, p. 104). Desse ano, o primeiro episódio é sua convocação ao Exército. A partir daí, Clamart irá fazer seu treinamento no próprio exército brasileiro, destacando-se como o melhor soldado do Forte de Copacabana e sendo condecorado com uma medalha. Sua vivência no forte abrange muitos episódios, contemporâneos das ações guerrilheiras que fazia à noite.

É importante caracterizar que tudo o que se conta desde o jogo de pebolim faz parte do primeiro bloco narrativo da obra. Como características desse bloco, o da adolescência de Clamart, identificamos no plano da formação do protagonista sua amizade com Felipe e seu envolvimento com Fabiano, que o levam à decisão de, na ALN, assumir a luta armada como opção de ação política. No plano épico do livro, esse primeiro período representa o comando de Fabiano, marcado por sua "exuberância" (VLA, p. 58) e pela ousadia das ações, bem como, no início, pela não assinatura delas, para que a repressão não soubesse quem agia. O comando de Fabiano é marcado ainda pela descentralização das decisões, pois, como ele dizia, "não precisamos pedir licença a ninguém para praticarmos atos revolucionários" (VLA, p. 81). É também um período de grande otimismo na vitória, com a ALN recrutando mais e mais pessoas e em que havia muita alegria e confiança.

Como ponto máximo desse período, destaca-se a realização da captura do embaixador norte-americano, em setembro de 1969, identificada pelo narrador como um erro de estratégia, pois teria atraído "uma reação de que não estávamos aparelhados nem treinados para suportar" (VLA, p. 130). Para Clamart, esta ação, realizada pela ALN e pelo MR (nome com que no livro é designado o MR-8, o Movimento Revolucionário 8 de Outubro), foi quase como o início do fim, sendo definida como a origem do acontecimento que demarca o término deste bloco, a morte de Fabiano.

As palavras de Clamart acerca deste assassinato revelam a desolação sentida não só por ele, que perdia seu mestre, mas também por todos os que viam na luta das esquerdas armadas uma opção para um novo Brasil:

> Dois anos depois do Che, matam Fabiano. A dura realidade latino-americana mata os filhos que resistem como podem às ditaduras militares que infestam o continente, com algumas dezenas de armas, algumas centenas de combatentes, alguns milhares de simpatizantes e uma causa sincera nos corações.
>
> Saio ao encontro de Aureliano, as ruas já não são as mesmas. Mataram Fabiano e as bandeiras não estão a meio-pau, não há luto oficial nem ponto facultativo, as pessoas lidam como se nada houvesse acontecido. Carros andam, ônibus chacoalham, pedestres caminham. Não posso censurá-los, eles não sabem o que fazem. (VLA, p. 129)

Intermezzo

A morte de Fabiano representa o encerramento de um período, sendo responsável pelo início de um novo bloco narrativo em *Viagem à luta armada*. No caso específico da trajetória de Clamart, trata-se de um momento intermediário, em que ele fica sem o contato com Diogo (o militante Joaquim Câmara Ferreira, conhecido como Toledo), que regressava de Cuba para comandar a organização. Nesse período que constitui o segundo bloco narrativo da obra, Clamart deserta do exército e torna-se clandestino, iniciando uma nova época em sua militância e preparando sua mudança para São Paulo. Nesse intervalo, conhece Assad e, por meio dele, Marcela, que se tornará sua "paixão secreta" (VLA, p. 35).

Após o Natal e o Ano Novo, já em 1970, Clamart muda-se efetivamente para São Paulo, alugando um quarto de dona Marta, no apartamento da rua Vergueiro. Nesse ponto, a narrativa aproxima-se temporalmente do primeiro episódio do período da guerrilha evocado no texto: a fuga do apartamento, em um prédio fechado e cercado pela polícia, que o procurava, cena já transcrita aqui.

Ainda nesse período intermediário, há a ida a um baile da saudade com dona Marta, bem como a perda de seu grande companheiro Aureliano, amigo da adolescência, morto em um acidente ocasionado por outro guerrilheiro. A partir daí, a narrativa começa a ser pautada também pelas mortes dos companheiros, que se sucedem em uma sequência da qual parece que ninguém vai escapar. No plano épico, esse período é marcado pela busca de reorganização, para que a luta não cesse.

Diogo

Clamart é levado ao encontro de Diogo por intermédio de Zefa, mãe de Felipe, e isso lhe possibilita retomar as ações armadas, dando início ao terceiro bloco narrativo da obra, caracterizado pela decisão do novo comandante de reformular a ALN, centralizando mais as decisões por meio de uma Coordenação Nacional, para a qual Clamart é convidado a participar.

Nesse terceiro bloco, Clamart caracteriza-se pela "rigidez e irreverência" (VLA, p. 36). Irreverência que se manifestava desde a adolescência e que se confirma como uma característica sua no contato com os companheiros. Rigidez na aplicação das regras de segurança da organização, que se amplia conforme aumenta o cerco da repressão. Um episódio que exemplifica essa rigidez é o que envolve o personagem Silvério, que chega do Pará dizendo ter fugido de um hospital psiquiátrico, após haver tentado o suicídio na prisão. Enquanto Diogo o recebe como a um velho companheiro, Clamart desconfia e insiste na aplicação das normas de segurança, para que haja condições de ser verificada a história contada por Silvério.

A suspeita de traição é, assim, um dos temas da narrativa, presente logo em seu início. E o temor de perder Diogo era muito grande, especialmente após a perda de Fabiano. Em sua relação com Diogo, plena de carinho, mas também de divergências, Clamart busca protegê-lo, pois percebia a importância de sua experiência para a continuidade da luta. Enquanto o protagonista era jovem e tinha muita disposição para o combate, excelente atuação militar e ótimas condições físicas para suportar dormir pouco e estar permanentemente alerta, Diogo vinha da resistência à ditadura de Vargas, tinha muita experiência de luta e visão de maior alcance.

Este terceiro bloco narrativo está espalhado ao longo das páginas de *Viagem à luta armada*. Em um primeiro momento, permanece a sequência cronológica linear: Clamart entra em contato com Diogo, aceita-o como seu comandante, e, por meio dele, chega até Marta, guerrilheira combativa. As ações armadas são retomadas. Marta é presa e Clamart busca resgatá-la, mas não consegue. Nesse ponto, a narrativa retorna ao episódio da reunião de Clamart com Diogo e Altino, aquela que dera origem a todo esse fluxo de memória, após, portanto, ter narrado o modo como chegou onde está:

> Divago durante o almoço, entre sorrisos, garfadas, cigarros e cafés, recordando os ganhos e perdas de minha estrada desde que encontrei Felipe, pois *foi aí que tudo começou*. (VLA, p. 159-60, itálico nosso)

É nessa reunião que Diogo, após anunciar o lançamento próximo da guerrilha rural, comunica que pensou em uma Coordenação Nacional para centralizar as decisões da ALN. Clamart narra-nos então, ainda em sequência linear, a prisão de Rafael (na vida real, o guerrilheiro Eduardo Colem Leite, o Bacuri), torturado por 109 dias consecutivos. A partir desse acontecimento, procede a um novo recuo no tempo, para explicar um dos dois episódios dramáticos da vida de Rafael (a morte acidental de Alberto já fora narrada no início do texto): a prisão de Letícia, sua companheira, que na ocasião estava grávida. E engancha em tal memória a lembrança do início do relacionamento amoroso que ele, Clamart, travou com Marcela, início este que se deu na casa de Rafael.

Um episódio é bastante relevante para o desenrolar dos acontecimentos: Clamart é apresentado aos companheiros que retornam de Cuba para integrar a Coordenação Nacional da organização: "Assim começa o capítulo mais dramático e contraditório de minha vida" (VLA, p. 174-5), são as palavras do narrador. Com a presença de todos os integrantes da Coordenação Nacional em São Paulo, realiza-se uma reunião deste organismo no "aparelho" de Clamart e Marcela.[2] Todos comparecem e, por uma semana, discutem os rumos da ALN e da luta armada. No entanto, Diogo tem necessidade de afastar-se por uns dias, saindo em uma quarta-feira, 21 de outubro de 1970. Sábado, 24 de outubro, era seu "ponto" com Clamart, para reintegrar-se à reunião, mas Diogo não aparece.

Coordenação Nacional

Com a morte de Diogo, de fato traído por Silvério,[3] inicia-se uma nova fase da organização, sob o comando da Coordenação Nacional. O lançamento da guerrilha rural é mais uma vez adiado, mas mantém-se a participação da ALN na chamada Campanha do Voto Nulo. Um fato acontece: segundo o narrador, Mário desaparece após a morte de Diogo, ressurgindo quarenta dias depois e explicando que procurara se preservar para o caso de morte dos demais integrantes da Coordenação Nacional.

Do ponto de vista do protagonista, o novo período é marcado pela crise no relacionamento com Marcela; pelo início do relacionamento com Gina; pela morte de Poeta no início de 1971; pela volta de Felipe ao Brasil e pelo número

---

2 Os "aparelhos", de que falaremos no Capítulo 4, eram os locais utilizados como moradia pelos guerrilheiros.

3 O personagem Silvério, não nomeado por Carlos Eugênio Paz no glossário ao final do livro, representa a figura real de José da Silva Tavares, que foi militante da ALN e, após ser preso no Pará, passou a colaborar ativamente com os órgãos da repressão. Tavares foi quem abriu o ponto com Toledo, o que levou a polícia a prender e assassinar o comandante. Segundo a entrevista concedida por Lídia Guerlenda, uma militante da ALN, à pesquisadora e também ex-guerrilheira Ruth Ribeiro de Lima (1998), os nomes de guerra de Tavares eram Severino e Corisco.

cada vez maior de decisões a tomar. Mário, que fora afastado da Coordenação Nacional, comete um grave erro em uma ação, sendo afastado também dos grupos de fogo para repensar suas atitudes e optar por uma reintegração à organização ou pela saída do país. De acordo com a narração de Clamart, a opção de Mário acaba por ser a de desligar-se da ALN, mas continuar no Brasil, com o objetivo de integrar-se a outra organização.

No plano épico, o período de comando da Coordenação Nacional é marcado por ações polêmicas. Dois "justiçamentos" são cometidos: o de Mário, da Coordenação Nacional, por suspeita de traição, que é apenas referido, mas não efetivamente narrado, e o de Blansen, presidente da Ultragaz e financiador da tortura, que é narrado em detalhes, cena por cena. De acordo com o que nos afirmou na entrevista, o episódio do *justiçamento* de Mário, o guerrilheiro Márcio Leite de Toledo, foi o primeiro fragmento que Carlos Eugênio escreveu, narrando detalhadamente toda a ação. Depois, acabou por fazer a opção de não publicá-lo em *Viagem à luta armada*, mas, ainda segundo o que nos disse, pretende publicar o episódio no terceiro volume de sua trilogia.

De todo modo, o fato de o narrador de *Viagem* não conseguir propriamente narrá-lo é um elemento significativo, acentuando a percepção de que esta morte é o núcleo central de suas recordações e sofrimentos, o ponto nodal de onde partiram o desejo e a necessidade de narrar, ao mesmo passo que seu máximo limite, seu caráter impossível de suportar. Este episódio parece configurar-se, assim, como o trauma mais profundo que assola Clamart, aspecto a que ainda retornaremos.

Mas, ainda que o "justiçamento" de Mário seja somente mencionado, é com essas duas mortes que tem fim o tempo do narrado, o que significa que o tempo de vivência da luta, em *Viagem à luta armada*, se encerra com estes episódios complexos, já que mesmo o "justiçamento" de Blansen – parte da guerra contra o inimigo, cuja repercussão à época foi, em geral, positiva, e cuja recordação é mais tranquila ao narrador – apresenta questões que levantam um debate sobre as delicadas relações entre ética e a luta revolucionária.

O que se segue depois, a última conversa de Clamart com Helena, pertence ao tempo da narração, constituindo-se em uma avaliação de sua experiência:

> — *Terminei o livro, Helena. Escolhi duas mortes como fecho, porque transcendem os fatos em si, são símbolos dos extremos a que podemos chegar, quando escolhemos a violência. Nelas há muitos componentes... justiça, tragédia, crueldade, pureza, retidão, covardia, heroísmo... Mortes marcadas por jovens rebeldes e puros que, seguindo os passos de Fabiano e Diogo, líderes extraordinários, lutaram e deram suas vidas pela liberdade, usando as armas da época. Tenho orgulho de ter sido um deles, assumo os acertos e os erros, lutei com as entranhas...* (VLA, p. 213-4, itálicos do original)

O vazio do presente

Paralelamente ao tempo da luta da ALN, a obra apresenta também o que estamos chamando de *tempo de vivência da derrota*. É importante ressaltar, contudo, que não se trata de uma noção mecânica e/ou rígida a respeito dos processos históricos. As duas temporalidades presentes na narrativa, o tempo de vivência da luta e o tempo da derrota, inter-relacionam-se, em um movimento dinâmico: o passado proporciona aprendizagens ao presente e, ainda, é o presente que pode proceder a uma leitura e compreensão desse mesmo passado.

É evidente que o passado não retorna, senão em nossa memória – para a qual intervêm criativamente os mecanismos da imaginação e do desejo, como já mencionamos no Capítulo 1. O que se configura na obra é que a busca de resgate da experiência vivida comporta, dentre outros aspectos, o componente de um aprendizado amplo. Reconhecer a derrota tem aí o significado principal de procurar levar a cabo o trabalho de luto, individual e coletivamente, do que nós, brasileiros, sofremos: primeiro a derrota constituída pela vitória do golpe civil-militar, quando quase não houve lutas de resistência articuladas e a direita se instalou no poder da nação; a seguir, a derrota das formas de resistência que foram levadas contra a ditadura já instaurada.

Em *Viagem à luta armada*, a percepção, a aceitação e, especialmente, a elaboração da derrota desempenham um papel decisivo para o percurso do protagonista e para a busca de construção de novas formas de ação no presente.

O que se caracteriza como um tempo de vivência da derrota subdivide-se na narrativa em dois momentos: o do exílio, que pode ser localizado aproximadamente no ano de 1980, pela referência aos trinta anos de Clamart; e o momento da terapia, o presente da narração, quando ele narra sua experiência a Helena, e que pode ser localizado em algum ano da década de 80. O tempo da derrota, "fantasmagórico e fantasioso", nas próprias palavras do autor, é escrito com letra em itálico, diferenciando-se também graficamente da narrativa das ações armadas. É um tempo bastante diferente do anterior, da luta. Agora o personagem está sozinho, vivendo suas recordações.

De forma diversa da velocidade que impregnava o tempo da luta, quando as ações armadas, as conversas, reuniões, os "pontos" e as fugas sucediam-se rapidamente, o tempo da derrota é lento e vagaroso, quase anulado em sua passagem. No início da obra, no exílio, o narrador-personagem vivencia um tempo que parece não passar, um tempo imóvel e que o aprisiona, semelhando as observações do psicanalista Marcelo Viñar (1992a, p. 111), para quem o exílio é "um tempo de inércia e contemplação, que emerge após a tormenta, o naufrágio e a catástrofe: propõe o desafio do que podemos construir a partir da perda, da desilusão, do desencorajamento, da derrota".

Para compreendermos mais a fundo as razões para tal estado de inércia, no caso específico de Clamart, trancado no banheiro de sua casa nos subúrbios de Paris, é importante recuperarmos uma fala do personagem a seu companheiro Aureliano, ainda no tempo de vivência da luta: "Agora é guerrilha urbana de verdade, Aureliano, até a vitória ou a morte, como o Che" (VLA, p. 96). A frase, que pode até passar despercebida em uma primeira leitura do texto, é relevante e fornece uma espécie de chave para o entendimento da situação em que se encontrava o personagem no exílio – configurando ainda uma chave para a interpretação da narrativa como um todo. Ela sintetiza o princípio norteador e organizador da experiência do protagonista durante a guerrilha. Ou seja, havia em seu campo de possibilidades para o futuro apenas duas alternativas: a vitória – que era uma possibilidade coletiva, já que implicaria uma transformação radical da sociedade brasileira – ou a morte, vislumbrada como uma morte individual, pois também não acarretava necessariamente a hipótese da derrota da luta. Logo, a derrota não fazia parte do universo das expectativas do guerrilheiro Clamart – como também não era vislumbrada, na vida real, pelo guerrilheiro Clemente, nem por muitos e muitos dos guerrilheiros de então –,[4] ainda que tivesse sido sinalizada por Fabiano como uma das opções para o término da luta (derrota, vitória ou morte), naquela conversa tão importante que o jovem Clamart teve com seu mestre.

A derrota constituiu-se como um choque para Clamart, apresentando--lhe e tornando real a definição de uma terceira alternativa: sobreviver e, simul-taneamente, ser derrotado. O personagem, assim, vê-se subtraído de suas refe-rências e dos valores que o estruturavam, e sente-se desamparado, destroçado. É nesse sentido principal que a sobrevivência torna-se um fardo que ele sente não poder carregar. A derrota subverte seus valores: a noção de permanecer vivo, que era o que mais importava ao combatente durante a luta – já que era a condição primeira para possibilitar a vitória –, perde não somente essa, mas praticamente toda e qualquer dimensão, e o sentimento do personagem é o de que: *"Aprendi a sobreviver, não me serve de nada, não sei viver"* (VLA, p. 80, itálicos do original). Essa constatação contrasta terrivelmente com a alegria sentida, por exemplo, ao escapar do cerco policial ao prédio em que morava com dona Marta, no primeiro episódio de ação do livro, quando sua sensação imediata é: "como é bom viver…" (VLA, p. 21). Viver para a luta era o que de mais importante havia, noção que se explicita também em *Nas trilhas da ALN*: "Mas sei que meu primeiro dever como revolucionário é preservar minha vida" (NTA, p. 62), ou ainda: "O objetivo da guerra é aniquilar o inimigo. Na guerra

---

4   Sobre a dificuldade de compreender que a luta das esquerdas armadas havia sido derrotada, sugiro, além da leitura de *Nas trilhas da ALN*, que conta muito do sofrimento de Clamart, em Cuba, para aceitar a derrota como um fato consumado, o filme *Cabra-Cega*, de Toni Venturi, cujo protagonista masculino, interpretado por Leonardo Medeiros, foi inspirado na própria trajetória de Clemente.

de guerrilhas, há que não ser aniquilado e ganhar tempo para acumular forças e construir um exército. *Sobrevivência, por ti cometo quase tudo, só não perco a honra nem torturo o inimigo*" (NTA, p. 63, itálico nosso).

No exílio, Clamart sente-se sozinho, sem conseguir compartilhar experiência ou dor com ninguém. Tenta elaborar a realidade que se lhe apresentava por meio do uso da heroína e do haxixe, pelos quais procurava, inclusive, resgatar o efeito que a adrenalina, constantemente liberada nos tempos da guerrilha, proporcionava-lhe ao organismo e à mente. Um efeito que era o de sentir-se mergulhado no presente, sem preocupações ou temores quanto ao passado ou ao futuro. Assim, o ex-guerrilheiro deseja imergir também em uma espécie de presente absoluto, que anestesie toda dor – o que já era, de certa forma, uma busca de recuperação das sensações vividas durante a luta, mas de outro modo, com outra finalidade e estimulada por outras substâncias.

Procurando se esquecer do passado, o personagem não consegue parar de se recordar. Sente-se assaltado pelo passado, ao mesmo passo que o persegue constantemente. Até mesmo seus sonhos trazem à tona as experiências da luta, tais como as viveu ou, ainda, como as desejaria ter vivido, para subtrair-se à culpa que sente por ter sobrevivido enquanto muitos de seus companheiros morreram. O sonho com Marcela, apresentado às páginas 33 e 34 da obra, é apenas mais uma dessas formas pelas quais o passado retorna dolorosamente. Em tal sonho, consegue dar cobertura para que sua companheira fuja da polícia que os cercava no apartamento, salvando-a da morte como sentia, na vigília, que não tinha conseguido fazer:

> *Culpas e dores. Se estivesse com ela, Marcela estaria viva, se estivesse com todos no momento preciso, estariam todos vivos, eu era bom de briga e de fuga, era mais feroz e cruel que eles. Devia ter morrido, como Célio, como um herói, salvando vidas.* (VLA, p. 79, itálicos do original)

O personagem tem ainda a consciência de que, com apenas trinta anos de idade, havia envelhecido rápido demais, como se a espécie de "sobrecarga" de experiência a que fora submetido o tivesse transformado precocemente em um velho. Em raros momentos, todavia, a imersão na memória proporcionava algum prazer, mas a dificuldade que se revela ao princípio da narrativa para digerir a derrota e as mortes que sequer haviam sido choradas é muito grande.

A força da narração

Era preciso reencontrar algum sentido em estar vivo e o ex-guerrilheiro, lentamente, se dá conta de que necessita criar uma nova vida no lugar do abismo em que se encontrava. Para tal, fazia-se necessário abrir as feridas, deixar o sangue represado correr livremente, pois era desse sangue e desse choro contidos que seria possível reconstruir um significado à sua existência. Na entrevista que nos concedeu, o autor recordou-se de um pequenino fragmento que conseguiu escrever ainda durante o tempo do exílio, em Paris, e que saiu assim, só ele, sem possibilidade de continuação, mas que sintetiza muito desta experiência que estamos procurando descrever: "Aprendi a deixar aberta a ferida. Quantos compromissos para estancar o sangue?".

Aos poucos, percebe que, sozinho, não tem como enfrentar a situação:

> *Vida, morte, recordações, culpas... posso ficar o resto de minha vida na banheira e em meus túneis. Dane-se a realidade, não tenho forças para vivê-la. Preciso de ajuda... real fora do túnel... real, fora do túnel real... fora do... não consigo sair daqui... será isso loucura? Será isso loucura?* (VLA, p. 49, itálicos do original)

A escolha do personagem é por um trabalho terapêutico psicanalítico – e aqui lembramos como a psicanálise procura *restabelecer a palavra ao indivíduo* (MANNONI, 1992). Já Maria Rita Kehl (2001, p. 18) pontua como "a psicanálise surge como prática que cria as condições para a autorização da experiência". A prática psicanalítica busca, assim, justamente autorizar a experiência do indivíduo, *testemunhá-la* e compreendê-la a dois (paciente e analista), para que o vivido possa ser absorvido e se dê início à cicatrização das feridas.

As sessões de terapia são focalizadas na narrativa de *Viagem à luta armada* de modo fragmentário e, devagar, com idas e vindas, percebe-se o caminhar do protagonista. É feita inclusive uma referência metalinguística ao livro que estamos lendo: Helena, a terapeuta, pergunta como andava o livro e a resposta de Clamart é:

> — *Escrevo penosamente, choro, as palavras saem aos trancos, é um vômito. Nem sei se tem algum valor, mas não é possível parar, vou até o fim, seja o que for. Por enquanto são histórias soltas, me falta um fio para costurá-las.* (VLA, p. 155, itálicos do original)

Nesse momento se revela quão emblemática era a cena inicial do livro, quando ele vomitava, emborcado em um vaso sanitário e sentindo grande prazer. O vômito põe para fora o que não pode mais ficar para dentro, o que prejudica. Para criar-se novamente uma vida, a partir do passado, é preciso conseguir pôr para fora esse mesmo passado. Clamart precisa conseguir narrar o que viveu, organizar sua vivência. Assim, a saída do ciclo em que se encontrava o personagem está em narrar o passado, na recuperação da palavra, oral e escrita, quando então permite, inclusive, que todos vivam por meio de sua narração: "*Que bom que está vivo, vivemos em você...*" (VLA, p. 184, itálicos do original).

Narrar a experiência é a forma encontrada para permanecer vinculado ao compromisso estabelecido ainda na adolescência – fomentado pela amizade com Felipe e conscientemente assumido quando do encontro com Fabiano. Para permanecer vinculado ao projeto, à causa e, inclusive, aos companheiros que morreram, podendo libertar-se, ao menos em grande parte, da culpa que o esmagava por ter sobrevivido. E essa libertação não implica negação do passado, mas, ao contrário, propicia uma relação fecunda com ele. Assim, não somente não há traços de arrependimento, como é possível, por meio dessa relação com o passado, trabalhada e elaborada, criar as condições para a reestruturação da personalidade e o rompimento com a inércia.

Para este trabalho de luto, Clamart narra a Helena tudo o que se recorda e que o assombra, atravessando a morte de seu querido companheiro Poeta – que é considerada como tendo aberto um novo ciclo em sua vida, já que foi a primeira pela qual ele não chorou, dando início a seu processo de endurecimento. Narrar esse episódio e a forma como foi vivido, repensando o endurecimento, é uma forma de enfrentar o passado.

É a partir daí que Clamart consegue, finalmente, abordar o episódio que mais o esmagava: o *justiçamento* de Mário – episódio do qual é o único e solitário sobrevivente e que, como já sugerimos, conforma-se como trauma maior do narrador-personagem, como a lembrança mais difícil de enfrentar, e também como aquela que é necessário de todo modo confrontar. Na banca de defesa da dissertação que originou o presente livro, o professor Flávio Aguiar sugeriu que a morte de Mário seria não só o motor da história, como configuraria a obra de Carlos Eugênio Paz como uma narrativa construída a partir de um crime. Na impossibilidade de contar tal episódio, contam-se muitas outras coisas, mas o centro seria este, esta a história de fato buscada pelo narrador, mas não realizada. Pode haver algum exagero nas afirmações de Aguiar, mas elas nos ajudam sobremaneira a refletir criticamente sobre *Viagem à luta armada*.

Nessa direção, tomemos em conta um fragmento de Arthur Nestrovski e Márcio Seligmann-Silva a respeito da etimologia da palavra "trauma":

> "Trauma" deriva de uma raiz indo-europeia com dois sentidos: "friccionar, triturar, perfurar"; mas também "suplantar", "passar através". Nesta contradição – uma coisa que tritura, perfura, mas que, ao mesmo tempo, é o que nos faz suplantá-la, já se revela, mais uma vez, o paradoxo da experiência catastrófica, [...]. (NESTROVSKI & SELIGMANN-SILVA, 2000, p. 8)

Rememorar os eventos traumáticos, inclusive os mais difíceis de ser recordados, é um modo de propiciar o seu *atravessar a derrota*, de suplantar as perdas sofridas, as mortes cometidas e o acontecimento tão demolidor que era a derrota daquela luta. Se não consegue narrar por completo o que parece haver sido um dos maiores de seus fantasmas, ao mencioná-lo e abordar outros fantasmas, Clamart enfrenta-os e liberta-se para se reestruturar: transformando a vivência em experiência e tirando a força de sua narrativa também das próprias mortes que vivenciou, torna-se um narrador, no sentido que a ele deu Walter Benjamin (1996, p. 198), enfatizando o caráter de "intercambiar experiências" presente no ato de narrar. Na decisão de abordar o tão controverso episódio do "justiçamento" de Mário tornam-se nítidos tanto o sentido libertador do ato de testemunhar, quanto, simultaneamente, o significado de continuidade da vinculação do personagem ao compromisso ético:

> — [...] já posso me encarar, não importa que outros não assumam comigo, prometi a Felipe prestar contas à História... Mário não pode passar por traidor, e os companheiros que tomaram a decisão e executaram a sentença não podem ser conhecidos como frios assassinos políticos que matavam para tomar o poder na Organização. Nossa luta não será relegada a uma aventura inconsequente que chegou a extremos devido a esse ou aquele companheiro que fraquejou ou tomou a decisão errada. Se continuamos puros de propósitos, temos que vasculhar tudo, como Fabiano me recomendou, revolver a lama e o lodo, para entendermos os fatos numa dimensão histórica, não para acusar. [...] Fabiano e Diogo me ensinaram por outra cartilha, não assumirei o papel de vítima, fomos combatentes de uma causa justa... contra as armas, a opressão e a tortura, usamos a violência dos oprimidos e fomos derrotados. Cometemos erros, temos que reconhecê-los e aprender com eles. Renunciar a isso é um pecado que não cometerei, estaria traindo... (VLA, p. 206)

Com o auxílio de Giorgio Agamben, lembremos que há duas palavras em latim para testemunho: "A primeira, *testis*, da qual deriva nosso termo 'testemunho',[5] significa etimologicamente aquele que se situa como terceiro (*terstis*) em um processo ou um litígio entre dois contendentes". Já a segunda, *superstes*, "faz referência ao que viveu uma determinada realidade, passou até o final por um acontecimento e está, assim, em condições de oferecer um testemunho sobre ele" (AGAMBEN, 2000, p. 15). A segunda acepção do termo, portanto, liga-se à noção do sobrevivente, e é importante pensarmos como o ato de testemunhar propicia uma libertação dos *fantasmas da sobrevivência*, incorporando-os como experiência vivida. O compromisso que Clamart sentia diante da luta e de seus companheiros (o que é bastante nítido em *Nas trilhas da ALN*, quando ele, em Cuba, não conseguia aceitar a necessidade premente de interromper as ações armadas) transforma-se, pelo mesmo compromisso, na noção de que é necessário contar essa história.

Atentemo-nos para o dado de que "compromisso" é uma "obrigação mais ou menos solene assumida por uma ou diversas pessoas", é um "comprometimento" – e comprometer-se é "dar em penhor moral; empenhar", além de "obrigar-se por compromisso" (HOUAISS & VILLAR, 2001). A noção de compromisso relaciona-se intimamente à noção de "engajamento", que também significa "dar em penhor", como assinalou Benoît Denis (2002). O compromisso é assumido e não pode ser quebrado, sob pena de colocar em risco a própria existência daquele que o assumiu.

Testemunhar o vivido, com suas alegrias e dores, é uma das formas de continuar a lutar, uma forma de permanecer vinculado ao compromisso da luta e, ainda, aos mortos. O testemunho, dessa maneira, porta um sentido de libertação e, mesmo, de cura, no sentido terapêutico, como apontou argutamente Shoshana Felman, destacando sua "função libertadora e vital" (FELMAN, 2000, p. 59), bem como sua *dimensão ética de insistência na resistência*.

A completar o trabalho de luto, a partir do resgate do passado, temos o recurso à escrita. Ao escrever, Clamart consegue reorganizar sua experiência e compartilhá-la com um público virtual infinito. Não apenas rompe o

---

5   A edição consultada de Agamben está em espanhol e foi traduzida por mim. Aqui, o termo usado era "testigo".

isolamento, mas se reconstitui, pois cria para si uma nova missão. Narrar é, assim, catarse, possibilidade de criação de vida, e ele se vê como um guardião de uma parte bastante importante da memória social brasileira.

Ao tornar-se um narrador, estabelece, a partir do presente, um compromisso que se vincula ao passado, propondo-se a contá-lo especialmente para aqueles que não viveram esses tempos e direcionando-o ao futuro. A perspectiva do exemplo e do convite às novas gerações é sugerida em mais de um momento, como no fragmento a seguir:

> Rafael foi trucidado, tentaram manchá-lo com mentiras mas só conseguiram matá-lo. Na memória daqueles tempos, quando a História der a palavra final, ele será lembrado como exemplo para as futuras gerações, aquelas que saberão que nem todos se calaram. (VLA, p. 170)

Acrescentaríamos ainda aqui um dado que também é relevante para o processo vivenciado por Clamart ao longo das páginas da obra e, dessa forma, para nossa análise do tempo neste texto. Assim, assinalamos que a própria rememoração das imagens de sua infância desempenhou também um papel importante para sua reestruturação, na medida em que era preciso resgatar sua trajetória de vida desde o princípio, compreendendo-a e dando a ela um sentido, naquele momento em que tudo parecia ter desabado por completo e para sempre. Vale lembrar as palavras de Marcelo Viñar, a respeito do caso clínico de um paciente que fora aprisionado e barbaramente torturado e para quem o trabalho da memória desempenhou também uma função vital para impedir a completa destruição de sua personalidade, que era objetivada por seus torturadores:

> Foi a acácia que o fez sair do inferno e o ajudou a compreender de qual barco se tratava: era a memória. Devia lembrar-se que havia tido um antes, povoado de amores e de valores; que é somente conservando este antes que poderia viver um depois, se houvesse um; e que não

> se devia deixar consumir pelo presente, vazio de amor,
> habitado de ódio, como se fosse a única vida possível.
> Assim, voltou ao mundo do eu-me-lembro, e o vivido de
> outrora desfilou com uma lucidez cuja intensidade lhe
> era desconhecida. E sentiu expandir-se nele o prazer do
> relaxamento que acalmava a dor de seu corpo e sua sede.
> (VIÑAR, 1992b, p. 29)

Desse modo, e como procuramos apontar aqui, a memória, ao mesmo tempo que machucava mais e mais Clamart, era também sua única possibilidade de cura, como se significasse, simultaneamente, o veneno e o antídoto. No início, o personagem praticamente só conseguia se dar conta do aspecto, por assim dizer, venenoso da memória. Com a passagem do tempo e o auxílio decisivo do processo psicanalítico, consegue vislumbrar e, cada vez mais, sentir as possibilidades terapêuticas do enfrentamento com o passado, a fim de incorporá-lo sem o negar e, ainda, de retomar o plano da ação.

O tempo em *A geração da utopia*

> "Nadie sabe que cosa es el comunismo/ Y eso puede ser pasto de la censura/ Nadie sabe que cosa es el comunismo/ Y eso puede ser pasto de la ventura" (Silvio Rodríguez, "El reino de todavía", *Domínguez*).

O intervalo de trinta anos percorrido pelo enredo da narrativa pode ser compreendido – exclusivamente para fins de análise – como constituído por dois momentos fundamentais para a trajetória da "geração da utopia". Primeiro, o que denominamos de *tempo de vivência da luta*, representado pelos dois primeiros capítulos do romance, "A Casa" e "A chana"; na sequência, teríamos o que chamamos de *tempo de vivência da derrota*, caracterizado, por sua vez, pelos dois últimos capítulos, "O polvo" e "O templo". Procuramos propor um esquema analítico que não seja rígido nem, muito menos, fechado, e preferimos apostar em um esquema permeado de contradições, em que as inter-relações são muitas.

Ao dizermos "tempo de vivência da derrota", estamos atentando para o fato de que, em Angola, a partir de um determinado momento histórico – o qual pode ser situado a partir da segunda metade dos anos 1980, aguçando-se e ganhando força com a queda do Muro de Berlim e o fim da União Soviética, e que dura até a atualidade –, o projeto que mobilizara os angolanos em sua luta pela libertação nacional sofreu, em grande parte, uma derrota. Isso porque, ainda que tenha sido conquistada a independência, os outros pontos, que visavam à construção do socialismo, não foram efetivados. Como já disse Pepetela:

> Esta geração realizou parte do seu projeto, a independência. Mas nós lutávamos também pela criação de uma sociedade mais justa e mais livre, por oposição à que conhecíamos sob o colonialismo. Por razões várias (constantes interferências externas, desunião interna e erros de governação), este objetivo não foi atingido e hoje Angola é um país que procura a paz e está destruído, economicamente desestruturado e com uma população miserável, enquanto meia-dúzia de milionários esbanja e esconde fortunas no estrangeiro. (*apud* BUENO, 2000)

Já na década de 1980, a distância entre *teoria* e *prática* foi ganhando consideráveis dimensões na sociedade angolana. Paralelamente ao discurso oficial, que continuava afirmando que Angola estava a caminho do socialismo, as críticas às incoerências entre palavras e atos manifestavam-se na sociedade – com o objetivo, em geral, de formular maneiras de resolvê-las e contorná-las, ou seja, insistindo na defesa da aplicação do projeto socialista. Assim, enquanto o presidente José Eduardo dos Santos, em sua "Mensagem de Ano Novo de 1984", utilizava-se dos lemas de luta e fazia votos para que:

> [...] o Congresso da UNTA [União Nacional dos Trabalhadores de Angola] seja, de facto, o Congresso de

todos os trabalhadores angolanos e nos permita reforçar o papel dos Sindicatos na formação e educação da classe operária e na luta pela Reconstrução Econômica rumo ao Socialismo e à Paz.
DESEJO A TODOS UM ANO NOVO FELIZ E PRÓSPERO.
1984 ANO DA DEFESA E DA PRODUÇÃO!
A Luta Continua! A Vitória é Certa! (1984, p. 19, caixa alta do original)

Os angolanos expressavam as carências vividas, ao mesmo passo que sentiam que a corrupção ganhava terreno na sociedade. Tal afirmação embasa-se na leitura das cartas enviadas pelos leitores à revista de atualidades *Novembro – A Revista Angolana*, nas quais se percebe como essas pessoas – e aqui, obviamente, temos de levar em conta que se tratava de cidadãos alfabetizados, que eram e ainda são uma proporção pequena da nação – já apontavam aspectos que colocavam em questão a própria realidade da criação do socialismo em Angola. Os leitores, criticando muitos problemas ocorridos, e questionando-os em relação ao parâmetro do que imaginavam e defendiam para uma sociedade socialista, não deixam de revelar como, de toda maneira, sementes da utopia haviam-se espalhado pelo solo angolano. Vejam-se, apenas como alguns exemplos, os fragmentos a seguir:

A Revista tem por obrigação publicar qualquer carta, porque neste momento muitos de nós têm problemas que não são resolvidos e é importante a denúncia de quem faz mal para ele se ver no mal que praticou. [...]. (Meneses Xiquito Jeremias, do Kwanza-Sul, "Dos leitores", *Novembro*, 1984, p. 4)

Sou estudante do Instituto Médio Agrário, no Tchivinguiro. Após as provas finais quis visitar os municípios da Jamba e do Cuvango e como há dificuldades de transporte fiquei à espera de apanhar uma boleia o que também é difícil; aconteceu, um motorista que conduzia um carro do Comércio Interno do tipo IFA, parar e carregar todo o pessoal que se encontrava à espera de boleia. Depois de se pôr a caminho, passados uns 50 Km parou para cobrar a "boleia" a todos os que lá se encontravam. (Joaquim Filipe Cambinda, Tchivinguiro – Lubango, "Dos leitores", *Novembro*, 1984, p. 5)

É de denunciar o procedimento dos responsáveis do posto médico de Valombo a 8 Km da cidade do Menongue. O logístico e o chefe daquele posto, juntamente com os cozinheiros e restante pessoal desviam a comida para alimentação dos doentes ali internados. O abastecimento previsto para 15 dias, antes de 10 dias já acabou. É de salientar que os doentes internados no posto médico de Valombo são doentes de guerra, mutilados. (Francisco Cuqueuna Canga, de Valombo – Kuando Kubando, "Dos leitores", *Novembro*, 1984, p. 5-6)

Em Ndalatando quando há falta de energia eléctrica consome-se carne e peixe fresco para júbilo de todos; mas quando se superam as dificuldades de energia só se sabe que a Dinaprope e a Edipesca venderam carne ou peixe pelo perfume que vem das cozinhas de "certas" casas. Será que para o consumo de carne ou peixe fresco temos que desejar a falha de energia eléctrica?! ("Paciência", de Ndalatando, "Dos leitores", *Novembro*, 1986, p. 4)

É importante assinalar, contudo, como o processo que se vivia na Angola dos 1980 era extremamente complexo e contraditório. Assim, as declarações do presidente José Eduardo dos Santos, em sua "Mensagem de Ano Novo de 1985", podem soar destoantes da realidade vivida no dia a dia pela população, como quando ele afirma:

Cada trabalhador deve prestar contas da sua actividade regularmente ao seu chefe e é dever dos responsáveis controlar de facto a actividade, o trabalho realizado pelos seus subordinados e o Patrimônio do Estado.

Só assim poderemos assegurar a *continuidade do processo revolucionário, tornar realidade a nossa opção socialista* e defender os bens do Estado que são propriedade da *Sociedade Socialista que estamos a construir*. (1984, p. 14, itálicos nossos)

No entanto, não nos cabe aqui entrar no terreno do julgamento moral. Além disso, vemo-nos na necessidade de assinalar que, por outro lado, a própria publicação das cartas dos leitores na revista *Novembro*, denunciando irregularidades, corrupção, desvios e abusos do poder, já era uma manifestação, ainda que sutil, do fato de que, no imaginário social da nação, se vivenciava um processo revolucionário e de construção de uma sociedade socialista. Esta noção pode ser percebida tanto pelo teor das cartas, as quais visavam alertar para a necessidade de se corrigirem os desvios, como, inclusive, pelos próprios objetivos declarados da revista ao publicá-las, como explicitado por um "Recado para o leitor", na edição de março/abril de 1984:

Esta [a seção "Dos leitores"] é uma das secções mais importantes da nossa Revista; a confirmá-lo está o número de cartas que diariamente recebemos. Através dela podemos medir o pulso do país, tomando conhecimento do que se passa nos diversos sectores da vida nacional, de Cabinda ao Cunene. Os leitores, apontando erros, criticando, sugerindo, denunciando ou destacando atitudes, sublinhando também as vitórias e os êxitos, contribuem de forma indiscutível para que todos possamos fazer uma ideia do estágio por que passamos. (p. 4)

A complexa realidade angolana da década de 80 pode ainda ser resgatada pela leitura de algumas obras literárias do período, inclusive de Pepetela. Essas narrativas teciam críticas por vezes mordazes às atitudes e práticas que se verificavam no momento e que eram incoerentes com o discurso socialista.

Em 1982, o escritor Manuel Rui publicou *Quem me dera ser onda*, divertida história sobre uma família que passa a criar um porco em um apartamento em Luanda, como forma de modificar o cardápio alimentar, o qual era constituído basicamente por peixe, devido à escassez de alimentos. Em meio às peripécias que se desenrolam, com destaque para a atuação das crianças, algumas situações do cotidiano angolano "rumo ao socialismo" são ironizadas.

Três anos depois, Pepetela publicou *O cão e os caluandas*, que realiza diversas críticas à situação do período, enfatizando a problemática dissociação entre teoria e prática: a existência dos "esquemas" de favorecimentos para os dirigentes, os preconceitos, a burocracia, a repetição esvaziada de sentido dos lemas revolucionários, entre outros aspectos. De acordo com o que já afirmou o autor, as histórias que compõem esta obra foram escritas entre os anos de 1979 e 1982, portanto no período em que ele participava do governo da nação, como vice-ministro da Educação. A narrativa, como outras da época, muitas vezes feitas por autores que participavam direta ou indiretamente do governo, atesta que o objetivo dos escritores não era o de enterrar o projeto socialista, mas, bem ao contrário, tentar "salvá-lo", se podemos dizer assim.

Buscava-se, assim, convocar à retomada árdua do "caminho no deserto", para resgatar uma imagem do romance *Mayombe*, como se percebe por algumas declarações de Pepetela, tais como a seguinte:

> Os aspectos críticos que aparecem nesse livro [*O cão e os caluandas*] não são fundamentalmente críticas estruturais, são de comportamentos – que eu considerava, e considero, comportamentos errados... E aí já a conciliação [crítica/governo] é mais possível – é vista em termos de militante, militante que critica comportamentos errados. De maneira que havia o fim de atingir um objectivo – objectivo esse que o governante percebe, também. A conciliação fazia-se a esse nível. [...] Portanto, a conciliação fazia-se a esse nível de uma tentativa de aperfeiçoar certos comportamentos: que o discurso estivesse de acordo com a acção – que muitas vezes não

está..., a acção contradiz o discurso do personagem. (*apud* LABAN, 1990, p. 804-5)

O processo vivido por Angola na década de 1980, aqui resgatado principalmente por meio das cartas de *Novembro*, faz-nos lembrar também das observações de Bronislaw Bazcko, as quais apontam para uma singularidade do pensamento socialista: o fato de que se pode fazer a crítica às experiências de aplicação dessa ideologia não em nome de um outro projeto, mas, o que não deixa de ser curioso, em nome do mesmo pensamento socialista. Comentando a experiência soviética, afirma o historiador:

> A particularidade desta ideologia reside, contudo, no facto de a utopia, precisamente por ser fortemente estruturada e enunciada numa linguagem "doutrinal", conservar uma certa autonomia relativamente ao uso que dela faz o poder. Nomeadamente, é possível contestar o poder, que se legitima pela utopia, em nome dessa mesma utopia. Por outras palavras, a utopia comporta para o poder um risco de se tornar uma referência a partir da qual é possível questionar a realidade, comparando-a com as promessas e valores proclamados. (BAZCKO, 1985, p. 385)

Mas, apesar de todo o movimento contraditório vivido pela sociedade angolana no imediato pós-independência, o projeto socialista efetivamente foi, pouco a pouco, abandonado, a despeito do discurso oficial, o qual também foi lentamente transformado – e isso sempre pelo mesmo partido que proclamara a necessidade revolucionária, o MPLA: "Na segunda metade dos anos 80, Angola se incorpora como membro pleno à Convenção de Lomé e começa a negociar seu ingresso ao Banco Mundial e ao Fundo Monetário Internacional", conseguindo tais ingressos alguns anos depois, como observa o historiador, cientista político e diplomata Domingo Amuch Ástegui Álvarez (1991/1992, p. 53). Uma afirmação de Pepetela é bem sintomática desse processo:

> Realmente nunca houve socialismo [em Angola]. Nunca
> se praticou. [...] Quer dizer, havia coisas das experiên-
> cias socialistas que nós aplicamos, mas mesmo nisso eu
> tenho fortes dúvidas se na União Soviética havia sido fe-
> liz. Eu sempre duvidei. Portanto, no fundo, o problema
> é esse, nós temos que inventar uma adaptação correta
> de alguns, talvez alguns princípios, que são socialistas.
> (Declaração fornecida no *Encontro entre Pepetela e pes-*
> *quisadores de sua obra*, 5 de maio de 2000)

Lembramos neste momento as afirmações de Renato Franco, o qual, abordando o contexto político-cultural brasileiro de 1964 a 1979, considera que "em pouco tempo – já no início dos anos 70 – a vida cultural deixaria quase por completo de considerá-la [a possibilidade de Revolução] para se nutrir então de uma substância histórica diversa – a experiência do fracasso da Revolução, ou seja, da derrota das forças de oposição" (FRANCO, 1998, p. 44). Franco então aponta para um aspecto bastante relevante:

> A "experiência da derrota" é um conceito cunhado por
> Cristopher Hill para dar conta do refluxo e do desprestí-
> gio experimentado pelo marxismo após a queda do regi-
> me do Leste europeu, que de fato abalou sensivelmente
> seus modos de influência. Contudo, pode também ser
> aplicado, por exemplo, aos anos 30, época em que se
> falava do "fracasso da revolução", fato que forçaria o apa-
> recimento de um novo tipo de marxismo condenado a
> explicar esse fracasso. Uso aqui "experiência da derrota"
> nesse sentido, ou seja, para dar conta da permanência
> do capitalismo e do desaparecimento do ímpeto revo-
> lucionário entre nós – ao menos em nossa história mais
> recente. (1998, p. 44)

É fundamentalmente nesse sentido que falamos em tempo de vivência da derrota em *A geração da utopia*. Já quando englobamos os dois primeiros capítulos do romance e os caracterizamos como um "tempo de vivência da luta", queremos indicar que os anos de 1960/1970 configuraram-se, na história de Angola e, especialmente, no romance de Pepetela, como uma época intensa de luta coletiva, efervescente.

A distinção de temporalidades que propomos para a leitura de *A geração da utopia* valida-se pela própria obra literária, pois o tempo que move seus dois primeiros capítulos é, predominantemente, de luta e de expectativas, enquanto, nos dois últimos, o tempo é sobretudo de amargura pela derrota.

O tempo de vivência da luta
Efervescência coletiva

No primeiro capítulo do romance, "A Casa", o ponto de vista do narrador acompanha em especial Sara, uma angolana branca, estudante de Medicina e defensora da luta de libertação. Como assinalou Rita CHAVES (1999b, p. 228), "a terna aproximação entre o narrador e Sara parecia ser uma imagem" da "possibilidade de comunhão" que se vislumbrava nesses tempos, princípios dos anos 1960, quando a luta apenas começara a tomar a forma de confronto armado com as forças colonialistas. A esperança na vitória era enorme, e é predominantemente por essa maneira que Pepetela procura reconstituir esta época fervilhante, quando aqueles jovens viviam a utopia de forma bastante presente, de corpo e alma.

E é dessa maneira que o capítulo "A Casa" apresenta-nos ao modo intenso pelo qual os jovens africanos relacionavam-se, em seu imaginário social, com a utopia, organizando suas vidas com base no horizonte concreto e palpável da luta de libertação, da luta revolucionária.

Ao longo do capítulo, prevalece o tempo cronológico linear, com a sucessão dos dias e meses. Todavia, esta sequência que se mantém no plano das ações dos personagens abre também espaço para um ir e vir mais livre no tempo, o que acontece prioritariamente por meio de dois recursos. O primeiro é o discurso indireto livre, pelo qual o narrador se abre para os pensamentos e emoções dos personagens – e aqui, sobretudo, de Sara –, e eles se voltam para o passado ou projetam o futuro. Logo no princípio do romance, quando Sara regressa de seu trabalho no Hospital Universitário, percebemos como o narrador mistura-se às recordações dela:

> O autocarro chegou. Felizmente era de dois andares, dava para ir lá em cima e gozar melhor o espectáculo de Lisboa ao sol. Sentou nos lugares da frente, esticou as pernas. [...] É bonita essa cidade, não há dúvida. Fazia a concessão, quando quase tudo em Lisboa lhe desagradava. Logo temperou. Também não conheço outras grandes cidades para comparar. Nascida em Benguela, feito o final de liceu no Lubango, viera há quase seis anos para Lisboa estudar medicina. O barco parou um dia em Luanda, os parentes do pai levaram-na a passear. Tragou com avidez todas as impressões, tentou fixar a cor vermelha da terra e o contraste com o azul do mar, o arco apertado da baía e o verde da Ilha, as cores variegadas dos panos e os pregões das quitandeiras. Sabia, começava o exílio. (AGU, p. 12)

Podemos ainda perceber o uso deste recurso quando o narrador nos revela as preocupações diante da necessidade de escolha do caminho a seguir, que se revelava de modo bastante concreto para os personagens neste primeiro capítulo do romance. Veja-se o exemplo a seguir:

> Partiram da pastelaria e despediram-se ali perto. Sara foi para casa, viver mais uma noite de solidão. Trabalharia? Ia tentar, nada mais tinha a fazer. E pensar na sua situação. A conversa com Laurindo tinha-lhe recordado algo que esquecia sempre, talvez como forma de defesa psicológica. *Qual era realmente a sua posição?* A malta começava a pensar no estrangeiro como o paraíso da liberdade. A França era o Eden, o generoso lugar de asilo para todos os perseguidos, o reino da tolerância e do mel. Paris, apenas conhecida pelos filmes, era a Babel para onde convergiam

os contestatários de todos os quadrantes, os humilhados de todas as gerações. Os angolanos olhavam para Paris, mesmo sem o ousar dizer. *E ela? Ia terminar o curso e meter-se nas goelas do colonialismo e do ódio racial? Ou ficar aqui, nesta sociedade ambígua, a boca cerrada também pelos mesmos fascistas, temendo a cada passo alguma denúncia anónima? Tinha ainda de incluir Malongo nesta equação a múltiplas incógnitas, tantas que se perdia nas contas. Decididamente, só Aníbal lhe podia apontar alguma luz.* (AGU, p. 80-1, itálicos nossos)

O outro modo pelo qual se revelam as viagens temporais que interrompem a sucessão cronológica linear são as conversas entre os personagens, abundantes em "A Casa" – a revelar, mais uma vez, um momento de troca, de companheirismo e de esperança. Selecionamos como exemplo um fragmento do diálogo que Sara e seu amigo Aníbal travam pela última vez antes de ele partir de Portugal, desertando do exército colonial. Nessa conversa, Sara aconselha-se com Aníbal a respeito do que deve decidir para seu futuro, deixando bastante nítido o entrelaçamento de história individual e história coletiva:

> — [...] Estou um pouco baralhada. Sinto-me marginalizada dos amigos e francamente não sei a quem pedir opinião. Primeiro achava que devia ir logo para terra, depois de acabar o curso. Neste momento não me sinto capaz de viver naquela sociedade colonial, cheia de racismos. Os outros movimentam-se, noto que discutem, mas nada me dizem. *Queria alinhar num projecto colectivo e não ter de decidir individualmente sobre a minha vida.* Percebes o que quero dizer? Não preciso de desertar, porque não me chamam para a tropa. Mas no fundo é quase a mesma decisão que tenho de tomar.
> [...]
> — Tens o diploma daqui a pouco. E se não tiveres o diploma, pouco importa, tens a ciência e é isso que conta.

> Tens de pensar numa coisa, Sara. Sair de Portugal e integrar as fileiras da luta. Não tens escolha. Ias toda a vida culpar-te de não o ter feito.
> — Foste mais claro sobre aquilo que eu desejaria fazer do que eu própria. No entanto há problemas… (AGU, p. 94-5, itálico nosso)

Ainda que a referência ao passado – e, sobretudo, ao passado vivido em Angola – participe deste capítulo, é principalmente a noção de futuro a que se espraia por estas páginas. Futuro que, se por um lado preocupa – até porque as notícias vindas da terra chegavam esparsas e clandestinas e assim não se tinha noção exata do que por lá ocorria –, também animava muito, comportando uma grande dose de esperança no âmbito coletivo da nação. Este é, aliás, um aspecto relevante de "A Casa", a dimensão do *futuro coletivo*. Logicamente que os personagens vivenciam também seus problemas e questões pessoais, como dificuldades financeiras e problemas nos relacionamentos amorosos, mas, no geral, a perspectiva é *coletiva*, não individual. E, em nome dessa opção pela coletividade, estão dispostos a colocar em segundo plano a esfera individual, como se percebe pelas preocupações de Sara quanto ao que seria melhor fazer após concluir seu curso de Medicina. Ou, ainda, como se vê pela hesitação de Aníbal diante da notícia de que, a qualquer momento, a unidade em que servia no Exército português poderia ser mobilizada: ele se sente na dúvida entre a opção de ir para Angola junto com sua unidade, e lá fazer um trabalho clandestino para a causa da libertação, ou desertar, hipótese pela qual acaba se decidindo.

"A Casa" aparece-nos como participante do *tempo de vivência da luta*, caracterizando-se como uma preparação para a luta efetiva que seria travada. Isso porque, a partir de um determinado momento do capítulo, os dias dos angolanos no exílio tornam-se dias de espera, de expectativa do que vai acontecer. O tempo quase que se suspende, como uma espécie de intervalo entre o passado na terra e o futuro, que ainda era incerto, mas cheio de esperanças. Até mesmo Malongo, o namorado de Sara que se autoproclamava apolítico, vê-se preocupado quanto a seu destino e, se não deseja se integrar à luta, acaba por ter que estabelecer um mínimo envolvimento com ela, pois percebe que até sua própria vida foi alterada pelo início da guerra de libertação – o exército colonial passava a recrutar mais e mais soldados para lutar em Angola e havia a ameaça concreta de ser convocado. Malongo acaba, por isso, optando pela fuga de Portugal, dando-se conta de que a política é esfera que envolve tudo e todos. É ainda ao longo deste capítulo que Vítor, um estudante de Veterinária, amigo de Malongo, se engaja no movimento de libertação, fato que acabará por levá-lo a participar diretamente da luta armada focalizada no segundo capítulo do romance.

É um tempo representado como comportando grandes expectativas e esperanças, sendo sintomático, por exemplo, que Sara engravide de Malongo. Em um primeiro momento ela se assusta com a notícia, mas logo depois se encanta, deliciando-se com o fato de gestar uma angolana mestiça, mais um alimento para a necessária conquista da independência: "Menina? Sem dúvida, só podia ser uma mulatinha linda. Nascida em Benguela, para não fugir à tradição. [...] Não havia dúvidas, era bom ter esse filho. [...] Claro que era bom, pagava todas as chatices do mundo" (AGU, p. 45). Pensando em como faria para enfrentar os pais, reflete:

> Pouco importava, a vida era dela, a escolha também. Sempre tinha pensado formar-se e voltar logo para Angola, lá era o seu destino. Mas neste momento não estava segura. [...] Já faltava pouco para terminar o curso, tinha de pensar em como agir na terra. O pai tinha dinheiro suficiente para lhe montar um consultório de luxo na parte mais rica da cidade, muitas vezes lhe prometera. Mas estaria disposto a enterrar dinheiro num posto popular de saúde na Camunda ou na Massangarala, ainda por cima sem lucro? E depois dela aparecer com a mulatinha nos braços, olha a tua neta? Posto num bairro pobre, com consultas gratuitas ou quase, isso é projeto de comunista, o meu dinheiro não vai para obras comunistas,

104 Marina Ruivo

> seria a única resposta dele. Sim, nos primeiros tempos teria de trabalhar no hospital e depois ver como chegar aos bairros periféricos. Sem apoio do Estado, porque esse só servia os ricos. Sem apoio dos ricos, porque esses só se serviam a si próprios. Não era fácil, não. *Só mesmo com a independência.* (AGU, p. 47, itálico nosso)

Em "A Casa" tudo é muito intenso, como é uma característica da juventude. Muitas alegrias, esperança, e também as preocupações com relação ao futuro. Tempo de decisões, em que se dizia adeus à relativa tranquilidade até então vivida. Era preciso escolher o caminho a seguir. Mas, naquele contexto, tal escolha envolvia, necessariamente, decidir como se posicionar perante a luta de libertação, que iniciava sua etapa armada. Fase, portanto, de despedida da relativa inocência e do ingresso na vida adulta – e isso em tempos de *guerra*. Nesse momento, lembramo-nos da abordagem de Carlos Eugênio Paz sobre as relações entre o fenômeno da guerra e a juventude: o autor, rebatendo as críticas de que os guerrilheiros brasileiros dos anos 1960/70 eram em sua maioria jovens e de que isso teria facilitado a derrota, afirmou que os soldados de uma guerra são mesmo *sempre jovens*, em qualquer exército do mundo. Porém, como ele mesmo nos faz ver em *Viagem à luta armada*, a guerra é também fenômeno que envelhece, e com grande velocidade. Inegavelmente, toda guerra causa transformações significativas para a(s) sociedade(s) envolvida(s) e, poderíamos aqui assinalar, de maneira bastante direta para seus combatentes.

Os tempos da Casa, sendo uma vivência plena e intensa da juventude, são também tempos de despedida dessa juventude, pois os acontecimentos em Angola tomavam um rumo tão decisivo que não mais era possível nenhum tipo de hesitação. É assim que Fernanda, a namorada de Vítor, ao optar por não participar da grande fuga coletiva de Portugal que encerra o capítulo (e que aconteceu de fato, historicamente),[6] fazia uma escolha para sua vida, optando

---

6   "Em Junho de 1961, poucos meses depois do assalto às cadeias de Luanda [4 de Fevereiro], dá-se a fuga de mais de uma centena de estudantes africanos, na sua maioria da CEI" (MATEUS, 1999, p. 109).

por não se envolver, não participar da luta e manter-se afastada. E, por meio dessa personagem, Pepetela mostra como tal atitude também existiu – não foi toda a juventude que se engajou na luta – e, mais, busca compreender esse posicionamento, sem preconceitos.

De alguma maneira, depois da fuga de Portugal, tudo se tornaria muito mais pesado, difícil, complicado, na medida em que envolvia, para muitos, o combate nas frentes de batalha, o enfrentamento direto com o inimigo, em que se tem que matar ou morrer, quando então é muito difícil não endurecer – ainda que se buscasse *não perder a ternura*. Mesmo para aqueles que não se engajariam direta ou sequer lateralmente na luta, como foi o caso de Malongo, também tudo mudaria depois dos tempos da Casa: ele estava no exterior, tendo que se virar para trabalhar e conseguir algum dinheiro para sobreviver.

A noção de despedida de uma fase relevante da vida explicita-se ainda pela sensação concreta de Sara, nos últimos momentos em seu quarto em Lisboa, saindo para participar da referida fuga coletiva:

> Sara foi a última [a sair], deitou um derradeiro olhar pelo quarto onde vivera seis anos, viu as malas empilhadas com os seus tesouros, apagou a luz e fechou a porta, sentindo que ao mesmo tempo *fechava um capítulo da sua vida*. (AGU, p. 117, itálico nosso)

A derrota antes do fim

Outro tempo começava, de surpresas, luta, alegrias e também tristezas e decepções. Ao viramos a página que encerra o primeiro capítulo, também nós, leitores, vamos nos deparar com surpresas, e não são poucas as que o narrador nos reserva. O segundo capítulo transporta-nos às savanas do Leste de Angola, contrastando quase que totalmente com o primeiro movimento da narrativa – e não apenas pelo espaço das ações, mas também pelo próprio *clima* vivido. Se em "A Casa" os personagens também vivenciavam preocupações, em especial com relação ao futuro, tudo era infinitamente mais leve e suave, permeado por uma grande alegria e esperança. Já em "A chana", ao contrário, o que vem à tona e ganha a cena são as dificuldades vividas. A energia e a vitalidade que sentíramos no primeiro capítulo se esvaem e nos deparamos com um homem extremamente cansado e fraco, fugindo da zona de guerra rumo à Zâmbia. Um homem perdido, sozinho, faminto, com sede, muito frio à noite e um calor tórrido durante o dia. O narrador nos introduz aos poucos nesse mundo, até percebermos que este homem é um guerrilheiro e, mais, que é o personagem Vítor, o amigo de Malongo, agora com o nome de guerra Mundial.

Pela proximidade temporal de produção e pelo fato de que "A chana" e *Mayombe* representam literariamente a guerrilha, julgamos frutífero comentar o romance de 1971, com o objetivo de melhor apreender as principais características deste segundo capítulo de A *geração da utopia*.

Consideremos, de início, que o enredo de *Mayombe* transcorre no próprio ano de 1971, em meio à guerrilha na floresta do Mayombe, Norte de Angola, mais especificamente no enclave de Cabinda, na que era chamada de 2ª Região Político-Militar do MPLA. A narrativa, lançando-nos em plena luta armada de libertação, revela, mais que as ações militares – que não deixam de comparecer –, a humanidade dos combatentes: homens com seus problemas, sentimentos, dúvidas, críticas, esperança, sonhos e também motivações específicas para participar da luta, as quais se somam à convicção de sua necessidade.

O silêncio da floresta, tantas vezes apontado pelo narrador titular em terceira pessoa, é preenchido a todo o momento pela viva presença dos guerrilheiros, os quais dialogam constantemente. A interação das individualidades, que buscavam a liberdade neste momento de luta e de preparação da nação livre, realiza-se intensamente pela troca de ideias, pelo debate, como elemento de reflexão para a própria formação da nação. Como afirmou Rita Chaves (1984, p. 104-5) a esse respeito:

> Descrito pelo narrador titular como o espaço do silêncio, o Mayombe transfigura-se, na verdade, no reino da palavra. O diálogo se faz sempre; pelo dito, pelo não dito, realiza-se

> a conversa. Conversam os personagens entre si, conversam
> personagens e a mata, conversam personagens e narrador.

Os homens do Mayombe manifestam a todo tempo suas vozes, seus pontos de vista e questionamentos, o que se dá, inclusive, por meio de um importante recurso utilizado por Pepetela: a voz narrativa é compartilhada entre vários personagens, que a assumem em primeira pessoa e contam suas opiniões e ideias. A oposição ao colonizador já era uma convicção para os guerrilheiros e, dessa forma, suas preocupações não se concentram nesse embate, mas nos apontam os obstáculos a serem transpostos por eles mesmos, angolanos, a fim de conseguir a efetiva libertação da nação – aspecto também salientado por Rita Chaves (1984, p. 125-6). Entre esses obstáculos destacam-se o tribalismo, os conflitos entre intelectuais e camponeses, a corrupção e a política por vezes excessivamente centralizadora do movimento.

No romance, a figura de maior destaque na realização e fomento das interrogações sobre o futuro de Angola é o comandante da base guerrilheira, Sem Medo, personagem que desperta, de modo ambíguo, admiração para muitos, antipatia para outros, e que cria à sua volta um magnetismo que não deixa de envolver os próprios leitores. Guerrilheiro destemido e inteiramente dedicado à vitória da revolução, é também um homem irreverente e, ainda, aquele que busca se acercar do segredo de cada guerrilheiro sob seu comando, com o objetivo de compreendê-los em sua diversidade, desafiando os rótulos com que comumente são enquadrados os seres humanos.

Sem Medo confia na conquista da independência, e por isso suas preocupações centram-se no que acontecerá com Angola depois dessa etapa fundamental para a efetivação do projeto revolucionário. Seu receio é o de que alguns aspectos já antevistos durante a luta armada viessem a ganhar dimensões que inviabilizassem o projeto – temia, em especial, o enrijecimento das posições político-ideológicas dos dirigentes e a não aceitação de pontos de vista divergentes aos do partido no poder. No entanto, ainda assim, Sem Medo luta de corpo e alma, até o fim, mantendo, de modo quase velado às vezes, a esperança na vitória da revolução – o que se explicita, por exemplo, mediante uma de suas últimas falas, no momento da morte, dirigida ao amigo João, o comissário político da base guerrilheira: "— [...] Olha! A classe operária adere à luta... Já vencemos..." (M, p. 265).

Tal esperança de Sem Medo delineia-se ao longo do romance sobretudo pela relação que estabelece com este personagem, o Comissário Político. João, dez anos mais novo do que o Comandante, tinha então 25 anos e é caracterizado no transcorrer da narrativa como um indivíduo que se forma como ser humano livre e questionador. Para essa formação, a amizade com Sem Medo é fundamental e decisiva, configurando-se mesmo como uma relação entre um mestre e um discípulo. Sem Medo e o Comissário dialogam muitas e muitas vezes, e é possível perceber como João tomava o Comandante como um *exemplo* a lhe inspirar as ações – à semelhança do que formulou Georges Gusdorf (1995, p. 171):

> O mestre [...] é um original no sentido positivo do termo. Recusa-se a ser um modelo que se possa imitar, mas é um *exemplo* em que podemos nos inspirar, ou seja, a sua influência assume a significação de uma aspiração de ser, que exorta a edificação da personalidade.
> O discípulo, antes do encontro do mestre, vivia num estado de tranquilidade, de indiferença. É esta satisfação sem problemas, e como que inocência, que é posta em questão. O prestígio do mestre mobiliza a personalidade adormecida, a autoridade do mestre exerce uma ação de opressão e aspiração ao mesmo tempo.

A efetivação da transmissão de experiências do mais-velho para o mais-novo culmina com a morte de Sem Medo, quando então o Comissário se assume como narrador da experiência adquirida e, ainda, como uma espécie de continuador do mestre. De certa forma, João, que se torna por sua vez um comandante, apresenta-se também como um esboço do desejado "homem novo". Esse processo, traço relevante do romance, sinaliza para a expectativa do próprio autor de que, com todas as dificuldades já enfrentadas e também as antevistas, a vitória do projeto ainda era possível e viável. E quando falamos em dificuldades, nos referimos inclusive às existentes no plano do combate às forças colonialistas, conforme já atestou Pepetela:

> Nesta altura, a 2ª região estava num período de reorganização, porque a partir de 1966-67 houve um certo recuo na luta guerrilheira de Cabinda por causa da abertura da Frente Leste. A maioria dos quadros que abriram a frente de Cabinda foram transferidos para a Frente Leste. Por outro lado, foram formados os esquadrões Cienfuegos e Kamy para entrar na 1ª região. Com a saída destes quadros todos, a luta em Cabinda decaiu bastante. A reorganização começou em 1970, e houve a reunião extremamente importante em Dezembro daquele ano, com a participação dos quadros todos da 2ª região. Nessa reunião foi feita uma crítica bastante cerrada a uma série de métodos e práticas que prejudicaram a luta. A partir desta reunião, a luta em Cabinda começou a desenvolver-se, em 1971-72, para concluir com a grande ofensiva em 1973-75. As grandes vitórias, nestes anos, baseavam-se na reunião de 1970. O livro "Mayombe" reflecte a situação de 1969-70, antes do reforço da luta guerrilheira. [...] Na região onde a guerrilha andava havia pouca população, e a alimentação tinha que vir do exterior, tinha que ser comprada, e o Movimento tinha dificuldades financeiras. Mas também havia falta de organização e de capacidade de gestão – um problema que temos até hoje. (Colóquio sobre "Mayombe" – Um livro para despertar o leitor, 1980, p. 3)

De modo esperançoso, em *Mayombe* é o novo que prevalece, mas guardando em si o velho, continuando-o. Como defende Georges Gusdorf (1995, p. 176), caracterizando essa espécie singular de relação que se dá entre um mestre e um discípulo,

> [...] a desigualdade entre o mestre e o discípulo resolve-se em igualdade, pois a vocação do discípulo é vocação para a mestria. [...] O discípulo, ao passar para mestre, converte o passado em presente; assegura a tradição renovando-a.

Pepetela, nessa narrativa, parece apostar justamente no elo de ligação entre o velho e o novo, na constituição de uma *tradição nacional revolucionária*, a qual é vista não como uma força aprisionadora do presente, rígida e imobilizadora, mas ao contrário, como a passagem entre o passado e o futuro que propicia as transformações. É nessa transmissão que se possibilita justamente o aflorar do novo e, aqui, lembramo-nos da conceituação de Gerd Bornheim (1987, p. 18) para *tradição*:

> A palavra tradição veio do latim *traditio*. O verbo é *tradire*, e significa entregar, designa o ato de passar algo para outra pessoa, ou de passar de uma geração a outra geração. Em segundo lugar, os dicionaristas referem a relação do verbo *tradire* com o conhecimento oral e escrito. Isso quer dizer que, através da tradição, algo é dito e o dito é entregue de geração a geração.

A transformação de João, que se assegurou da palavra e tornou-se, também ele, um narrador de sua experiência, é metáfora da esperança utópica, comportando o sentido de um aprendizado rumo ao novo, à relativização das verdades absolutas e dos dogmatismos, que se faz com a mediação do *velho* Sem Medo. João vivencia seu amadurecimento, forma-se como homem livre, autônomo, e a imagem desse processo de criação do futuro assemelha-se à da borboleta, que rompe o casulo e solta as asas. Imagem, portanto, de transformação, do novo que se forma a partir do velho, continuando-o justamente pela ruptura realizada.[7]

---

7   Na resenha *"Mayombe*: Angola entre passado e futuro", trabalhei com estas questões de modo mais detalhado (2002b, p. 273-80).

Bem diferente, contudo, é a vivência transmitida em "A chana". No segundo capítulo de A *geração da utopia*, e de maneira oposta a *Mayombe*, praticamente não há diálogos. Mundial passa grande parte do capítulo sozinho, caminhando, fugindo, mergulhado em seus próprios pensamentos e inquietações. Os diálogos surgem algumas poucas vezes: primeiro, pelas lembranças de Mundial de suas conversas com o Sábio (nome de guerra de Aníbal). Já mais para o final do capítulo, quando Mundial é encontrado por um grupo de guerrilheiros do MPLA que fazia algumas averiguações para uma futura investida a um posto militar dos portugueses, as conversas acontecem no plano do presente da narrativa.

Neste momento, é interessante lembrarmo-nos da afirmação de Pepetela segundo a qual uma das principais mudanças formais a que procedeu, quando transformou o que era um projeto de uma narrativa independente no segundo capítulo de A *geração da utopia*, foi exatamente a redução dos diálogos. Esse dado não pode ser pensado apenas como uma mudança formal, e sim como mais um dos recursos literários do autor para construir o clima de isolamento, dificuldades e desesperança que caracteriza o capítulo. Não há, assim, a tão rica e profusa troca de ideias que existia em *Mayombe* e, inclusive, como se percebia em "A Casa". Quando ocorre em "A chana", ou ela é travada, emperrada, e o encontro e a troca não se realizam plenamente, já que não se consegue mais construir *junto*, como ainda era possível em *Mayombe*; ou, o que é pior, ela é fingida, como percebemos nas cenas finais do capítulo, em que as falas de Mundial objetivam tão somente ganhar o apoio daqueles guerrilheiros para que fosse auxiliado em sua vontade de crescer aos olhos dos dirigentes da fronteira, subindo na estrutura do Movimento.

E não apenas os diálogos são infrutíferos, como também a própria transmissão de experiências tentada pelo Sábio não se concretiza, já que Mundial acaba por tomar um caminho em todo diferente e, em verdade, oposto ao do mais-velho. A transmissão de experiências que o Sábio procura realizar explicita-se por intermédio de sua narração para Mundial, em primeira pessoa, de um episódio que viveu e que lhe foi muito significativo. A história, que se mostra fonte de sabedoria, transcorreu durante uma xinjanguila (uma dança da região

Leste de Angola) e envolveu o amor por uma jovem, propiciando-lhe reflexões mais gerais sobre a vida. Aníbal, pela imagem da dança, propõe a necessidade da interação entre indivíduo e coletividade, bem como, por seu amor com Mussole, defende o prazer como um movimento contínuo, que nunca cesse e que seja, a cada vez, o mesmo e diverso, sugerindo suas propostas para a vivência utópica:

> O segredo da dança está na interacção entre o colectivo e o individual. [...] É realmente um equilíbrio constante entre o habitual sentido colectivo da dança de roda e o sentido particular da dança de pares. O prazer não está em sentir o corpo do outro vibrando com a música e o contacto do teu. O prazer está em sentir o prazer colectivo do rítimo e o de sentir viver, vibrar, o corpo que vem ao encontro do teu. (AGU, p. 127)
> O prazer era o pressentimento do curto instante que ia vir e a sua realização periódica. A fonte de prazer mudava constantemente, saltava do prazer de sentir a vibração do ventre dela colando-se ao meu sexo ao prazer de pressentir o orgasmo profundo e mudo de Mussole, na cópula do rítimo com o meu sexo. (AGU, p. 128)

Por sua história, Aníbal associa amor, vida, revolução, libertação e utopia, como inclusive é frequente nas obras de Pepetela – aspecto aliás assinalado por Manuel Alegre (1995, p. 19): "Diga-se de passagem, que em todos os livros de Pepetela, o amor e a libertação vão sempre a par. Amor e libertação, amor e despedida, encontro e desencontro". Aníbal aprendeu o "segredo da vida" por intermédio da jovem Mussole, e busca transmiti-lo a Mundial:

> Mussole, nesta noite, ensinou-me o segredo da vida: o prazer de viver está em viver o prazer do instante, como único. Espaçado, para que a reminiscência do anterior se ligue ao pressentimento do seguinte. Mas

suficientemente frequente para que o ponto-morto não seja doloroso, pela saudade. (AGU, p. 128)

Contudo, a intenção do Sábio frustra-se, como podemos perceber pelas reflexões de Vítor após lembrar dessa história: "Isso contara Aníbal, o Sábio, dois anos antes, quando se reencontraram. O Sábio não era homem para esconder nada, gostava de falar, tudo aproveitando para dar uma lição. *Talvez para humilhar os outros*" (AGU, p. 128, itálico nosso). É essa a leitura que faz Mundial, o qual, em seus pensamentos, que se aproximam a delírios – até pela condição em que se encontrava, sem comer há dias, com sede e sofrendo todas as intempéries da natureza –, acaba por procurar apropriar-se da história de Mussole não pelo viés da experiência transmitida, mas ao contrário, julgando ter sido ele próprio quem a viveu:

> As imagens passam pelo cérebro como se tivesse presenciado o que nunca vira. Mas o Sábio contara as coisas com tal sentimento e colorido que ele via Mussole, o seu corpo flexível dançando para ele, os olhos do Sábio sobre ela reclinado derramando lágrimas. Sim, fora ele que amara Mussole, fora ele que se extasiara nas suas carícias, fora ele que com ela morrera naquele dia de Abril do ano passado em que as chanas cantavam de florzinhas coloridas e os rios se penteavam de grandes folhas redondas. [...] *E queria agora o Sábio usurpar-lhe o direito de chorar Mussole? Mussole era sua, sua era a saudade dela como o fora o seu corpo, como o fora a renúncia depois da sua perda. Mussole, Mussole, Marilu... Fernanda.* (AGU, p. 139-40, itálicos nossos)

Dessa maneira, os debates que não se consumam, a representação de um guerrilheiro que está praticamente o tempo todo sozinho, e a transmissão de experiências que não se efetiva são sinais que colaboram para construir uma visão sobre a luta de libertação bem diferente da que temos em *Mayombe*, por mais que este romance já lançasse interrogações a respeito do futuro de Angola depois da independência. Essa diferença se compreende quando levamos em consideração o fato de que, ainda que "A chana" tenha sido escrita em 1972 – que era um momento de muita dificuldade para a luta do MPLA, em especial na Frente Leste –, Pepetela, ao incorporá-la como o segundo capítulo de *A geração da utopia*, já tinha a possibilidade de análise retrospectiva, com algum distanciamento histórico.

O *tempo de vivência da luta*, em seu momento de luta armada efetiva, é, portanto, inundado por sinais que prenunciavam a derrota que viria, como que a inverter o lema do MPLA de que "a vitória é certa!". Além do mais, é bastante significativo que a luta armada, em si mesma, não apareça propriamente em *A geração da utopia*, ou seja, não foi representado um guerrilheiro combatendo, mas um guerrilheiro *fugindo* da zona de combate, desesperado e solitário.

Como mais um traço do desânimo sentido nesse capítulo, e diferindo bastante da relação próxima do narrador com a personagem Sara em "A Casa", o narrador aqui possui uma relação bastante conturbada com Mundial, marcada especialmente pela ironia. De acordo com Rita Chaves (1999b, p. 228):

> No segundo capítulo, "A chana", cujas ações localizam-se já no espaço da luta concreta, tendo os guerrilheiros como personagens centrais, altera-se o tom e o ponto de vista da narrativa. Radicalizando alguns sinais captados nas matas do Mayombe, aqui é perfeitamente possível detectar as contradições e insuficiências que levariam aos desvios do projeto em parte tão alimentado na "Casa". Na dureza das ações, a solidariedade já não é a tônica e os procedimentos divisionistas cumprem a terrível função de anunciar a precariedade da vitória. O desencanto parece chegar antes do fim da guerra de libertação e o discurso do narrador não oculta o sentimento de frustração a prenunciar a descrença. O clima favorável à identidade dos primeiros tempos da luta se dilui. A possibilidade de comunhão de que a terna aproximação entre o narrador e Sara parecia ser uma imagem converte-se em

discreto afastamento, numa relação que se faz também com as pontas de uma boa dose de ironia.

Mundial, para além das atitudes que contrastavam com o que se esperaria de um revolucionário, sobretudo de um dirigente (como o fato de fugir da população que buscava se juntar aos guerrilheiros para ter proteção em sua fuga para a fronteira), atitudes estas que já aparecem logo no início do capítulo, apresenta ainda outra característica. A partir de um determinado momento, dando voltas e mais voltas e não conseguindo encontrar a rota para a fronteira, começa a pensar em trair, em entregar-se ao inimigo, em *passar para o outro lado*. Ao longo da história dos movimentos revolucionários, essa atitude é considerada abominável, pois, para além da traição à causa, ela implica colocar em risco a vida de um número incalculável de militantes.

O autor procura caracterizar com detalhes e sutilezas esta vontade de Mundial, apresentando a visão do personagem de que somente se entregando aos colonialistas teria o que comer, o que beber, um lugar razoável para dormir etc. Mas Mundial sabe que não consiste somente nisso o ato de entregar-se: ele teria também que delatar tudo o que sabia, todas as informações que detinha a respeito da luta naquela região. Isso, em um primeiro momento, chega a assustá-lo, especialmente porque sabe que agindo assim levaria à morte do Sábio – e, de alguma forma sutil e complexa, o Sábio ainda significava algo para ele. No entanto, aos poucos Mundial também se despe dessa preocupação, e só não se junta aos colonialistas porque é encontrado por um grupo de guerrilheiros do MPLA, que lhe dão comida e o guiam à fronteira. Nesse episódio, podemos perceber o engenho do escritor, que optou por manter o personagem nas fileiras do Movimento para acompanhá-lo em sua trajetória depois da independência.

Nos pensamentos de Mundial a respeito da possibilidade de entregar-se ao inimigo é também revelada uma característica importante deste personagem: seu desejo de participar do poder, mais que a vontade de colaborar para a construção coletiva do projeto de transformação social. Tal desejo transparece, por exemplo, no trecho a seguir: "Não vale a pena? Acabar com a fome, o cansaço inútil, o frio, o medo, a troco de um título de traidor concedido por uma organização que já pouco significa e que *nunca chegará ao poder?*" (AGU, p. 155, itálico nosso). Quanto mais se decide entregar-se, perde o que poderia restar-lhe de escrúpulos:

> Depois serei outro homem. Um traidor, um renegado, irei indicar a base do Sábio, darei todos os pormenores sobre a organização, explicarei como devem explorar os conflitos tribais que existem, como isolar ainda mais os kamundongos, falarei de crimes na Rádio, farei tudo o que me pedirem. Serei outro homem, já não serei fraco. (AGU, p. 165)

E é possível perceber como Vítor, ainda nos tempos da Casa, já revelava, de modo bastante discreto, ligeiros traços de sua distância em relação ao projeto igualitário, como se vê por seus pensamentos em torno de um hipotético reencontro com Esmeralda, seu antigo amor platônico dos tempos do Liceu: "E se um dia se cruzassem, *ele um tipo famoso e com poder*, ela uma puta de canto de rua, Esmeralda ainda lhe diria, tu bebias da minha mão, fazia de ti o que queria, seu negro. Podia ir para a cama com ele, mas *pelo seu dinheiro ou o seu poder*" (AGU, p. 87-8, itálicos nossos). Ou, ainda, por uma fala sua a Sara, também no primeiro capítulo, feita em tom de brincadeira: "— Queria dançar todas as músicas com ela [Fernanda, então sua namorada]. Devia ter posto um letreiro, propriedade privada, quem se aproximar é homem morto. Sara apertou-lhe o braço, cuidado com essas ideias reaccionárias de propriedade privada sobre as mulheres, é assim que se começa. Ele se riu" (AGU, p. 98).

Todavia, nem tudo é nítido em "A chana", e não podemos nos esquecer de que, não obstante todos os problemas, ainda se vivia, de alguma forma, um *tempo de luta*. O tom geral do capítulo é mesmo de desânimo e de descaminho em relação ao projeto revolucionário, porém mesmo Mundial reflete em alguns momentos acerca dos abusos que percebia entre os dirigentes da Frente Leste, esperançoso de poder modificar a situação e, de certa forma, corrigir os desvios que percebia nas atitudes e nos rumos que o movimento tomava: "Chegará à Zâmbia, sim, chegará. E dirá tudo aquilo que pensa e proporá uma modificação radical no Movimento. Ainda se pode salvar a situação, mas é preciso homens honestos e decididos no comando. Acabar com os apadrinhamentos, com os incapazes e os ladrões" (AGU, p. 137).

Entretanto, como tudo aí é muito contraditório, à medida que ele parece querer agir para uma solução dos problemas percebidos, sua crítica não vai ao âmago da questão, pois atribui os desvios que vê unicamente aos dirigentes do Norte, utilizando-se do recurso ao regionalismo – fator que desempenhava papel desagregador entre o Movimento nesse período.

Pelas características apontadas, a diferença de perspectiva entre *Mayombe* e "A chana" é bastante nítida e, ainda, a diferença de tom entre os dois momentos que compõem o *tempo de vivência da luta* em A *geração da utopia*, "A Casa" e "A chana". Em "A chana" o tempo é ainda de luta, como se vê sobretudo por meio do personagem Aníbal, o qual, apresentando-se já um pouco desiludido com os rumos tomados pelo processo, o faz num sentido completamente diferente do de Mundial: busca formular soluções para os problemas encontrados, para que a luta possa continuar e ser encaminhada de fato no sentido do projeto formulado, guardando expectativas com relação ao futuro. Uma ideia que ele concebe, por exemplo, é a da criação de um Partido revolucionário, que seria "o núcleo que dirigia o Movimento, o qual na prática se convertia em Frente. Os elementos desse Partido seriam escolhidos a dedo, só entrando militantes sem mácula" (AGU, p. 150).

Os esforços de Aníbal para com seu "mais novo" (AGU, p. 201) não foram suficientes, e Mundial, embora não tenha se incorporado às tropas inimigas, *passa mesmo para o outro lado*, como é perceptível no final do capítulo: "Não, nada já tinha importância. O passado fora enterrado na areia da chana e mesmo as promessas e os ideais colectivos. O que importava agora era o que iria encontrar na *penugem azulada do futuro, o seu futuro. Ele, Mundial, já estava a salvo, já tinha um futuro*. E o Sábio?" (AGU, p. 186, itálicos nossos). E é esse personagem que foi encarregado por Pepetela para nos transmitir a vivência da luta armada de libertação. Em *Mayombe*, havia também o personagem

André, caracterizado como um oportunista, que chega a deter a voz narrativa rapidamente, mas que perde força diante da esperança que se espraia pelo romance. Já em *A geração da utopia*, é Vítor o escolhido pelo narrador para nos apresentar a guerrilha, fazendo com que os sinais que prenunciavam a derrota adquiram uma dimensão elevada.

O tempo de vivência da derrota
A derrota na vitória

O terceiro capítulo de *A geração da utopia*, "O polvo", cuja ação transcorre em 1982, transporta-nos a um tempo diferente, no qual o horizonte de expectativas parece ter se exaurido. A independência havia sido conquistada há quase sete anos e, se com certeza tratava-se de um intervalo de tempo bastante curto – considerando-se a longa história da humanidade e, inclusive, o tempo necessário para a construção do socialismo, como já apontava o Comandante Sem Medo em *Mayombe* –, já era possível perceber neste começo da década de 1980 muitos traços a indicar como o projeto revolucionário estava sendo lentamente abandonado pelo governo da jovem nação. Devido a complexos fatores históricos,[8] a atmosfera registrada nas páginas de "O polvo" não é de expectativas com relação ao futuro e não há mais a esperança diante das realizações que viessem a colocar em prática, naquele momento, o projeto socialista. Bem ao contrário, o que se percebe é que a dimensão do futuro esvaziou-se – dimensão que, por vias muitas vezes oblíquas, ainda mantinha uma chama acesa no tempo da luta armada de libertação, tal como representada no romance.

É como se os personagens, que nos dois primeiros capítulos viviam em um "tempo do antes", se podemos dizer assim – ou seja, em um momento que antecedia e preparava uma grande mudança histórica –, no ano de 1982

---

8 Lembramos aqui que, no princípio dos anos 1980, a primeira-ministra da Inglaterra, Margareth Thatcher, proferiu uma frase que ficou célebre: "There´s no alternative", para defender que não havia outra alternativa ao mundo senão o capitalismo que começava a se chamar neoliberal, pelo qual as economias de todos os países devem "abrir-se" ao mercado internacional, incondicionalmente.

já estivessem submersos em um "tempo do depois": tempo que veio *depois* do importante acontecimento que foi a independência, mas sem a expectativa esperançosa diante do futuro. A vivência do que estamos chamando de "tempo do depois" é conceituada, por muitos pesquisadores, como "pós-colonial". É importante destacar, a partir de Inocência Mata (2000b), como a noção de "pós-colonial" não coincide de modo automático com a de "pós-independência". Segundo a autora, o pós-independência comporta ainda uma grande dose de esperança diante das possibilidades presentes e futuras da nação, celebrando a libertação. Tal sentimento pode ser percebido, por exemplo, pela canção "Velha Chica", de Waldemar Bastos, que foi bastante popular em Angola e cujos versos afirmam: "Xê, menino/ Posso morrer/ Já vi Angola/ Independente", na comemoração da conquista da independência. Por sua vez, ainda segundo Mata (2000b, p. 3-4), o pós-colonial "refere-se a sociedades que começam a agenciar a sua existência com o advento da independência", sendo que uma de suas manifestações "é tanto a recusa das instituições e significações do colonialismo como das que saíram dos regimes do pós-independência", caracterizando-se também, muitas vezes, por um processo que a autora chama de "*reutopização*".[9]

Nesse momento do enredo, os personagens vivem quase que integralmente o presente – mas de uma forma diferente da desejada por Aníbal, quando de sua relação com Mussole, já que é um presente que se compara o tempo todo com o passado de luta, um presente que se configura como uma espécie de frustração e morte do passado de tanta luta. Passado do qual Aníbal, protagonista do capítulo, chega a sentir raiva: "Disparou *com raiva*. Não do pargo, invadido no seu meio, inofensivo, mas *do passado de quimeras* que trouxe este presente absurdo" (AGU, p. 193, itálicos nossos). A possibilidade do futuro encontra-se bastante desgastada, como chega a enunciar claramente Aníbal, a respeito de sua geração:

> Não temos o futuro, nem representamos o futuro. Já somos o passado. A nossa geração consumiu-se. Fez o que

---

9 Para uma discussão do pós-colonial nas literaturas africanas de língua portuguesa, sugerimos também a leitura de Russell Hamilton (1999b, p. 12-22).

> tinha a fazer a dado momento, lutou, ganhou a inde-
> pendência. Depois consumiu-se. É preciso saber retirar,
> quando se não tem mais nada para dar. Muitos não sa-
> bem, agarram-se ao passado mais ou menos glorioso, são
> os fósseis. (AGU, p. 214)

A fala de Aníbal contrasta com sua própria esperança, tão intensa, dos tempos da Casa – época para a qual os versos do músico brasileiro Geraldo Vandré, escritos em 1968, parecem tão bem se encaixar: "Os amores na mente/ As flores no chão/ A certeza na frente/ A história na mão", já que a sensação era a de que os personagens, no primeiro capítulo do romance, estavam efe-tivamente *com a história nas mãos* e com todas as possibilidades de criar uma nova realidade para Angola. Neste terceiro capítulo, é como se não somente a "geração da utopia" tivesse se esvaído mas, ainda, como se fosse muito difícil vislumbrar qualquer espécie de horizonte para a nação angolana.

O capítulo centra-se na vida de Aníbal, que mora sozinho em uma baía praticamente deserta, no Sul de Angola, sobrevivendo da pesca, ou, como ele prefere dizer, da extração de peixes. Aníbal fora o militante entusiasta dos tem-pos da Casa, que fugira sozinho da metrópole, desertando do exército colonial; o guerrilheiro que se preocupava com os rumos tomados pelo Movimento, mas que não perdia a esperança de tudo se arranjar e que, inclusive, somente se retirou da base guerrilheira quando não havia mais nenhuma possibilidade de lá permanecer, devido à calamidade a que chegara o Movimento na região; o intelectual engajado na transformação da sociedade. Depararmo-nos com este personagem vivendo fora de Luanda e sem vínculos com a administração do país é um fator surpreendente não somente para nós, leitores, como também para os próprios personagens da obra, o que se percebe por uma fala de Sara ao se reencontrar com o Sábio, após mais de vinte anos sem se verem:

> — Deves concordar que a tua desaparição da cena polí-
> tica surpreendeu muita gente. Ofereceram-te vários car-
> gos, ao que constou. O Vítor disse-me que até para minis-
> tro. E tu vieste para aqui, longe de tudo, sem contactar

> ninguém. É pelo menos um comportamento especial. Depois de uma vida inteira de luta... (AGU, p. 200)

"O polvo" não acompanha diretamente o governo e os caminhos e descaminhos para a efetivação do projeto revolucionário, mas nos faz ver esse momento pelos olhos daquele que se retirou da cena, como forma de tentar manter sua coerência. E é pelo viés de Aníbal que somos lançados ao caos em que vivia a sociedade angolana: os refugiados de guerra em situação miserável e o Estado nada fazendo por eles; os mutilados de guerra desprovidos também da satisfação mínima de suas necessidades; a falta de energia elétrica constante, assim como a falta de alimentos e bebidas; entre diversos outros aspectos, a revelar um desgoverno. Os olhos tristes e cansados de Aníbal exprimem um esgotamento da "geração da utopia", pois, junto com eles, vemos e sabemos das práticas de corrupção dentro do governo, dos desejos de poder e lucro pessoal, da vontade de glória, enfim, de vários sinais que já apontavam como o projeto socialista não estava mais no horizonte dos governantes. Imensa é a amargura que sente o Sábio, tecendo uma espécie de contraponto ao descalabro da nação.

Um tempo de recuo, não de avanço. Para utilizar uma metáfora clássica e já desgastada, mas ainda esclarecedora: a primeira batalha, a conquista da independência política, fora ganha, mas a guerra ainda não, e o projeto revolucionário era praticamente abandonado pelos governantes. Na imagem de Aníbal, tal projeto era apenas uma "casca da utopia" (AGU, p. 233), carregada às costas dos que detinham o poder como um peso terrível para o qual ainda não haviam sido encontrados os meios de se livrar definitiva e completamente. O tempo do capítulo caracteriza-se, para aqueles que continuavam de alguma forma insistindo na possibilidade da utopia, como um tempo de recuar momentaneamente e não mais de combater de modo direto. Aníbal, inclusive, chega a afirmar, em conversa com Sara: "— Estou sempre com as vítimas dum processo. Talvez seja orgulho, mas nunca me sinto bem no meio dos vencedores" (AGU, p. 214). Sara contesta-o, afirmando que na pequena baía em que mora, ele não pode fazer nada pelos marginalizados. É nesse momento que Aníbal enuncia:

122 Marina Ruivo

> — Não posso aqui, nem em lugar nenhum do mundo. Deixei de ser um lutador. Sei que me entendes. Perdi poucas batalhas, mas sou um vencido. No fundo somos todos uns vencidos, não temos futuro, mesmo os que hoje pensam que estão bem ancorados ao fundo. Basta uma vaga mais forte e vão à deriva. (AGU, p. 214)

Durante esse período, a sociedade angolana deparava-se com elementos contraditórios, uma vez que o discurso governamental continuava afirmando que a nação caminhava para o socialismo e, na prática, evidenciavam-se rumos diferentes. É possível recuperar fragmentos desse processo histórico por intermédio de periódicos angolanos de então, para além do próprio romance e de estudos acadêmicos sobre o assunto. Recorrendo novamente a *Novembro – A Revista Angolana*, encontramos, por exemplo, no número 74 (ano 8), publicado em fevereiro de 1984, um texto que evidencia este processo. Trata-se da matéria "Chefe de Estado inaugurou 'Presidente'", que se reporta à inauguração do Hotel Presidente, em Luanda, realizada diretamente pelo presidente do Partido (MPLA-PT: MPLA-Partido do Trabalho) e da República, José Eduardo dos Santos. Sua diária era de 160 dólares por pessoa e foram gastos, à altura, 28 milhões de dólares para a finalização das obras, as quais ficaram a cargo de uma empresa brasileira, a Sisal. O hotel iria empregar 339 trabalhadores – portanto, um aspecto positivo para a economia e a sociedade angolanas –, mas sua exploração ficaria a cargo de uma empresa estatal angolana, a Angotel, apenas até junho daquele ano, pois, a partir daí, "será possivelmente realizado um concurso internacional, para eventual aluguer de todo o património a uma cadeia hoteleira internacional" (p. 23). A história parece se repetir em todos os cantos do chamado Terceiro Mundo: o Estado realiza os empreendimentos, gastando fortunas de seu patrimônio, para depois os lucros e dividendos ficarem a cargo do capital internacional.

Menos de um ano depois desta inauguração, entre 14 e 19 de janeiro de 1985, ocorreu a I Conferência Nacional do Partido (MPLA-PT), cujas resoluções finais foram publicadas no número 81 (Ano 9) de *Novembro*. Todo o documento é bastante revelador dos objetivos a que publicamente se propunha o MPLA-PT. Selecionamos, porém, apenas alguns extratos, que apontam como, naquele ano de 85, o governo (e a quase fusão entre Partido e Estado era uma de suas premissas) seguia firme com o discurso rumo ao socialismo, como se percebe pelas seguintes resoluções quanto ao "Domínio do Papel Dirigente do Partido":

> 10.4) Velar para que cada membro, cada dirigente e cada organismo do Partido se interesse pelos problemas do Povo e dê o máximo de si para os resolver e lute para que, a cada momento, a política do Partido se ajuste às aspirações das classes trabalhadoras e às condições e exigências do País, e se estabeleça uma ligação estreita com o povo – com as classes operária e camponesa, em primeiro lugar – o que constitui a fonte e a garantia da força, autoridade e prestígio do Partido;
> 10.5) Consolidar a unidade interna, vinculando mais estreitamente a unidade ideológica, baseada no Marxismo-Leninismo, e a unidade orgânica, [...]. (1985, p. 42)

E, em meio a tudo isso, a sociedade angolana vivia inúmeros problemas, como a falta de recolha de lixo, a constante falta de água, a falta de transportes públicos, de gêneros alimentícios, dentre outros. Apenas para encerrar estes exemplos, lembramos uma outra matéria de *Novembro* que apontava para o fato de que o sal produzido no Namibe praticamente não era distribuído para o território angolano, sequer para os arredores das salinas. Toneladas e mais toneladas de sal ficavam à espera de distribuição para o consumo e tal fato não podia ser explicado somente pela existência da guerra civil:

> A desculpa do transporte entre províncias do Sul não pode existir pois o Caminho de Ferro de Moçâmedes funciona e a estrada Lubango-Onjiva é melhor que a de Luanda ao Dongo. Ou será que quando se quebra o ciclo vicioso da não-produção, as entidades respectivas não são

capazes de quebrar o da não-distribuição? (*Novembro,* Ano 9, nº 82, março/abril 1985, p. 29)

O tempo flagrado por "O polvo" caracteriza-se, assim, como um *tempo de vivência da derrota* do projeto, que sofria golpes que lhe sugavam as forças. O Sábio sintetiza sua visão daquele momento e do processo vivido por sua geração:

> — Isso de utopia é verdade. Costumo pensar que a nossa geração se devia chamar a geração da utopia. Tu, eu, o Laurindo, o Vítor antes, para só falar dos que conheceste. Mas tantos outros, vindos antes ou depois, todos nós a um momento dado éramos puros e queríamos fazer uma coisa diferente. Pensávamos que íamos construir uma sociedade justa, sem diferenças, sem privilégios, sem perseguições, uma comunidade de interesses e pensamentos, o Paraíso dos cristãos, em suma. A um momento dado, mesmo que muito breve nalguns casos, fomos puros, desinteressados, só pensando no povo e lutando por ele. E depois... tudo se adulterou, tudo apodreceu, muito antes de se chegar ao poder. Quando as pessoas se aperceberam que mais cedo ou mais tarde era inevitável chegarem ao poder. Cada um começou a preparar as bases de lançamento para esse poder, a defender posições particulares, egoístas. A utopia morreu. E hoje cheira mal, como qualquer corpo em putrefacção. Dela só resta um discurso vazio. (AGU, p. 202)

Esse trecho é fundamental à narrativa, já tendo sido citado inúmeras vezes pelos críticos. É um fragmento bastante sintomático da visão proposta por Pepetela para a história de sua geração, da luta de libertação angolana e também para o que se lhe seguiu, o pós-independência. Julgamos, todavia, que embora Aníbal diga que a *utopia morreu*, o que o romance nos faz ver é que a utopia havia morrido, ou estava morrendo, na Angola daquela época, como um tipo de *imaginário social* (portanto coletivo) – pensando-se na conceituação proposta por Bronislaw Bazcko para "utopia".

De fato, o sentimento que domina "O polvo" é o do desencanto – apontado já por diversos pesquisadores, como Inocência Mata (1999a; 1999b), Rita Chaves (1999b), Russell Hamilton (1999a), e enunciado também por Pepetela, como se vê por uma declaração sua quando da publicação deste romance:

> Eu creio que [A *geração da utopia*] é o balanço interior dessa geração que fez a luta de libertação. Evidentemente, mesmo as pessoas que à partida sabiam que a utopia não se ia realizar, creio que hoje se sentem um pouco defraudadas porque se podia ter ido um pouco mais longe, no sentido da criação do país noutras bases. Portanto, pode dizer-se que há um desencanto. (*apud* AGUALUSA, 1992)

Mas, como já tivemos oportunidade de apontar em nosso trabalho de Iniciação Científica,[10] a própria existência do desencanto é um elemento que indica que traços do encanto ainda persistiam, difusos e frágeis. Afinal, aqueles que escolheram se adaptar aos chamados "novos tempos", agindo diretamente para o desmoronamento da utopia, sentiam-se absolutamente tranquilos e não se incomodavam com tal processo. Sentir profundamente a dor da derrota é sinal de que ainda se sente, de algum modo, o pulsar da utopia. O sonho sofrera golpes certeiros e, provavelmente, necessitar-se-á de muito tempo para seu reerguimento em bases sólidas. Todavia, ainda inspira, por isso é que se sente sua irrealização de modo tão dolorido. O próprio desencanto é, assim, e contraditoriamente, uma réstia de esperança ao projeto de transformação. Se ninguém mais se incomodasse com sua irrealização, ele se tornaria em definitivo um passado longínquo e desprovido de sentido, cada dia mais intangível. Não é isso, porém, que verificamos no romance. Ao contrário, julgamos que uma característica fundamental desta narrativa de Pepetela – e, de modo geral,

---

10 Tal pesquisa, apoiada pela Fapesp (Fundação de Amparo à Pequisa do Estado de São Paulo), intitulava-se A *geração de Mayombe: ruptura e continuidade – estudo comparado das personagens Aníbal e Comissário Político, de Pepetela*, e concluiu-se no ano 2000.

como destaca Inocência Mata (1999), de toda a produção do autor – é o fato de que a esperança utópica permanece como uma chama viva, mesmo no que estamos chamando de "tempo de vivência da derrota".

Nesse tempo tão duramente marcado pelo peso da derrota, alguns elementos indicam que nem tudo é somente desesperança, e é possível perceber alguns sinais reveladores de que, de formas sutis, a vontade de transformação social permanecia. Como o gesto de Aníbal de plantar em seu quintal uma mangueira a que dá o nome de Mussole, alimentando-a e, assim, procurando, simbolicamente, alimentar o "espírito das chanas do Leste" – espírito da guerrilha, da luta, da utopia, da revolução. Ao final do capítulo, o espírito havia novamente adormecido,

> No entanto, todos os dias, ele sabia, haveria de regar a mangueira, acariciar o tronco e falar para ela, cada vez mais velho e fraco, mais descrente também, na esperança de despertar o espírito das chanas do Leste que nela vivia, dormitando. (AGU, p. 254-5)

Lembremo-nos de que Mussole era o nome da mulher amada pelo Sábio no Leste, mulher por meio de quem ele havia aprendido o "segredo da vida", na comunhão de amor e revolução. O espírito das chanas do Leste, enfraquecido, continuava no entanto a pulsar, em Angola e no mundo, *resistindo*, como afirmou Pepetela:

> O que se pensava nas décadas de 60 e 70 acabou não se realizando. Em Angola, chegamos à independência, mas pensávamos que fôssemos criar um país que funcionasse com igualdade para todos, sem fome nem miséria. Mas isso infelizmente não aconteceu. A utopia só se realizou em parte. Acho, entretanto, que sempre haverá pessoas que vão tentar mudar o mundo através de outras estratégias. A grande utopia hoje é evitar que o império do capitalismo ultra-liberal se consolide. (NINA, 1997)

Objetivamente, não há no capítulo condições de uma ação concreta e efetiva, segundo o ponto de vista de Aníbal, do qual se aproxima o narrador em terceira pessoa. O choque entre o projeto elaborado no passado e a realidade de então era profundo. Aníbal configura-se como "alguém marcado pelo passado", conforme declarou o próprio Pepetela, no já mencionado *Encontro entre Pepetela e pesquisadores de sua obra*, organizado pela professora doutora Rita Chaves em São Paulo, em 5 de maio de 2000. Um homem que não conseguia vislumbrar novos meios de interferir neste novo presente, de tal forma ele é completamente surpreendente e imprevisto.

A caracterização do Sábio como "alguém marcado pelo passado" é bastante nítida por intermédio de seu combate com o polvo, ação central do capítulo. Polvo que o havia assustado na infância e que ele, menino, prometera um dia matar. A necessidade de matar o polvo – realizando, por conseguinte, um projeto de sua infância – era a razão que fundamentava, mais que tudo, sua vivência na pequena e isolada baía próxima a Benguela. Assim, definia-se, por detrás das ações do Sábio, a necessidade de retomada de um outro passado, que não o da luta de libertação, um passado *seu*. Entretanto, esse *outro passado*, de sua infância, aparece misturado ao passado e ao presente coletivos da nação. Tal amálgama se percebe pelas inúmeras comparações e aproximações entre sua ação presente de caça aos peixes e as ações guerrilheiras do passado (AGU, p. 192), assim como pelo fato de que o polvo é também caracterizado como o que Aníbal chama de o Segundo Estado angolano: os "candongueiros", os corruptos, os capitalistas.

Simbolicamente, matar o polvo era tanto realizar o projeto da infância, a promessa que fizera para si mesmo, como também desferir um golpe no inimigo do tempo presente. De maneira trágica, porém, ao matar o polvo, Aníbal também se decepciona, pois o que imaginara quando menino (e até aquele momento) como um animal gigante e ameaçador, não passava de um "polvinho". Tal descoberta é mais uma razão para sua desilusão, embora também aponte, possivelmente, para uma leitura de que os então inimigos da grande maioria do povo angolano apenas pareciam gigantes, mas talvez não o fossem por completo. A ação de caça ao polvo é descrita passo a passo, com vários ingredientes de suspense, e sua caracterização é o fechamento de mais um capítulo da vida do Sábio: "Sabia, tinha envelhecido nesta manhã. Nunca mais nada seria como antes, ia faltar sempre o polvo" (AGU, p. 249). Matando o polvo, parte de sua própria razão de existir se perde e Aníbal *envelhece*, o que é um elemento importantíssimo para pensarmos em sua atuação no quarto e último capítulo do romance, "O templo", que é composto em um tom ainda mais desanimador.

Perdição?

Nele, somos apresentados à situação da sociedade angolana do princípio da década de 1990, imersa cada vez mais no chamado capitalismo neoliberal. A marcação temporal é, sintomaticamente, "A partir de 1991", sugerindo que o estágio de coisas verificado nesse começo dos anos 90 poderia continuar a vingar por um intervalo de tempo indefinido. A impressão geral que se obtém pela leitura do capítulo é a de que as perspectivas utópicas perderam-se de vista naquela sociedade, talvez por muito e muito tempo.

Os personagens detentores do poder revelam, nua e cruamente, como seus interesses são apenas a obtenção de lucro e a conquista de privilégios. O narrador acompanha especialmente Malongo, o antigo namorado de Sara e pai de Judite, o qual regressara a Angola há sete anos, desde a consolidação da chamada abertura para o "livre mercado". Seu objetivo era, declaradamente, enriquecer com os negócios nem tão lícitos assim das empresas de importação e exportação. A forma como os começara já era escusa, contando com os favorecimentos dos amigos que ocupavam o governo, em especial de Vítor Ramos, o ex-guerrilheiro Mundial. Nesse momento da história angolana, até mesmo Malongo, o ex-jogador de futebol apolítico, reconhece a importância da política; todavia, considera--a como uma forma de lhe favorecer os empreendimentos individuais.

O narrador nos faz ver como Malongo havia se estabelecido como um grande negociante que, para prosseguir em suas atividades, repartia os lucros escusos com os amigos que o beneficiavam. A prática da corrupção domina o país e a situação é tão contrária ao que fora projetado durante a luta que

Malongo, entre diversas falas que sinalizam os duros e cruéis novos tempos, chega a afirmar: "Bendita economia de mercado, que havia de pôr as pessoas nos lugares certos, o cozinheiro na cozinha, o criado a lavar retretes e o magnata no iate" (AGU, p. 262).

Na análise deste capítulo, é importante levar em conta o dado histórico de que, dois anos antes, em 1989, fora publicado, por John Willianson, o livro *Consenso de Washington*, que visava sintetizar e equacionar o *mainstream* econômico vigente desde a década de 1980, pelo qual todas as economias mundiais deveriam "se abrir" incondicionalmente ao mercado internacional. Para efetivar sua proposta, Willianson agrupou em dez pontos aquilo que julgava absolutamente necessário que todos os países seguissem no âmbito da política econômica. Os principais tópicos levantados pelo autor defendiam a necessidade: da disciplina fiscal; de uma taxa de juros "positiva", isto é, que superasse a inflação; de uma taxa de câmbio considerada "competitiva", para favorecer as exportações; da chamada abertura comercial, pela qual se deve minimizar as tarifas e abrir as fronteiras econômicas; de uma "grande abertura" ao investimento estrangeiro; da privatização; da desregulação da economia, ou seja, a plena liberdade à ação do mercado pois, por esse ponto de vista, a regulação excessiva pode promover e estimular a corrupção; da defesa dos direitos de propriedade, passando por toda a discussão da propriedade intelectual e das patentes; de sistemas judiciários chamados permeáveis e ágeis. Imediatamente à publicação desta obra, o FMI (Fundo Monetário Internacional) adotou-a como síntese dos requisitos indispensáveis a serem obrigatoriamente seguidos por todo e qualquer país que quisesse obter recursos do Fundo. Assim, houve tanto uma espécie de "alinhamento automático" a tais cláusulas, pela qual muitos países se alinharam "voluntariamente", o que significa sem o peso de grandes pressões, bem como o alinhamento dos países que "aceitaram" as cláusulas do FMI como condição para conseguir empréstimos. De uma forma ou de outra, portanto, os países foram se incorporando à nova política econômica, com os resultados tão desastrosos para os chamados "países em desenvolvimento", "países emergentes", ou, se preferirmos, para o "Terceiro Mundo".

Em "O templo", observamos Malongo, em uma conversa com a filha Judite e o namorado dela, Orlando, defendendo praticamente ponto por ponto do referido Consenso de Washington (AGU, p. 264), com a valorização do chamado "Estado mínimo". Orlando, apoiado por Judite, procura fazer o contraponto a tais ideias, mas são elas que estão vingando na sociedade angolana. O ministro Vítor chega à casa de Malongo e também participa da conversa, sendo bastante pressionado pelo jovem casal a dar explicações a respeito dos boatos, ou "mujimbos", sobre a corrupção existente no governo. Vítor obviamente busca se livrar das pressões de modo bastante escorregadio, proclamando uma ideia já clássica no imaginário social brasileiro: a de que o povo esquece tudo com rapidez (AGU, p. 271). *A geração da utopia*, dessa forma, acusa claramente a problemática da não construção da memória social pela coletividade e, como percebemos por toda a narrativa, sua busca é justamente a de agir em sentido contrário a essa prática, ou seja, trabalhar para a construção da memória social angolana.

Quase tudo neste capítulo concorre para a sensação de desorientação da nação angolana, mergulhada na chamada "Nova Ordem Mundial". Procuremos verificar, contudo, como, mesmo nesse tempo em que a derrota parecia consumada, ainda havia sinais, sutis, de que o desejo de transformação social pulsava, trôpego.

Para tal, consideramos primeiramente que, nesta parte do romance, o tom do narrador volta a ser o de uma aproximação irônica ao personagem que acompanha de modo mais detido, como já se verificara em "A chana", na relação do narrador com Vítor, o Mundial, marcando por este recurso seu distanciamento, por vezes atônito, em relação aos rumos tomados pelo país. Tal distanciamento irônico do narrador verifica-se com relação aos novos protagonistas da história angolana, como o próprio Malongo e, mais uma vez, seu amigo Vítor – um ministro que, temendo perder seu cargo em face de tantas mudanças pelas quais passava Angola, ator completamente adaptado aos "novos tempos", participa dos negócios do velho amigo, visando ao enriquecimento por meio da exploração da fé da população, quando já estão praticamente perdidos os rumos da utopia.

Tal recurso de aproximação distanciada e irônica a tais personagens, pelo qual se organiza o ponto de vista do narrador sobre a história, é um dos traços a indicar que, mesmo no tempo do confronto com a *derrota*, fagulhas da esperança utópica ainda ardem no solo angolano. Subterrânea e quase imperceptivelmente, mas queimando.

A esperança utópica se manifesta inclusive em "O templo". Assim, como Rita Chaves (1999b, p. 216-33) e Russell Hamilton (1999b, p. 12-23) já apontaram, um indicativo dessa espécie de reabertura para a utopia é o epílogo do romance, que se nega como epílogo, pois o narrador se recusa a encerrar definitivamente sua história: "Como é óbvio, não pode existir epílogo nem ponto final para uma estória que começa por portanto" (AGU, p. 316). Este procedimento é um sinal de que, para o narrador, a história continua, e, *portanto*, novas formas de luta podem ser criadas pelos homens no sentido da transformação social.

Aproximamo-nos assim de algumas das principais linhas de análise já defendidas para este romance, pelas quais *A geração da utopia*, ainda que com toda a carga de desesperança e desencanto, procede ao que Inocência Mata (2000b, p. 5) chamou de *"reutopização"*, ou seja, "a revitalização do sonho de liberdade". Como também defendeu a autora,

> [...] a obra romanesca de Pepetela, mesmo aquela em que o desencanto é intenso como em *Mayombe* ou em *A Geração da Utopia*, mas também em *O Desejo de Kianda* (1995) e em *Parábola do Cágado Velho*, contorna a distopia e antecipa outro "desejo utópico" porque não se esgota num pretérito. (MATA, 2000b, p. 9-10)

Rita Chaves (1999b, p. 230), por sua vez, tendo afirmado que "nesse capítulo ["O templo"], consagra-se a diluição de qualquer sinal na direção de uma sociedade mais justa", também considera, ao comentar o epílogo do romance, que, por meio dele, o narrador:

> [...] investe, uma vez mais, na continuidade da dúvida. Renovada, a perplexidade não permite respostas: abre-se a narrativa para o mundo que eterniza-se em movimento. Em constante rotação, tal como a história do país que ajuda a fazer e a contar, a obra de Pepetela redimensiona-se e ao pessimismo trazido pela derrota juntam-se algumas franjas da utopia despedaçada pela dureza de um contexto hostil. (CHAVES, 1999b, p. 232)

Concordamos com a autora no aspecto de que o final da narrativa é aberto a diversas possibilidades, deixando-nos muitas interrogações e dúvidas e sem a defesa explícita de qualquer proposta de "solução" – o que seria um procedimento limitador a este grande romance que é A geração da utopia. E parece-nos ainda que, de modo sutil e quase sub-reptício, a própria figura de Aníbal, sábio velho que se retira de cena, permite que se vislumbrem algumas novas formas de ação possíveis para os angolanos neste momento de sua história, inclusive para a referida "geração da utopia".

Há que considerar que Aníbal, no terceiro capítulo do romance, sinalizara que sua geração havia morrido e não constituía mais o futuro, retirando-lhe, praticamente, qualquer possibilidade de ação; Aníbal dissera, inclusive, que não era mais um lutador, e, em consequência, que desistira de qualquer forma de luta, de qualquer combate; Aníbal, nesse último capítulo da narrativa, chega a baixar a arma, em mais uma imagem de desistência. Vejamos sua última fala no romance:

> — [...] Tenho de gozar ao máximo a minha baía. Porque com esse capitalismo selvagem que se anuncia, vão atulhá-la de hotéis e bares, vão dar cabo dela e da minha solidão doirada. Um dia terei de procurar outra baía mais para sul, sempre mais para sul. Será o sul a minha última utopia? (AGU, p. 308, itálico nosso)

A seguir, o narrador, aproximando-se ao ponto de vista de Sara, comenta a fala de Aníbal:

> A fala de Aníbal tinha o relento descrente do conformismo. Evocava a sucessão monótona dos morros áridos eternamente à espera de chuva, a infinita dimensão das chanas, o repetitivo apelo do sol morrendo no mar da Caotinha. Sara sentiu nele a renúncia fatal do guerreiro, baixando a arma, o gesto impotente de revolta cedendo à fatalidade. Teve uma visão de Aníbal nadando para o mar alto, sempre a direito, caminho do Brasil, sem forças nem vontade de lutar contra a corrente que o sugava. Com desespero e compaixão, abraçou o corpo magro, procurando dar-lhe calor. (AGU, p. 308)

Esta última caracterização de Aníbal faz-nos lembrar da bela e desesperada canção "Promessas de sol", de Milton Nascimento e Fernando Brant, gravada por Milton em 1976 no álbum *Geraes* e cantada de forma bastante emocionada, como um grito misto de desespero e incorfomismo: "Que tragédia é essa que cai sobre todos nós?". Os versos da canção, escritos para outro contexto, expressam muito da angústia do Sábio e de tantos como ele, anônimos, espalhados pelo mundo, que insistem em sonhar com uma mudança radical do mundo, com a justiça, a igualdade, a distribuição igualitária da riqueza, a liberdade:

> Você me quer forte/ e eu não sou forte mais/ sou o fim da raça, o velho, o que já foi/ chamo pela lua de prata/ pra me salvar/ rezo pelos deuses da mata/ pra me matar// Você me quer belo/ e eu não sou belo mais/ me levaram tudo que um homem precisa ter/ me cortaram o corpo à faca sem terminar/ me deixando vivo, sem sangue, apodrecer/ você me quer justo e eu não sou justo mais/ Promessas de sol já não queimam meu coração/ Que

tragédia é essa que cai sobre todos nós?/ Que tragédia é essa que cai sobre todos nós?

Trata-se de uma angústia profunda que, contudo, denota a permanência de uma *inquietude* diante do estado de coisas vigente. Nesse sentido, e contrariando seu próprio discurso e algumas de suas ações, é que o Sábio aparece-nos investido de um novo papel, tão importante quanto sua ação anterior. Identificamos como um novo papel social deste homem o fato de que ele ressurge na função de *referência para as novas gerações* de angolanos. Assim, antes mesmo de aparecer diretamente neste capítulo, ele se torna assunto da referida conversa entre Judite, Vítor, Malongo e Orlando, o qual chega a declarar:

> Gostei muito de o conhecer. Não é louco, nem pouco mais ou menos. Mas é demasiado lúcido para o gosto de certas pessoas, viu o filme todo muito antes do que ia acontecer. Amargo sem dúvida, mas isso só mostra a sua lucidez. (AGU, p. 272)

Judite, por sua vez, também faz a defesa do Sábio: "— Ninguém vive treze ou catorze anos assim só para aparecer. Ele é mais puro que os outros, é tudo. E é isso mesmo que certas pessoas não lhe perdoam" (AGU, p. 272). Aníbal torna-se uma referência por ser aquele que, junto às novas gerações, vai participar da construção da memória histórica nacional, o que é um ponto de partida decisivo para a elaboração de qualquer novo projeto de transformação social.

Sua imagem cresce para Judite e Orlando porque aceita dialogar com eles, trocar, intercambiar, levantando novamente a hipótese de se *construir junto*, de se *construir com*, unindo o velho e o novo, e retomando, assim, uma proposta já defendida por Pepetela em *Mayombe*: a constituição de uma *tradição libertadora*. Tradição, como afirmamos, não no sentido de algo que aprisiona os novos, e sim no sentido contrário: como algo que pode libertar, como o que se passa de uma geração a outra, permitindo que as novas gerações tenham bases para a ruptura com os velhos, retomando projetos da geração anterior sob novos ângulos e formas e pensando-os para a realidade em que vivem, para seu presente.

Remontar a história da "geração da utopia", necessidade assinalada por Orlando (AGU, p. 303), não implica, de modo algum, a ideia de que as novas gerações devam copiar o passado. Ao contrário, a história dessa geração pode ser um *exemplo* para os novos, no sentido de *uma força inspiradora para as ações no presente*. O próprio Aníbal, em conversa com Judite e Orlando, assinala que: "O mais importante para uma geração é dar qualquer coisa de bom à seguinte, um projecto, uma bandeira" (AGU, p. 304).

Para Russell Hamilton (1999), já o título deste romance de Pepetela é ambíguo: ao mesmo tempo que caracteriza a geração que fez a luta pela independência e libertação nacional como a "geração da utopia", traz o sentido de se gerar, continuamente, a utopia. E nesse processo, é bastante significativa a atitude de Aníbal, com todas as suas idas e vindas e diversas oscilações, frutos de seu desencantamento, revelando que nem toda a "geração da utopia" se perdeu nas malhas do poder e da riqueza.

De toda forma, não podemos desconsiderar que a ação do capítulo se encerra com o "culto a Dominus", nova religião financiada pelos gestos de Malongo e Vítor e elaborada pelo ex-pastor protestante Elias, que fora militante da UPA (União das Populações de Angola). O culto, narrado de modo quase desvairado pelo narrador, revela-nos um aspecto muito negativo para os rumos do sonho de transformação social em Angola, pois envolve e conquista grande parte da população luandense em uma prática alienante. O objetivo de tal religião era deliberadamente ganhar dinheiro às custas do povo, que se desesperava com as condições de vida catastróficas e lançava suas esperanças não mais no plano concreto da ação política, mas no plano imaterial, jogando nele todo seu desejo de "salvação".

Ainda assim, pelos fatores aqui levantados, consideramos que o *tempo de vivência da derrota* traz consigo pequeninas fagulhas da esperança utópica, revelando a vontade do autor de alimentá-las e estimulá-las, mesmo que não se saiba exatamente como nem por onde. Em um movimento contrário, portanto, ao assinalado pelo *tempo de vivência da luta*, que, na ótica de Pepetela, já trazia antecipadamente sinais da derrota que poderia vir.

No próximo capítulo, iremos prosseguir em tais reflexões, porém tomando o rumo da análise da representação do espaço em *A geração da utopia* e *Viagem à luta armada*.

CAPÍTULO 3
ENTRE URBES E CAMPOS

O cenário da luta armada

Para pensar sobre a configuração do espaço nas duas obras em questão, é importante ter em conta que, além das diferenças de projetos narrativos dos dois autores – em que Carlos Eugênio Paz escreveu um testemunho de sua experiência e Pepetela, um romance que guarda relações com o que ele viveu na luta anticolonial, mas que tem a ficcionalidade e a literariedade mais visadas e intensas –, a própria matéria histórica enfocada pelos textos é também diversa em muitos aspectos. Ou seja, nesse tocante, pensar sobre o caráter *externo* às obras acaba por nos auxiliar e muito. Isso porque o fato de a experiência da luta armada ter sido bastante diferente no Brasil e em Angola se vincula à forma como tais experiências são narradas em *Viagem à luta armada* e *A geração da utopia*.

Na ex-colônia portuguesa, a guerrilha teve caráter rural, ainda que a ação de deflagração da guerra tenha sido o ataque às prisões de Luanda, no que ficou conhecido como "o 4 de Fevereiro", em 1961. Já no Brasil, as organizações das esquerdas armadas objetivavam lançar a guerrilha no campo, mas, diante da necessidade premente de obterem recursos para tal, grande parte delas iniciou sua prática armada nas cidades, tendo sido destroçadas, em sua maioria, antes de conseguirem chegar à área rural.

Ademais, o Brasil, desde os anos 1950, encontrava-se em processo de intensa urbanização, com a vinda de grandes contingentes populacionais para os principais centros urbanos do país, e o fortalecimento da participação econômica das cidades na produção de riquezas. O campo tornava-se cada vez mais *distante*, em todos os sentidos, das cidades, configurando-se como um mundo *antigo*. Já em Angola, a maior parte da população vivia no interior do país na época da luta de libertação, o campo estava *perto*, por assim dizer, e a luta foi travada efetivamente no interior da nação.

Outro elemento a considerar é que *A geração da utopia* percorre o espaço nacional angolano de modo amplo, partindo da capital da então metrópole, mas vendo-a pelo lado da contestação ao domínio colonial, para adentrar o espaço da luta armada, no interior do país, e depois ir ao litoral, numa pequena e isolada praia, para então regressar a uma grande cidade, a capital do país já independente, Luanda. No romance de Pepetela, tudo é fluido, e assim o espaço urbano colonial, que imaginaríamos como odioso, é caracterizado de forma predominantemente solar, em decorrência da esperança que animava os militantes da luta, como já nos referimos no capítulo anterior. Por outro lado, o espaço urbano independente é caracterizado por seu viés negativo, em razão da experiência do pós-independência.

Já *Viagem à luta armada* não tem esta ambição de percorrer todo o espaço nacional, e seus espaços são aqueles percorridos pelo narrador-personagem, que veremos a seguir.

Uma narrativa urbana

Como pudemos ver, o enredo de *Viagem à luta armada* conta uma trajetória vinculada intimamente à história social brasileira, ao apanhar uma experiência de vida definida por uma luta que se propôs a revolucionar a sociedade. Nessa trajetória, salientam-se dois momentos, que se entrelaçam e se alternam ao longo de todo o texto.

No entanto um espaço é central para todo o texto: o da *urbes*. É a cidade o cenário das ações guerrilheiras e também o cenário do trabalho de elaboração da derrota que lhes segue. Desde os episódios mais remotos lembrados pelo narrador, de sua infância, são as cidades que se espraiam pelas páginas de *Viagem à luta armada*. De suas recordações de menino, surgem Maceió e São Luís do Maranhão. Na adolescência, é o Rio de Janeiro que assoma, cidade em que deu início à sua atuação como guerrilheiro. Após um tempo no Rio, muda-se para São Paulo, continuando na guerrilha. Já no exílio, está em Paris.

Trata-se de um percurso essencialmente urbano, em que o homem interage ativamente com a cidade. O personagem é um ser da urbe, nascido em uma capital do Nordeste e crescido em uma grande capital, o Rio de Janeiro, que, durante sua infância, ainda era a capital da nação. Sua ligação com o espaço urbano é inclusive muito prazerosa, e as cidades participam da construção de sua identidade.

Clamart chega a estabelecer, também, uma ligação com o meio natural, o que se percebe por suas imagens da infância – como a que evoca uma praia em Maceió –, e por alguns episódios de sua adolescência, já fazendo treinamentos para a luta armada – como a escalada em uma montanha carioca. No entanto, trata-se do espaço natural presente nas cidades grandes, e não do ambiente que se poderia chamar efetivamente de rural, de interior. *Viagem à luta armada* é, em consequência, uma narrativa urbana, como cada vez mais urbano se tornava o Brasil.

Circundada pelas cidades, a narrativa nos apresenta alguns espaços centrais ao enredo. Dentre esses, o que ocupa maior destaque é a *rua*, que compõe a maior parte do texto como o cenário ativo das ações guerrilheiras. A rua, o espaço público, é o lócus prioritário da luta, e seu papel de destaque no texto enfatiza o objetivo que animava a ação daqueles personagens: a preocupação com o mundo público, o mundo da política. A rua é, assim, o local das ações, do enfrentamento com as tropas inimigas, da política que se fazia de armas na mão, da guerra.

Outro espaço importante é o da *casa*, que se relaciona a diversos momentos da vida do protagonista: desde as casas familiares das imagens da infância até a casa do exílio. Há ainda dois espaços que se constituem como intermediários entre a casa e a rua, e que são também relevantes para a narrativa. O primeiro é a *escola*, que aparece em dois únicos episódios na formação do narrador-personagem. O segundo é o *consultório*, último espaço da narrativa: espaço fechado e de mediação, em que o personagem se recorda do passado, é o ambiente privativo e de investigação do eu, que se afasta e se aproxima do mundo da rua. É no consultório que Clamart consegue recuperar a dimensão do mundo público, refazendo, de certa forma, a ligação do eu com o mundo.

A seguir, iremos nos deter em cada um desses espaços de *Viagem à luta armada*.

O espaço inicial

Primeiro espaço a se configurar na obra, a casa do exílio é permeada de dor e sofrimento, vividos no isolamento e em uma situação de incomunicabilidade. A primeira ação do personagem-narrador é o ato de vomitar após uma injeção de heroína, o que se conforma como um sinal antecipado do que toda a narrativa iria proceder e do que era, muito provavelmente, a única saída para o personagem: colocar para fora o passado vivido, a fim de elaborá-lo e de reestruturar-se, como vimos no Capítulo 2. É nesse momento, logo no princípio da narrativa, que Clamart imerge em uma banheira e, ao mesmo passo, nas profundezas de sua memória:

> [...] *deito na banheira, abro as torneiras. O* flash *da droga antecede uma viagem secular a labirintos de*

> *minha mente, que estimulo, já coberto de água, com*
> *um cigarro de haxixe, misturando efeitos, anestesiando*
> *penas. Começa o mergulho lá naqueles tempos impuros,*
> *que levou tanto de mim, deixando as marcas e a solidão de*
> *um banheiro fechado.* (VLA, p. 16, itálicos do original)

A água da banheira, com o estímulo das drogas, é um convite à memória, à viagem ao passado que se dá em um espaço fechado, no interior de uma casa, e por isso sem conexão com o mundo da rua, do espaço público. É nessas condições, de total solidão, que tem início sua viagem rumo aos esconderijos da memória.

A própria presença abundante da água nos indica alguns aspectos decisivos para a situação em que se encontrava Clamart, tendo em vista que ela pode ser pensada como o elemento que mais se associa às imagens maternais, como aquele que nos leva, metafórica e sentimentalmente, de volta para o ambiente em que nos sentimos mais seguros, o útero materno. O útero é o local em que tudo começou, em que nossa aventura sobre a Terra principiou, e a presença da água leva a retornar a esse local primeiro, à origem de nossa vida e ao local de proteção que ele significa. Nas palavras do filósofo Gaston Bachelard (1989, p. 127), o útero é "uma lembrança feliz, a mais tranquila e aprazível das lembranças".

A água da banheira de Clamart é uma água quente, aspecto diversas vezes ressaltado pelo narrador: revela-se a ele o "desejo de uma substância quente, suave, tépida, envolvente", a "necessidade de uma matéria que cerca o ser inteiro e que o penetra intimamente" (BACHELARD, 1989, p. 132), o desejo de uma água que seja de fato nutritiva. A banheira do personagem associa-se com o útero materno de modo inclusive explícito: "*Estou numa banheira uterina,* [...]" (VLA, p. 16).

Ainda para Bachelard (1989, p. 135), a água pode ser "quase uma substância psíquica que dá tranquilidade a qualquer psiquismo agitado", e nesse sentido é importante percebermos como Clamart, imerso nas águas, perde a noção do tempo, confundindo-se entre passado e presente. A própria água já é, em si, uma espécie de narcótico, que "convida-nos à viagem imaginária" (BACHELARD, 1989, p. 137).

Como útero protetor que representa, a banheira é também um local passageiro, em que o bem-estar tem data marcada. Um local de que o narrador-personagem sairá transformado para a vida que o chama, para a vida que é necessário viver. A segurança da banheira é, assim, momentânea, constituindo-se em uma espécie de intervalo para a retomada rumo ao plano da ação.

Simbolicamente, o ato da imersão na banheira comporta o "sentido de morte e renascimento" (CHEVALIER & GHEERBRANT, 1993, p. 119), constituindo-se, de certa forma, como:

> [...] uma imagem da regressão uterina. Satisfaz uma necessidade de calma, de segurança, de ternura, de *recuperação*, sendo o retorno à matriz original, um retorno à fonte de vida. A imersão [...] é a aceitação de um momento de esquecimento, de renúncia à sua própria responsabilidade, um "colocar-se fora do jogo", uma espécie de *vacuidade*. Daí seus inumeráveis empregos terapêuticos. Essa imersão intervém no tempo vivido como um hiato, uma solução de continuidade, o que lhe confere obrigatoriamente um valor iniciático. (CHEVALIER & GHEERBRANT, 1993, p. 119, itálicos do original)

A banheira de Clamart, local primeiro da vida revisitado, configura esse intervalo, esse hiato, na palavra de Chevalier e Gheerbrant, em que ele se afastou de tudo e todos para enfrentar a si mesmo, para mergulhar profundamente em seu ser, como uma nova iniciação para a vida.

A reforçar a noção de um espaço de passagem, de reencontro com a identidade e, ainda, de um local que permite a própria ruptura do recolhimento e do isolamento, a banheira é associada a um túnel: *Estou numa banheira uterina, espécie de túnel úmido e quente, onde tudo é permitido*" (VLA, p. 16, itálicos do original). O túnel de Clamart, escuro e solitário como o túnel de

Juan Pablo Castel, da obra O *túnel*, de Ernesto Sábato, também o isolava do contato social, prendendo-o em suas paredes. Entretanto, não é um signo para a vida inteira, senão um aprisionamento momentâneo, que permite tanto a volta ao passado, pela memória, como a ultrapassagem rumo ao futuro.

A banheira-útero-túnel, local de recolhimento temporário, permite certa paz: "*Vivo a paz de portas fechadas, água quente no corpo que não é mais de menino nem de jovem que mudará o mundo, [...]*" (VLA, p. 16, itálicos do original), a qual se constituía pela vivência de uma realidade própria, desligada do mundo exterior: "*Não tenho laços com a realidade, a brasa e o pó não passam de nós cegos*" (VLA, p. 17, itálicos do original). Esta "paz artificial" (VLA, p. 136), contudo, em que não havia medo nem tensão constantes, perde paulatinamente seu efeito, e o passado retorna, cada vez com mais força.

Seu refúgio, a banheira, caracterizada também como um "*bunker*" (VLA, p. 136), acaba por perder o poder de proteção, sinalizando ao personagem que era necessário aprofundar o trabalho de recuperação de sua identidade. Para reconstruir-se, Clamart terá de revolver a lembrança da guerra, das mortes de companheiros e de amores que presenciou, e também das mortes que cometeu, encarar o passado e, principalmente, expô-lo.

O prosseguimento dessas atividades se dá em outro espaço, o do *consultório*, que também é fechado e isolado do convívio com os demais, mas no qual existe uma interlocutora, Helena.

O espaço da terapia

No consultório, em um diálogo que não é ouvido por mais ninguém, Clamart aos poucos recupera a dimensão da palavra, elaborando e compartilhando sua memória de modo a resgatar o significado do que viveu. A alternativa que possuía, para voltar a criar um sentido para sua vida, organizando passado, presente e futuro, era a faculdade da memória.

Neste espaço dedicado à memória e às suas associações, o protagonista atravessa os momentos doces e agradáveis, e também todas as dores e tristezas. Em um processo de idas e vindas constantes, consegue vislumbrar uma possibilidade de atravessar o túnel e emergir dele. Ao narrar como vivenciou a morte de Poeta, enfrenta o espelho do consultório – único traço referencial desse espaço – e sente-se mais feliz e leve, com a consciência de que, por meio de sua narração, seus companheiros mantêm-se vivos.

Mas para emergir definitivamente do túnel é preciso narrar o episódio que se constitui como o mais doloroso de sua experiência na luta, a morte de Mário, para o que o narrador recorre à imagem tradicional da luz na saída do túnel: "*Dependo da seringa, dependo da brasa, da sorte, da adrenalina, do acaso que protege meu sono na praça, da coragem de uma confissão. Mário está no fim do túnel, atrás dele, a luz…*" (VLA, p. 203, itálicos do original). Com dificuldade e sofrimento, consegue a coragem da confissão e assume diante de Helena o "*justiçamento*" do companheiro:

> Abaixo as seringas, não evitam mais a dor… não servem de nada… desatar os nós, preciso desatar os nós… a luz, não há mais nada entre ela e eu… posso voltar à tona, sair dos túneis, dos espelhos, das brasas… o mergulho foi profundo, precisei de minhas câmaras de descompressão, agora tenho Helena, ajuda real, sem anestesia… a busca da consciência é dolorosa, mas a única que liberta… a luz machuca os olhos, tenho medo… (VLA, p. 206-7)

Ainda que para os leitores não haja a narração do episódio, como já comentamos no capítulo precedente, é possível reconhecer que o protagonista falou a respeito da memória traumática a Helena, e isso o auxiliou a se libertar. Na sequência desse trecho, somos lançados a um Clamart guerrilheiro, acordando de seu sono em uma praça que lhe era muito significativa nos tempos da luta, onde ele escutava música no rádio do carro, fumava seu cigarro e entregava-se ao relaxamento e ao repouso, cochilando. A praça era um local de intervalo da guerra, de descanso do combate, em que o personagem se encontrava consigo mesmo. Era, ainda, um espaço em que o guerrilheiro refletia sobre as coisas, escapando momentaneamente da vivência da guerra e sua lógica do presente.

> A brasa queima meus dedos, acordo sobressaltado... "Eu tenho andado tão só, quem me olha, nem me vê..."[1] Jogo o cigarro fora, desligo o rádio, esfrego o rosto, respiro fundo, estou desperto. Outra batida, os tempos estão duros... está na hora do ponto com Célio, que bom aumentar o poder de fogo... (VLA, p. 207)

A saída do túnel associa-se ao acordar do combatente na praça, quando ele abandonava a espécie de torpor que o invadira e retomava a *ação*. Ao conseguir narrar à terapeuta, Clamart sente a possibilidade de sair de seu recolhimento e recuperar o espaço público.

Lá fora

Lócus prioritário de Clamart, a rua era o espaço que ele buscava ansiosamente desde a adolescência, como se percebe por meio do primeiro acontecimento carregado de sentido em sua memória, o evento fundador de sua experiência, que é vivenciado na escola, ambiente que prepara e inaugura sua viagem de pertencimento ao mundo.

A escola desempenha, tradicionalmente, o papel de iniciação na vida, no mundo. E é dessa forma que ela participa de *Viagem à luta armada*, como um local em que Clamart principia sua descoberta, o que se dá, segundo o texto, não tanto pelo contato e convívio com os professores, mas, principalmente, pelo convívio com os amigos, em especial com Felipe. É junto a ele, companheiro de escola, que Clamart faz a despedida daquilo que o constituíra como uma criança, para iniciar a construção de seu ser de adulto, imerso no mundo. Abordando justamente este significado que a escola carrega, o professor e crítico literário Joaquim Aguiar (1998, p. 77) afirmou, em seu estudo sobre as memórias do escritor Pedro Nava:

---

1 O trecho entre aspas é uma citação da música "Quero voltar pra Bahia", de Paulo Diniz e Odibar, gravada pelo primeiro em 1970 e alcançando grande sucesso. A música foi uma homenagem dos compositores ao exílio forçado de Caetano Veloso em Londres.

Quando começam a sair de casa, o primeiro espaço público regularmente frequentado pelas crianças costuma ser a escola. Para as meninas, sobretudo, e também para os meninos, especialmente aqueles pregados à barra da saia da mãe, como se diz – e como foi o caso de Nava –, que não podem fazer da rua sua "escola" antes de serem mandados para as instituições educacionais. Obviamente, a escola é espaço decisivo na formação dos indivíduos: ela lhes dá lições ao intelecto e lições de urbanidade também, graças ao convívio em grupo estranho ao familiar. Além disso, é na escola que se podem desenvolver as vocações, muitas delas válidas para a vida inteira [...]. Ao ampliar, oficialmente, a pedagogia ministrada extraoficialmente na esfera doméstica, a escola, que acompanha o crescimento do indivíduo, também lhe amplia os horizontes. Nela, pode-se encontrar "o mundo", como disse Raul Pompeia no início de *O Ateneu*. Trata-se de um espaço que, em condições normais, é dividido durante um longo tempo com a casa: a infância, a adolescência e mesmo, em certos casos, a mocidade.[2]

No caso de *Viagem à luta armada*, a escola participa exatamente da adolescência do narrador-personagem, época de transição da criança para o adulto, e em um momento-chave de sua experiência, que é o contato com Felipe, ambos estudando no Pedro II, o mesmo colégio em que, no final dos anos 1910 e princípios dos 20, estudara Pedro Nava – o "famoso internato, o mais célebre do Brasil durante o Império e a República Velha" (AGUIAR, 1998,

---

2 Aqui ressaltamos que nossa leitura do espaço em *Viagem à luta armada* baseia-se na metodologia empregada por este autor (AGUIAR, 1998) para a análise das memórias de Pedro Nava. Em seu trabalho, Joaquim Aguiar classifica em quatro os espaços decisivos para a formação do narrador-personagem de Nava: a casa, a escola, o trabalho e a rua.

p. 87) – e o mesmo de onde saíram diversos guerrilheiros do Rio de Janeiro, dentre eles Carlos Eugênio Paz:

> Saí do Colégio Andrews e fui para o Pedro II. O Pedro II era um colégio que tinha um ensino equivalente ao Andrews, inclusive tinha alguns professores que eram dos dois colégios, só que aí era um outro mundo, era um mundo de um colégio público, um colégio imenso, que tinha três turnos, e que tinha gente de todas as classes sociais, porque era colégio público, federal, e, portanto, de todos os matizes políticos, [...].

Se na vida real a amizade com Felipe surgiu antes de estudarem juntos no Pedro II – especificamente no escotismo –, na obra é na escola que se mostra essa amizade e toda a descoberta *do mundo*, para falar junto com Raul Pompeia. Além disso, como ressalta Joaquim Aguiar, é na escola, geralmente, que se descobrem as vocações. Para Clamart, foi a escola que lhe possibilitou decidir-se por sua vocação, a de guerrilheiro.

A primeira cena passada nesse espaço é a do jogo de pebolim, revelando não somente a amizade que o ligava a Felipe, mas também a vivência da política no cotidiano. Contando sua formação específica como guerrilheiro, não cabe ao narrador detalhar a vida escolar – lembremos que não se trata de uma autobiografia –, mas apenas destacar dela o que contribuiu para sua escolha.

Na adolescência, Clamart não vive apenas entre a casa e o colégio – que de certa forma é ainda uma extensão do lar –, mas já vivencia, com os amigos, a rua, circulando pela noite carioca com os amigos, tomando chope, discutindo política, sonhando, sentindo a esperança da transformação social e a dimensão de que estavam entrando para a história brasileira.

A escola em que estudavam é também palco de uma ação que realizam, constituída por uma pichação na qual os lemas do movimento estudantil acabam por se transformar, na euforia que sentiam, em palavras de ordem da luta armada contra a ditadura. A escola, por meio desse episódio, é também um elemento do mundo da rua, já que não se trata do colégio apenas como o local de estudos e amizades, mas como espaço da chamada "ação revolucionária".

A partir dessa primeira ação de enfrentamento narrada por Clamart, o personagem adentra em definitivo no *mundo da rua*. Lembremos aqui a leitura feita por Joaquim Aguiar a respeito dos papéis tradicionalmente compreendidos pela *rua*:

> Em sentido literal, a palavra significa logradouro público. Mas, por extensão, ela remete a qualquer lugar que não seja residência, trabalho ou escola. Ou seja, por rua pode-se entender o espaço "lá fora" em oposição ao "aqui dentro". Fundamentalmente, contudo, a rua opõe-se à casa, [...]. Assim por diante, a rua sempre indica espaço aberto, público, em oposição a um espaço fechado, privativo, podendo ser este um lugar de intimidade, como a casa, ou não, mas de qualquer maneira restrito em relação ao outro, amplo, liberto. Simbolicamente, a rua acaba sendo sinônimo de mundo; "ir para a rua" pode significar "ganhar o mundo", sair ou libertar-se de algum vínculo, o familiar sobretudo. A rua passa a ser, então, espaço para exercício da autonomia do indivíduo. Ao ultrapassar a esfera doméstica, julga-se que ele esteja pronto para a vida pública, de adulto. (AGUIAR, 1998, p. 157)

A rua era vivida por Clamart, apesar da ditadura já instaurada, com muita alegria e uma imensa sede de aprender, de conhecer, de agir para a transformação do Brasil e do mundo, como se percebe pelo seguinte fragmento da narrativa:

> Passar a madrugada juntos era um hábito nosso, acordados, eletrizados, fechando os bares, andando a esmo pelas ruas desertas, trocando confidências. [...] essas madrugadas me lapidaram. (VLA, p. 75)

Os mestres de Clamart, de acordo com o texto, não são encontrados na escola, na figura dos professores, mas diretamente no mundo da política, e é em meio a uma rua do Rio de Janeiro que Clamart encontra Fabiano, seu grande mestre, tendo a conversa que será decisiva em sua vida, a respeito da qual já nos detivemos no Capítulo 2.

Aos poucos, as ruas vão se tornando o local em que o jovem pratica suas primeiras ações guerrilheiras. Um passo importante de descoberta da rua é a realização da ação de expropriação do cofre de um cinema. A rua passa a se configurar, cada vez mais, como um local de guerra e de enfrentamento com o inimigo. Ainda assim, após a retirada do cinema, sem terem conseguido o dinheiro, mas também sem que ninguém fosse preso ou morto, Clamart, Poeta e Valério, na rua, deram-se as mãos felizes, comemorando a primeira grande ação, revelando que a rua era ainda um local que propiciava prazer e alegria.

Paralelamente às ações armadas, a rua era também espaço de diversão e companheirismo, espaço público por excelência, de convivência, de trocas, e os jovens guerrilheiros ainda tinham tempo para jogar futebol, o que logo se tornaria impraticável.

Outro espaço que aparece na narrativa como parte do mundo da rua é o quartel. É no Forte de Copacabana que o protagonista faz seu treinamento, exercitando-se e aprendendo como o Exército visava combater os guerrilheiros. A vivência no forte revela as entranhas do inimigo, mas mesmo lá Clamart faz amizades dentre aqueles que serviam como ele, aproximando-se deles nos momentos de maior descontração, como os jogos de futebol.

Servindo o exército governamental durante o dia, à noite seu combate era por meio de outro exército, o guerrilheiro e revolucionário. Atuava nas ações armadas com seu grupo de fogo, "fazendo" carros, por exemplo. Nessas ações, destaca-se outro elemento do espaço que é fundamental para a obra: o carro. É dentro dele que se realizam muitas coisas: atravessa-se a cidade para encontrar companheiros, discutem-se os rumos a tomar e as ações a realizar, vai-se para os "aparelhos", para as ações, enfrenta-se a polícia. Os carros, chamados carinhosamente de "Rocinantes" pelo narrador-personagem, são os prolongamentos dos guerrilheiros, por serem seus veículos de locomoção privilegiados.

Mas a rua, local do encontro com os companheiros, revela ainda sua face trágica, como um local em que também acontece a morte: é na Alameda Casa Branca, em São Paulo, que a repressão militar assassina Fabiano. Clamart recebe esta notícia na casa da irmã Lica e, para enfrentar a situação, recorre à própria rua, que desafoga mas também entristece, pois o personagem sente como um acontecimento tão terrível quanto este passava praticamente incólume para a população.

A partir da morte de Fabiano, muitas outras irão acontecer na rua: as mortes acidentais de Aureliano e de Alberto, a morte em combate de Poeta e as mortes de Rafael e Diogo, presos e depois assassinados nos porões da repressão militar.

As ruas são também parte da identidade do personagem, o qual, tendo que deixar o Rio com a deserção do exército, despede-se de sua cidade adotiva, passando por vários locais que lhe eram extremamente significativos, como Botafogo e Copacabana, destacando a memória que alguns espaços cariocas lhe proporcionavam:

> [...] quero me sentir perto dessa cidade. Rua da Passagem, curso de admissão ao Colégio Militar, ideia de meu pai, Canecão, Solar da Fossa, Igreja Santa Terezinha, refúgio seguro nas invasões da Universidade Federal, Túnel Novo, me disseram que só carioca anda dentro de túnel, sanduíche e chope gelado no Cervantes, avenida Atlântica, a curva mais bela e sensual que conheço. Sento na calçada, pés nas areias brancas, o mar à frente, as luzes do Forte ao fundo à direita. (VLA, p. 137)

Como as ruas são o teatro das operações de guerra, é preciso conhecê-las bem. Assim, nos primeiros dias em São Paulo, o combatente circula continuamente pela cidade, esquadrinhando as ruas, analisando entradas e saídas, rotas de fuga, os pontos de comunicação entre um bairro e outro, as padarias em que podia tomar café ao observar um "ponto", as ruas que eram propícias aos aparelhos, os bancos a serem expropriados. Nas palavras do narrador: "A regra mais importante para a segurança de um guerrilheiro é o domínio da topografia" (VLA, p. 149).

E é dessa maneira que a rua é de fato o espaço mais enfocado na obra, assumindo diversas funções: de descoberta do mundo nas madrugadas com Felipe, sonhando com a vitória da revolução, passa a local das ações armadas e dos enfrentamentos com a polícia, sendo a própria rota de fuga da mesma polícia, e ainda configurando-se como o local dos "pontos" com os companheiros, momento sempre bom, mas também tenso, como nos contou Carlos Eugênio:

> O grande problema da nossa vida cotidiana era o momento de encontrar os companheiros, porque, ao mesmo tempo que era uma coisa boa, porque você estava indo encontrar o fulano, você estava… Primeiro você ia cumprir uma tarefa da organização, segundo, você gostava daquela pessoa, você gostava de estar junto com ela e… Mas acontece que era a hora em que você podia cair também. Era o sentimento… Olha, eu tenho certeza que tem gente que caiu por causa disso, por não conseguir resolver essa contradição.

A rua era, também, um local de morte. Além das mortes já apontadas, há em *Viagem à luta armada* as duas que aparecem ao final do livro, a do financiador da tortura e da repressão, Blansen, e a de Mário, por temor de traição.

Mas a rua era também o local de relaxamento da mesma guerra, de descompressão, como se percebe pela ida de Clamart e dona Marta ao Baile da Saudade, quando ele deixa as armas em casa e dança sossegadamente. Ou pela recordação de um espaço decisivo de sua experiência na luta armada: a pracinha a que já nos referimos, localizada em um bairro residencial, tranquila e isolada. Local de descanso, que lhe permite dormir como nem em casa fazia, viajando rumo a si mesmo. É um local de viver a solidão e suas delícias, afastado dos combates constantes. A praça, local do espaço público, transforma-se em espaço íntimo:

> [...] *o prazer tomou conta de mim e deslizei lentamente em direção a mim mesmo. Despenquei sem controle numa queda tão rápida que parecia estar parado. Escuro, quente e úmido. Encontrei o paraíso e ele não é fresco, seco nem claro. Quantas ideias erradas a respeito da escuridão...* (VLA, p. 25, itálicos do original)

Como a banheira do tempo da derrota, a praça era, no mundo do frio da adrenalina dos combates, o "escuro, quente e úmido" que permitia o afastamento momentâneo da dinâmica das ações, propiciando uma espécie de suspensão do tempo: *"Flutuo placidamente, sem medo nem ódio, como na minha banheira, séculos depois, passado e presente se confundem"* (VLA, p. 25, itálicos do original).

A vivência integral do personagem, ou seja, o momento em que ele se sente efetivamente inteiro nas situações, é na rua, no mundo público: descobrindo as madrugadas, treinando para o combate, realizando as primeiras ações. É a rua que adquire o sentido de campo de batalha, quando, ainda assim, o personagem sentia-se pleno e integrado. Sendo também o espaço em que as mortes dos combatentes ocorrem, é nas próprias ruas que a batalha começa a ser perdida. Ao perdê-la, Clamart perde também a possibilidade de convivência plena nas ruas e necessita recolher-se para o espaço privativo da casa no exílio.

Lá dentro

O espaço da *casa*, porém, não participa somente do exílio, mas de diversas recordações do personagem, em especial de sua infância, que se ambienta praticamente no interior do lar. Não há, todavia, uma descrição detalhada das casas da infância, e sim apenas algumas indicações espaciais: ora o menino Clamart está na sala, ora na varanda, ora no quarto. São espaços de paz, calma, aconchego, mas também de medo e angústia.

Duas imagens da infância, apenas, ambientam-se fora do lar. No entanto, ainda que tal aconteça, o personagem está acompanhado do pai, no primeiro caso, e da mãe, no segundo. Criança, o personagem vivenciava a rua – praticamente um prolongamento da casa – por intermédio da família.

Já a casa da adolescência é bastante diferente da casa da infância e não se trata mais do mesmo espaço de aconchego e proteção familiar. É o local compartilhado com os amigos, que planejam as ações a realizar. É na casa de Clamart, por exemplo – o qual morava com a mãe Marta e com as irmãs Dita e Leca –, que os "quatro mosqueteiros" (VLA, p. 68), Clamart, Felipe, Aureliano e Valério, estabelecem o plano de pichação da escola.

Conforme o protagonista se envolve cada vez mais na guerrilha, sua casa passa também a ser o local onde o grupo de fogo que ele comandava guarda as armas, transformando-se ainda em espaço de insônia, que o invade à medida que a guerra se intensifica.

Paralelamente à casa em que morava com a mãe, também surge na narrativa a casa de seu pai, em São Paulo. Espaço de visita, onde ele conversa sobre a luta e ouve as preocupações do pai, essa casa participa de dois momentos da narrativa: logo a seguir à decisão de participar da guerrilha, no momento em que vai transmitir a notícia ao pai, e imediatamente após a morte de Fabiano, quando o narrador-personagem viaja a São Paulo para averiguar como está a situação na cidade, passando rapidamente pela casa do pai. Depois, ao entrar na clandestinidade, Clamart, ainda que morando em São Paulo, mesma cidade em que habitava o pai, não pode vê-lo.

Com a "queda" de sua irmã Dita, necessita sair de casa, pois passa a correr o risco de ser preso também. O primeiro local para onde vai é a casa de um companheiro de Aureliano, que morava na rua Almirante Tamandaré, na qual não transcorre nenhum episódio de *Viagem à luta armada*. Com a libertação de Dita, resolve não voltar mais para casa. Inicia, portanto, uma nova vivência, fora da casa da mãe. Seu destino é a casa da outra irmã, Lica, que mora com o marido Luiggi e a filha Melodia em Copacabana. A vida de Clamart começa a mudar cada vez mais, sendo ainda Lica, Luiggi e Melodia seus "únicos elos com o passado" (VLA, p. 121). A casa de Lica é marcada, por sua vez, por ser o local onde Clamart recebe a notícia do assassinato de Fabiano, acontecimento decisivo para os rumos da Ação Libertadora Nacional.

Decidindo desertar do Exército, o protagonista necessita abandonar a casa da irmã, última parada de sua vida legal. Sair dessa casa é, mais uma vez, entrar em um novo mundo, já que, também, saía definitivamente dos auspícios familiares, adentrando na clandestinidade: "O dia amanhece, coloco umas roupas numa bolsa, beijo minha irmã, abro a porta e mergulho nas trevas" (VLA, p. 138).

Nos aparelhos

Seu primeiro esconderijo é, contudo, ainda na casa de uma tia, na Barão de Mesquita, rua onde a repressão mantinha presos os opositores da ditadura e os torturava. Após apenas dois dias nesse local, Clamart parte para o aparelho de Aureliano e Curumin, um quarto nos fundos, na subida para Santa Teresa. A vida nessa casa é bem diferente de sua experiência anterior: como está sendo procurado, não pode sair para a rua em hipótese alguma e, mesmo dentro de casa, sua presença tem de ser quase uma ausência, para que os vizinhos não desconfiem que há nela mais um habitante. Assim, tem de passar os dias em absoluto silêncio, praticamente sem fazer nada, em total solidão e sem, inclusive, comer. Apenas à noite, quando chegam os dois companheiros, é que Clamart tem acesso aos jornais e às notícias dos acontecimentos, podendo comer e conversar. É esse o momento do companheirismo, quando os três se divertem bastante: "declaro este quarto território livre do bom humor e da sacanagem" (VLA, p. 141).

Os chamados aparelhos eram espaços bastante diferentes das casas. Eram locais de esconderijo, mais do que de moradia propriamente dita (pensando-se em termos domésticos, por assim dizer). Neles, os guerrilheiros e militantes viviam, mas todo o cuidado era necessário a fim de que não fossem descobertos pelo aparelho repressivo da ditadura. Ademais, eram espaços onde as pessoas que lá se reuniam tinham nomes de guerra, e não seus nomes verdadeiros. Assim, ainda que lugares fechados, fossem apartamentos ou casas, não guardavam o mesmo sentido que tradicionalmente associamos à ideia de casa. Eram uma espécie de extensão do espaço da luta e, portanto, do espaço público.

Espaços de reunião dos companheiros, de discussão das ações feitas e das que seriam realizadas, de avaliação da situação vivida, de debate, de limpeza das armas para o combate, de refúgio da polícia. Os aparelhos eram locais de vivência intensa da política e, ainda, locais que deveriam ser mantidos secretamente, para que o menor número de pessoas soubesse sua localização, pois a qualquer momento podiam ser descobertos pela polícia.

Mas, voltando a Clamart e seu percurso, ele logo muda de aparelho, pois era necessário ter maior mobilidade e, também, preparar a ida para São Paulo. Instala-se por um curto período no aparelho de Faro-Fino, e parte para a capital paulista, onde terá como primeira habitação o quarto alugado no apartamento da rua Vergueiro. Não há descrições de tal casa, mas trata-se de um ambiente extremamente acolhedor, pelo carinho que o ligava à sua habitante, dona Marta. Algo, porém, marca uma diferença crucial entre esta e as casas da infância: mesmo sendo um quarto alugado de uma mulher que nada tinha a ver com a luta das esquerdas, também esta casa não significa mais um ambiente de abrigo e proteção, e sim um local de esconderijo, que pode a qualquer momento ser descoberto pelas forças da repressão. É isso, aliás, o que nos conta o primeiro episódio de ação do texto, a que já fizemos menção no Capítulo 2: Clamart dormia quando é despertado por um som de campainha, logo cedo, o que o faz perceber que se trata da polícia. Sua suspeita é confirmada e ele tem de agir rápido. A casa agora é o local da adrenalina, como as ruas. Sendo descoberta, é imperioso sair dela, para escapar vivo.

O próximo espaço que aparece como sua habitação é o quarto dos fundos do aparelho de Rafael, dividido com Marcela. É nele que morre Alberto, ferido acidentalmente em uma ação, por Rafael. É também nesse local que Clamart e Marcela principiam sua relação amorosa e procuram um imóvel para montarem um aparelho juntos.

A casa dividida com Marcela surge em diversos episódios da narrativa: é o local em que se encontra com a companheira, vivenciando as venturas e desventuras de uma vida a dois, como se percebe no princípio do texto; é também o espaço da insônia, preocupado com a possível traição de Silvério; é ainda nessa casa que acontece a reunião com Diogo e Altino, quando os três discutem questões centrais da organização, como o lançamento próximo da guerrilha rural. Por fim, o último acontecimento ali transcorrido é a reunião da Coordenação Nacional da ALN, da qual Diogo sai para cobrir um ponto e não regressa mais, assassinado que foi pelas mãos da repressão.

Ainda que com as características próprias aos aparelhos de modo geral, os aparelhos habitados por Clamart portavam também um aspecto da privacidade do lar, como se percebe por sua convivência com suas companheiras, Marcela e Gina. Entretanto, o traço fundamental é que eles pertenciam à dinâmica da luta, tinham que ser alugados sob nomes falsos e não adquiriam nunca as características de um lar permanente, eram sempre transitórios. Assim, ao passar um Natal na casa de uma amiga de Gina que não era clandestina, observa o narrador: "A casa é bonita, oposta aos aparelhos, geralmente despojados e desarrumados" (VLA, p. 197). Os aparelhos eram uma espécie de esconderijo de guerra, de ponto de encontro dos revolucionários, espaços prioritariamente de vivência do público e da luta.

Para finalizar estas reflexões sobre o espaço em *Viagem à luta armada*, podemos mais uma vez colocar tudo em "linha reta", verificando como a trajetória de Clamart inicia-se com sua descoberta da rua, nos tempos da adolescência, iniciando sua viagem de pertencimento ao mundo. As ruas tornam-se cada vez mais o espaço prioritário do personagem, o local de vivência do mundo público, da vontade e da prática que objetivava transformar o Brasil. É nesse sentido que os aparelhos participam vivamente do espaço da rua. Com a batalha tendo sido perdida, nas mesmas ruas, ele submerge e recolhe-se para a casa, no exílio, trancando-se em um banheiro e mergulhando nas recordações. É ao conseguir transpor o limiar da casa e adentrar no espaço do consultório, dando início à terapia, que o personagem recupera a dimensão da vida pública, preparando-se para reingressar no mundo da ação e rompendo a estagnação que o acometia.

O espaço de uma nação

Para narrar a história da geração da utopia, o narrador percorre alguns lugares fundamentais desse percurso: o espaço urbano da metrópole – mais especificamente sua capital, Lisboa; o espaço rural do interior de Angola, na Frente Leste do MPLA (Movimento Popular de Libertação de Angola); o espaço litorâneo, em uma pequenina baía ao sul de Angola; e, novamente, o espaço urbano, mas não mais em Portugal, e sim na capital do país politicamente independente, Luanda.

De forma semelhante a *Viagem à luta armada*, quatro são os espaços principais. Mas aqui as diferenças de espaço (e tempo) marcam-se pela mudança de capítulos, diferindo, portanto, da obra de Carlos Eugênio Paz, na qual os espaços iam e vinham no fluxo da memória do narrador-personagem.

Em *A geração da utopia*, os próprios nomes dos capítulos já se relacionam ao espaço onde se desenrolam as ações, revelando o peso que a configuração espacial assume nesta narrativa. Desse modo, o primeiro capítulo denomina-se "A Casa", fazendo referência à Casa dos Estudantes do Império (CEI); o segundo é "A chana", relacionando-se ao tipo de vegetação que se espalha pelo Leste de Angola, região em que se desenvolvia uma das frentes da guerrilha do MPLA; o terceiro chama-se "O polvo", referindo-se portanto a um animal, mas já apontando para uma ligação com o habitat desse animal, o espaço marítimo, onde irá se desenvolver a ação do capítulo; por fim, o quarto capítulo intitula-se "O templo", relacionando-se diretamente com o espaço do templo construído em Luanda pela associação de Malongo, Vítor e Elias, templo que é, metaforicamente, um símbolo dos descaminhos daquela geração, da corrupção vigente entre os detentores do capital e de cargos no governo e, ainda, das condições de vida miseráveis em que vive a maior parte da população, condenada a um processo intenso de alienação.

O primeiro espaço significativo do romance, a cidade de Lisboa, é um espaço urbano, mas essencialmente *estrangeiro*, em que os angolanos se configuram como *o outro* para os colonizadores. Esta visão dos portugueses diante dos angolanos, característica fundamental do processo de colonização já analisada por Albert Memmi (1967) e Frantz Fanon (1968), é bastante nítida em "A Casa", principalmente porque a ação do capítulo passa-se em 1961, quando se deflagrava em Angola a luta de libertação e, portanto, os angolanos negros eram, em geral, considerados "potenciais terroristas" (AGU, p. 12).

Na cidade de Lisboa, um espaço destaca-se – e não é à toa que seja o título do capítulo: a Casa dos Estudantes do Império, chamada de forma carinhosa por seus frequentadores de *a Casa*. Nesse tocante, o romance dá relevo a um espaço que foi decisivo para a organização do nacionalismo africano e para a própria formação do MPLA.

O espaço do segundo capítulo, entretanto, é radicalmente diverso. Como vimos no capítulo precedente, somos transportados ao ano de 1972, no seio da guerrilha de libertação, em meio a um ambiente rural, onde se destacam a mata e, de maneira especial, a chana. É o espaço da luta armada, da guerra, porém, sintomaticamente, a guerra trava-se muito mais entre o guerrilheiro e as forças da natureza do que entre ele e os colonialistas portugueses, os *tugas*. Revela-se, ao invés do encontro do homem com sua terra, seu desencontro. Esta fratura é mais um dos diversos sinais fornecidos pelo narrador de que o projeto revolucionário sofria duros golpes, mesmo antes da conquista da independência política.

O terceiro capítulo também se passa em um espaço natural, mas, levando-nos a 1982, desenrola-se no litoral sul de Angola. A relação do homem com a natureza é radicalmente diferente daquela estabelecida em "A chana" e o protagonista Aníbal vive integrado às forças naturais, identificando-se a elas e procurando travar uma interação harmoniosa. A principal força natural do capítulo é o mar, são as águas.

O quarto capítulo, por sua vez, traz-nos de volta ao ambiente urbano, mas, desta volta, na própria capital da Angola independente. Contrariamente a todo o desejo utópico, a vida em Luanda revela um ambiente degradado, em que quase tudo se constitui como ruínas, compondo um cenário predominantemente triste e desolador.

As ruas de Lisboa

No primeiro capítulo do romance, para além da própria Casa dos Estudantes do Império, há também a presença de outros espaços igualmente internos, sejam eles pertencentes ao âmbito privado, da casa, quanto ao mundo público. Dentre os primeiros, podemos apontar o quarto em que mora Sara, o quarto em que residem Malongo e Vítor, ou a casa da portuguesa anarquista Marta, amiga de Sara, que hospeda Aníbal. Fazendo parte do âmbito público, da rua, surgem o Café Rialva, em que os jovens africanos se reúnem para comer, beber e conversar; o hospital universitário em que Sara e Marta trabalham; ou o Bar Amazonas.

A rua propriamente dita também está presente, por intermédio das caminhadas de Sara, sozinha ou junto de outros angolanos, como Malongo, ou os amigos Aníbal e Laurindo; pela manifestação de protesto no 1º de Maio; ou, ainda, pelo encontro de Sara, em uma praça pública, com um militante português, comunista e clandestino. A rua é também o espaço onde Aníbal procura, ao entrar para a clandestinidade, misturar-se à multidão e despistar a Polícia Internacional e de Defesa do Estado (Pide), a polícia política salazarista.

Percorrendo todos esses espaços, públicos e privados, notamos a existência, cada vez mais intensa, do que podemos chamar de *clima de clandestinidade*, devido à intensificação da ação de espionagem e repressão da polícia. Até mesmo a CEI não escapa a esse clima e as conversas ali necessitam cada vez mais serem permeadas de muitos e muitos cuidados, como reforça Aníbal para Sara: "— A situação está séria. Muita repressão, a Pide anda doida. Devem estar a fazer inquéritos e mais inquéritos sobre a Casa. Neste momento deve ser o alvo principal deles. Conversas mais sérias, não convém tê-las nem na Casa nem no Rialva" (AGU, p. 19).

A rua, um espaço aparentemente de liberdade – como inclusive o sente Sara logo no início do capítulo, caminhando por Lisboa e sentindo o sol e o calor, em um dia tão luminoso que "até doía não poder voar" (AGU, p. 11) –, adquire cada vez mais o caráter de um espaço de vigilância constante, em que as conversas devem ser ciciadas. Sara e Aníbal, conversando sobre a situação em

Angola, necessitam, assim, falarem praticamente um ao ouvido do outro, em tom baixo e quase inaudível. No Café Rialva, como aponta Aníbal, há sempre a presença de um homem de chapéu lendo um jornal, muito provavelmente um informante da Pide, o que obriga que as conversas, também aí, girem em torno de assuntos não comprometedores, como o futebol. Até mesmo uma discussão sobre literatura poderia ser perigosa aos olhos da polícia, e não convêm travá-la nesse local – afinal, a literatura da época vinculava-se intimamente à política e ao desejo de libertação.

Também nos espaços privados dá-se o mesmo movimento, e os personagens vão assumindo a preocupação de não conversar sobre determinados assuntos mesmo em suas casas, pois pode ter ocorrido a instalação de microfones da polícia – lembremo-nos de que tanto Sara quanto Malongo e Vítor moravam em quartos alugados, o que era um elemento facilitador para as ações da Pide, já que suas "senhorias" não eram opositores do governo salazarista. Essa preocupação torna-se mais nítida após a fuga de Aníbal, de Portugal à França para, de lá, engrossar as fileiras do MPLA. Os acontecimentos sociopolíticos em Angola indicavam a decisão de se fazer a guerra contra o colonialismo português, o que era uma afronta enorme à ditadura portuguesa. Para o governo colonialista, todos os angolanos se tornavam, quase que de modo automático, suspeitos.

Todavia, embora a premência da clandestinidade se impusesse cada vez mais aos africanos residentes em Portugal, é importante levar em conta que ela, trazendo preocupações maiores a todos, não alterava o clima de alegria e de esperança vivido pelos personagens. "A Casa" transmite, no geral, a impressão de que, com todas as dificuldades e o acirramento dos conflitos e, talvez, até mesmo por tal acirramento, os personagens sentem-se atores de um processo de virada histórica, um momento crucial não somente para sua história como geração, mas também para a história angolana.

Dessa forma, a rua, ambiente por vezes muito opressivo na altura, também propicia alegrias, como a "quase alegria" e a leveza que se notam após o encontro clandestino entre Sara e um militante comunista. A emoção da angolana é forte e sincera por "ter um ponto" – na linguagem da clandestinidade – com o que para ela ainda é um mito: o revolucionário clandestino:

> Podia ir telefonar na primeira cabine pública, missão cumprida. Sentia-se agora leve e quase alegre. Já tinha distribuído panfletos, feito parte do comitê de estudantes para manifestações contra o governo no Dia do Estudante, assinado papéis exigindo eleições livres, feito uma palestra contra o colonialismo na Casa, e outras acções de menor relevo. Teria certamente contactado militantes clandestinos, mas sem o saber. Esta era a primeira vez que falara a alguém sabendo que o era. Mandava a prudência que esquecesse imediatamente a cara e os modos do comunista. Mas não era possível. Aqueles olhos vivos, a fala quente, o ar afável quase carinhoso, tinham ficado para sempre gravados na sua memória. Assim eram os heróis anónimos que arriscavam a vida todos os dias para combater a ditadura. (AGU, p. 76)

A rua, local privilegiado da ação política, configura-se ainda como um espaço de protesto e, inclusive, de batalha – e, nesse momento, remetemo-nos para o episódio da manifestação do 1º de Maio, quando se dá um confronto direto entre os manifestantes e a cavalaria policial (AGU, p. 30-2). Nessa ocasião, revelam-se também os caminhos diferenciados que tomavam a oposição portuguesa e os independentistas africanos:

> Quando desembocavam no Rossio, onde se encontravam outras centenas de manifestantes, alguém gritou Abaixo a Guerra Colonial, Independência para as Colónias. Poucos repetiram, e em breve corria o murmúrio, é um provocador, é um provocador. Sara e Laurindo tinham gritado, acompanhando a palavra-de-ordem. Porquê provocação? Gritar Abaixo o Fascismo não era provocação e Independência das Colónias era? Não se tratava da mesma luta? A malta da Casa teria razão, já não era? Com a ansiedade sobre o que ia acontecer, Sara não teve tempo de pensar a sério no assunto, mas sentiu que algo a perturbava. (AGU, p. 32)

Nesse capítulo do romance, o lócus principal é mesmo a rua, e o ambiente privado da casa ocupa um papel apenas secundário. É na rua que se encontram os amigos, que se desequilibram ou se iniciam os namoros, como é o caso do relacionamento de Sara e Malongo, ou o namoro de Vítor e a jovem angolana Fernanda. No processo narrado pelo romance, a ação dos personagens em "A Casa" desenrola-se no espaço público, coerentemente ao fato de que o que os animava era, quase que em tempo integral, as preocupações relativas ao universo público, o espaço da política.

O âmbito privado, com seus conflitos próprios, também participa de "A Casa", mas de maneira a quase sempre se imiscuir às questões do público. Assim, o namoro de Sara e Malongo sofre um abalo profundo a partir da situação vivida por Aníbal (o qual, na clandestinidade, recorre à ajuda da amiga). Mas, ainda assim, o problema de Aníbal não era somente algo relativo a ele, individual. Ao contrário, tratava-se de uma questão que se colocava à altura para todos os jovens angolanos residentes na metrópole: o que fariam se fossem convocados pelo exército colonial?

Do mesmo modo, o namoro de Vítor e Fernanda é interrompido porque ela não aceita participar da fuga coletiva de africanos rumo à França. E tal fuga não ocorre apenas pelo desejo individual de seus atores, mas advinha de uma necessidade objetiva e social: era preciso escapar de Portugal, das malhas da Pide e do Exército colonial, para, fora da metrópole, participar da luta de libertação.

Ainda com relação ao espaço privado, destacamos que o quarto em que Sara morava desempenha o papel de ser tanto o local do namoro com Malongo, como também é o esconderijo inicial de Aníbal. O quarto de Sara é também, significativamente, o ponto de encontro de um dos grupos que participam da grande fuga de Portugal. É nesse espaço – onde ela viveu por longos seis anos – que Laurindo, Vítor, Malongo e Sara se reúnem, com suas pequenas bolsas de viagem, aguardando o carro que os levaria rumo à fronteira com a Espanha. É portanto aí que ela, apressadamente, arruma todas as coisas que não teria como levar na fuga e despede-se delas e de sua casa, sentindo que, ao deixar aquele espaço, fechava também um capítulo de sua vida, um capítulo bastante importante e definidor de muito do que viria na história desses jovens angolanos.

A áspera natureza

O segundo capítulo do romance institui um salto ao texto. Não somente há um corte de onze anos no enredo, como também uma mudança radical no espaço de atuação dos personagens. Adentramos diretamente em território angolano, e um território em guerra. Esse novo espaço, o interior de Angola, é um local de combate constante, não somente pela fuga do inimigo (muito mais do que o enfrentamento), mas sobretudo pelo combate com a natureza angolana.

Também nesse aspecto o capítulo difere bastante de *Mayombe*, em que a natureza, a floresta do Mayombe, é caracterizada como um espaço acolhedor, que se harmoniza aos guerrilheiros do MPLA. Com todas as dificuldades vividas por eles, a natureza não se configurava como um espaço inimigo dos combatentes. Ao contrário, era predominantemente fator de proteção para os guerrilheiros. Além disso, em *Mayombe* ocorre de fato a integração homem-natureza, que é uma das premissas importantes da forma de luta guerrilheira. Vejamos, por exemplo, um fragmento inicial do capítulo "A Base":

> O Mayombe tinha aceitado os golpes dos machados, que nele abriram uma clareira. Clareira invisível do alto, dos aviões que esquadrinhavam a mata, tentando localizar nela a presença dos guerrilheiros. As casas tinham sido levantadas nessa clareira e as árvores, alegremente, formaram uma abóbada de ramos e folhas para as encobrir. [...] E os homens, vestidos de verde, tornaram-se verdes como as folhas e castanhos como os troncos colossais. [...]
> Assim foi parida pelo Mayombe a base guerrilheira.
> A comida faltava, e a mata criou as "comunas", frutos secos, grandes amêndoas, cujo caroço era partido a faca e se comia natural ou assado. (M, p. 70)

A mata, em *Mayombe*, também apresentara aspectos difíceis a serem vencidos pelos guerrilheiros, mas eles os superaram e, então, "os homens tornaram-se verdes, e dos seus braços folhas brotaram, e flores, e a mata curvou-se em abóbada, e a mata estendeu-lhes a sombra protetora, e os frutos" (M, p. 71).

A natureza, em "A chana", porém, não protege nem ampara; ao contrário, ela repele, assusta, desorienta e dificulta a trajetória do homem. A terra angolana, tal como a vive Mundial, protagonista deste capítulo, é perigosa, cheia de ciladas, tenebrosa, cansativa:

> O inimigo estava tão perto que não ousou acender o fogo. Não dormiu, tiritando de frio, [...]. (AGU, p. 126)
> O calor vem chicoteá-lo. Tem de avançar para chegar à mata.
> O Sol está quase a pino. [...] O pânico começa a mostrar a cabeça. Está no meio duma chana imensa, cujas margens apenas se adivinham, e o Sol não lhe serve para nada. (AGU, p. 129)

O guerrilheiro caracterizado aqui desconhece a terra em que atua, a qual é focalizada por meio de dois espaços centrais: a mata e a chana. Tanto um como outro são quase igualmente terríveis para o homem. Segundo uma reflexão do Sábio, que abre o capítulo e que foi *arrancada pelo vento* de seu caderno de anotações – inaugurando o espaço de ação da natureza, muito mais poderosa do que os homens –, a chana compõe-se de "vários mundos fechados" (AGU, p. 21). Ou seja, a chana, que seria um espaço supostamente aberto e livre, natural, configura-se como ambiente fechado. De acordo com o ponto de vista do Sábio, a chana assemelha-se a um *intervalo*, a uma negação tanto da floresta quanto do próprio deserto. Como ele aponta, a visão sobre a chana pode variar para os otimistas ou pessimistas, mas, para Mundial, a chana caracteriza-se como um obstáculo enorme para se atingir a floresta, a qual também possuía seus perigos, mas era-lhe preferível e, ainda mais, era necessária para que ele atingisse seu propósito, chegar à Zâmbia: "Diga o que disser o Sábio, pensou Mundial, sempre prefiro a mata" (AGU, p. 182). Entretanto, o Sábio já indicara que, simultaneamente, a própria floresta pode ser apenas uma ilha cercada de chana por todos os lados e, como Mundial percebe, também a mata tem seus perigos: "É preciso cuidado ao entrar na mata, constitui um bom local de emboscada" (AGU, p. 134).

A narração propriamente dita inicia-se, neste capítulo, após a referida reflexão do Sábio, por meio da oração: "O homem é um ponto minúsculo na chana" (AGU, p. 121), o que reforça o efeito de ampliação dos poderes da paisagem, na qual o homem não é nada mais que um *ponto minúsculo*. O narrador observa-o pelo alto, por cima. O sol erguera-se recentemente e o homem está *imerso* na chana, que não é somente areia recoberta por capim, mas um "oceano de capim baixo chegando à altura dos joelhos" (AGU, p. 122), "um mar interior, [em que] a única incerteza reside no tempo necessário para chegar à praia" (AGU, p. 122). Com o desenrolar do enredo, percebemos que o personagem está na estação seca, contudo, a chana é, ao mesmo tempo, inteiramente água, ecoando a imagem pensada pelo Sábio. Lembremo-nos de que a água é um signo de fluidez, de movimento, de mudança:

> As significações simbólicas da água podem reduzir-se a três temas dominantes: fonte de vida, meio de purificação, centro de regenerescência. Esses três temas se encontram nas mais antigas tradições e formam as mais variadas combinações imaginárias – e as mais coerentes também. (CHEVALIER & GHEERBRANT, 1993, p. 15)

O homem, ponto minúsculo na chana-oceano, está o tempo todo diante de uma mudança, a qual, contudo, é constantemente barrada por fatores contingentes. Tal mudança, porém, não carrega um sinal positivo, de fonte de vida, purificação ou regenerescência. Este traço negativo da mudança configura se pelo fato de que o homem, um guerrilheiro do MPLA, está invariavelmente pensando em se entregar ao inimigo. Este caráter de mudança pelo viés negativo, se assim podemos dizê-lo, pode ser pensado também a partir da própria chana, oceano sem mar, ressequido, que parece o mar, mas em que há, de fato, ausência de água: "E eu aqui, nesta praia sem mar" (AGU, p. 130).

> A chana estendia-se à sua frente. Primeiro começara por
> ser só à frente, quando saíram da mata onde tinham dor-
> mido. Depois a chana prolongou-se para o lado direito,
> mais tarde para o esquerdo também, e ultimamente para
> trás. Só um ou outro arbusto com folhas semelhantes às
> da palmeira cortava o horizonte. *O mar, o mar odiado e
> temido, pensou Mundial.* (AGU, p. 183, itálicos nossos)

A terra angolana aparece como um território de perdição, no qual o homem se perde e submerge. Para Mundial, não somente ele está completamente perdido no interior angolano, mas também Angola: "Lá estou eu a pensar
na Europa, no meio desta África desgraçada. Tão perdida como eu" (AGU, p.
130). Sua relação com o espaço africano se dá, assim, constantemente pelo
ângulo negativo, em total oposição, inclusive, à tradição literária angolana, em
que os poetas, em especial, principalmente a partir do Movimento dos Novos
Intelectuais de Angola, viam na terra angolana a imagem da mãe-terra, a mãe
protetora, querida e saqueada pela colonização, a que era preciso, portanto,
libertar. Essa imagem da mãe-terra aparece também nos poemas armados de
Costa Andrade, como no que se chama, justamente, "Mãe Terra":

> Terra vermelha do Lépi és minha mãe
>
> Mãe-terra que aos filhos dá
> mais do que a vida uma razão.
> Razão de águia
> águia transformada
> no soba dos espaços
>   e das espinheiras cruas.
>
> Terra vermelha do Lépi
> calma sombra das mangueiras
> sobre o chão vermelho
>   rocha negra do sabor do ferro
> a água sabe à voz materna.

Águia de pedra
embala onde sentaram
régios Mussindas de vento
    em gerações de luar
gritando ao vale profundo
    aos muxitos
    e às mulembas velhas,
    a superfície larga do barro
    do corpo negro dos filhos.

A terra é sempre a mesma
o resto dirão os homens.

(COSTA ANDRADE, s. d. p. 28)

Escapar da terra angolana, fugir dela, era o que mais desejava Mundial, o qual, marchando para o Leste, almejava chegar à "fronteira refúgio" (AGU, p. 122). Refúgio da luta e do combate, inclusive do combate com a natureza. Refúgio das dúvidas e incertezas que o assolavam, das dificuldades, das derrotas em combate e da fome. O tempo todo, contudo, o homem dá voltas e mais voltas, perdendo-se cada vez mais. Sua relação com a natureza angolana é um sinal de que as coisas não andavam tão bem como se desejava, uma espécie de sinal antecipado da derrota, pois faltava uma ligação efetiva com a terra, com a natureza e, ainda, com seus habitantes – como assinala Aníbal, no terceiro capítulo do romance, defendendo:

[Uma sabedoria] Talvez de velho de kimbo, de sekulo. Esses velhos que desprezamos, imbuídos da nossa cultura citadina judaico-cristã, têm muito a nos ensinar sobre a gestão do tempo, sobre os rítimos da vida. Beberam isso na fonte da sabedoria. [...] O que eles dizem, com as suas palavras, e que não entendemos, é que a natureza tem os seus próprios rítimos com os quais nos devemos conciliar para modificar a natureza. Ora, o que fazemos nós, os crioulos híbridos de duas civilizações? Impomos apenas a componente da industrialização e do desenvolvimento

> exógeno, quer sejamos socialistas quer capitalistas, o que
> implica outros rítimos. E depois admiramo-nos porque
> a natureza não nos segue, nos prega partidas a todos os
> instantes. Eles sabem isso, e dizem-nos, mas como são
> analfabetos, o nosso preconceito emudece-os ao nosso
> entendimento. Nós temos o conhecimento sagrado do
> marxismo-leninismo ou do ultra-liberalismo do FMI, es-
> tudámos nas melhores universidades, como nos vamos
> rebaixar, perder tempo, a tentar perceber o que nos en-
> sinam? E se as coisas correm mal, como têm de correr,
> arranjamos desculpas em factores de fora, nunca vemos
> a nossa própria cegueira. (AGU, p. 219)

Aníbal registra nessa passagem que talvez uma das razões para o fracasso presente da experiência de transformação social resida no fato de que os homens se esqueceram da realidade específica de Angola, de suas tradições, suas formas de vida. Pepetela, em uma entrevista concedida no mesmo ano de publicação de *A geração da utopia*, defendeu de modo nítido uma ideia bastante parecida:

> Até hoje, nós, em Angola, nunca tivemos a capacidade, –
> nem nos deixaram – para encontrar o nosso próprio mo-
> delo. E nós temos vindo a copiar modelos exteriores. E
> passamos de um para o outro, tranquilamente, fazendo
> rotações de 180 graus. E mais uma vez, agora, se sente
> isso. E eu creio – é uma maneira de chamar a atenção –
> que nós temos que ter essa coragem de parar para pensar.
> De ter a coragem, a ousadia de propor qualquer coisa de
> novo. Em termos de modelo. Modelo de sociedade, mo-
> delo de vida. (*apud* RODRIGUES DA SILVA, 1992, p. 12)

> É essa a questão que eu ponho: a da democracia repre-
> sentativa, da participação do povo. Agora eu não tenho
> uma fórmula, de maneira nenhuma, nem pretendo
> ter. O que eu acho é que nós precisamos de pensar, de

discutir calmamente, e inventar um sistema democrático que esteja mais adaptado à nossa cultura e ao nosso próprio ritmo de vida, tudo isso. Para que as pessoas não estejam a viver apenas para produzir aquilo que vão consumir. A perder, no fundo, o tempo de viver para estarem a produzir coisas que, muitas vezes, são inúteis. Esse tipo de desenvolvimento porque é que nós somos forçados, também, a passar por ele? É essa a questão. E como bom utópico que sou, lanço o desafio: vamos tentar inventar outra coisa. Talvez não consigamos, mas, de qualquer modo, pode ser que se dê um passo em frente. (RODRIGUES DA SILVA, 1992, p. 13)

Domínio das águas

Na busca de maior coerência às ideias que defende, Aníbal, em "O polvo", aparece-nos residindo fora do ambiente urbano, no litoral sul de Angola, em uma pequenina baía. Dali, onde vive em grande contato e respeito com a natureza, estabelece laços com os habitantes de Angola que ainda mantêm muitas de suas tradições socioculturais. O espaço em que transcorre a ação deste capítulo ainda não havia aparecido, praticamente, no romance, com exceção de uma breve aparição no primeiro capítulo, quando Vítor, depois de cumprir uma missão a que fora destinado em Cascais, vai à praia e lá conhece a jovem angolana Fernanda, mas nenhum dos dois entra no mar, tão gelada é a água.

Aqui, ao contrário, o que ganha a cena é o litoral, o mar, a praia, a força inteira e plena das águas, completamente diferente da chana, que se assemelhava ao mar, mas que fora vivida como seca, pura seca. A primeira oração do capítulo é bastante significativa, já indicando o poder da natureza e, inclusive, as potencialidades de transformação existentes, devido à presença das águas e, ainda, à agitação do mar: "O alto mar estava agitado" (AGU, p. 189). O homem, Aníbal, mergulha tranquilamente, pois agora há troca, interação, respeito e harmonia.

Aníbal é um mergulhador, um caçador de peixes, e sua sobrevivência a partir dessa atividade extrativa aponta também, metaforicamente, para sua discordância com a situação vigente em Angola. Ele busca reencontrar forças pela imersão na natureza. Desencantado, não abandonou Angola, e sim mergulhou profundamente em sua nação, objetivando aprender com a população, com suas tradições culturais, como se percebe pela relação de amizade com o pescador Ximbulo, seu vizinho, bem como por suas constantes visitas aos deslocados de guerra. Tornar-se um *mergulhador* é uma imagem de sua procura por essa outra sabedoria, reconhecendo que os erros estiveram também neles mesmos.

O capítulo inteiro é dominado pela presença do elemento água, sinal das mudanças que se operam e das que já se efetivaram. Signo duplo de mudança, individual e coletiva. Nesse sentido, é relevante pensarmos mais alguns dos significados tradicionalmente conferidos à água e ao mar. Segundo Gaston Bachelard (1989), a natureza, de modo geral, corresponde, no plano sentimental, a uma projeção da imagem materna. E, da natureza, o mar é especialmente representativo dessa simbologia maternal.

Esta reflexão é relevante para pensarmos o caso de Aníbal na pequena baía pois, em grande medida, ele foi, efetivamente, em busca de um passado seu, de suas raízes, de sua infância, do que é especificamente próprio da terra angolana e de seus homens – logo, de elementos que se relacionam à figura da mãe. Para o que Bachelard chama de *imaginação material*, todo líquido é água e, mais, toda água é um leite, leite materno. Dessa forma, pode-se pensar o mar como um "mar de leite", "mar vital", "mar alimento" (BACHELARD, 1989, p. 123), o que também nos importa para um entendimento de "O polvo", porque Aníbal não somente se mudou para o litoral, mas se decidiu a sobreviver, basicamente, da extração de peixes, portanto retirando os alimentos de que necessita para viver diretamente do mar.

O mar pode ser ainda um tranquilizante, que inebria e acalma, fazendo, por exemplo, com que Aníbal perca a noção do tempo que passou enquanto esteve mergulhando, perdendo também a vontade de fumar: "A água leva-nos.

A água embala-nos. A água adomece-nos. A água devolve-nos a nossa mãe" (BACHELARD, 1989, p. 136).

Ainda para Bachelard (1989, p. 55), "O passado de nossa alma é uma água profunda". É importante pensarmos que o isolamento de Aníbal na pequena praia, forma simbólica de ruptura com a organização política do Estado em Angola, era também um modo de permitir uma morte do passado recente, não com a finalidade de que ele se perdesse, sem memória, mas, contrariamente, para dar-lhe o caráter de passado, de experiência vivida, abrindo caminhos para novas experiências. A presença da água neste capítulo desempenha também a função de uma morte simbólica que pode propiciar um renascimento.

Mergulhar nas águas e imergir profundamente nelas é também um modo de se recarregar de energias, retornando às origens. Aníbal, por mais que proclame, em seu discurso, uma imagem de *desistência*, revela, em sua ação mais cotidiana, uma procura por novas energias e forças para contribuir com a lenta, vagarosa germinação da utopia em Angola. Nesse sentido, também a presença do mar contribui, já que ele guarda a significação de mudanças em curso, ainda que não se possa prever exatamente em que elas irão dar:

> Águas em movimento, o mar simboliza um estado transitório entre as possibilidades ainda informes e as realidades configuradas, uma situação de ambivalência, que é a de incerteza, de dúvida, de indecisão, e que pode se concluir bem ou mal. Vem daí que o mar é ao mesmo tempo a imagem da vida e a imagem da morte. (CHEVALIER & GHEERBRANT, 1993, p. 592)

Aníbal, ao mergulhar, busca encontrar algo que se perdeu no fundo do mar, no fundo de sua memória individual e também da memória coletiva angolana, mas que ainda pode ser encontrado e resgatado. O mergulho nas águas profundas do mar remete-nos à ideia da busca de tesouros que um dia se perderam e, por esse viés, retomamos uma imagem de Hannah Arendt para o tesouro das experiências de transformação social. A partir de René Char, um dos militantes da Resistência francesa, afirma a autora: "Aquilo que Char previra e antecipara lucidamente, enquanto a luta real ainda prosseguia [...] acontecera. Eles haviam perdido seu tesouro" (ARENDT, 1979, p. 29). O tesouro, na experiência angolana, também fora perdido, mas Aníbal insiste em reencontrá-lo nas profundezas das terras angolanas. Sentindo-se descrente e desiludido, não deixa de desejar a recuperação da chama da utopia, o tesouro do sonho de transformação.

O Sábio, assim, retirou-se do espaço decisório do novo país também para empreender uma outra batalha, subterrânea, vagarosa, mas contínua. Não se pode perder de vista, ainda, que a mudança de espaço do combate traz a presença de outros elementos, que revelam como os tempos mudaram e não somente Aníbal não é mais o mesmo – como ele nos faz ver, logo no princípio do capítulo, ao usar a expressão: "nas suas vidas anteriores" (AGU, p. 191) –, mas também Angola não o é. O Sábio optou pelo recolhimento em um espaço que, supostamente aberto e livre, configura-se de certa forma como *privado*: trata-se da *sua* baía, da *sua* catedral. Continuando simbolicamente o combate, sua escolha foi a de travá-lo sozinho, o que é também um signo dos novos tempos da nação. Porém, como se percebe pelo último capítulo da narrativa, Aníbal também procura espaços coletivos, nos quais possa intercambiar com outros angolanos.

Dotado de diversas significações, o espaço litorâneo presente em "O polvo" adquire um último aspecto que nos importa assinalar. Trata-se do fato de que, embora este capítulo do romance leve-nos para o que estamos chamando de *tempo de vivência da derrota*, o espaço em que sua ação transcorre é, sem dúvida, o mais belo, o mais aprazível e acolhedor de toda a narrativa, no qual o homem se sente plenamente à vontade e livre, o que reforça a concepção de Pepetela pela qual a nova gestação da utopia, lenta e contínua, deve tomar como base decisiva a realidade angolana – mas sem deixar de mirar as experiências dos outros povos, já que o litoral é também uma janela aberta para o mundo.

Cidade degradada

O último capítulo, "O templo", leva-nos novamente a outro espaço. Voltamos ao ambiente urbano, mas agora estamos em Luanda. De maneira diversa da estabelecida em "A Casa", o domínio aqui é do espaço privado e privativo da casa, do lar. Grande parte da ação do capítulo transcorre na casa de Malongo, que contrasta com a casa de "O polvo". Enquanto esta fora finalizada pelo próprio Sábio, com o auxílio de Ximbulo, casa simples, gostosa, e que estabelece uma relação de proximidade com a natureza, em que os vidros da sala permitem a visão do mar, a casa de Malongo era em tudo oposta. Malongo a comprara, instaurando-nos de vez no domínio do capital, e pagara bem caro por ela. Uma casa grande, luxuosa, e mantida em funcionamento devido ao trabalho de vários empregados, explorados por Malongo e extremamente maltratados, como se percebe em especial pelo episódio que envolve o funcionário João:

> — Você não aprende, não é, seu negro burro? Esqueceste outra vez o sal, filho duma puta velha. Vem cá, vem provar aqui.
> Malongo segurou-lhe a cabeça com as duas mãos, enfiou-lhe a cara no prato, prova, cabrão, prova para aprenderes. João estrebuchava, mas o patrão era demasiado forte, e a cara dele só largou o prato quando uma chapada monumental o atirou contra a parede da varanda. O criado ficou no chão, tonto, a esfregar a cara. (AGU, p. 292)

Os espaços públicos surgem com muito menor intensidade e mesmo as ruas não são percorridas a pé, mas observadas por Malongo a partir do ambiente fechado e protegido do carro, que aqui se configura como extensão do lar. Não há o contato direto entre homem-cidade, e a relação é atravessada pelo metal frio do automóvel, mediada pela transparência dos vidros. Os ambientes públicos que participam do capítulo, como a boate em que vão Malongo e Vítor e, ainda, o cinema em que se realiza o primeiro culto da nova religião, são locais fechados. A boate é praticamente um espaço privativo, porque lá Malongo e Vítor buscam o tempo inteiro não serem percebidos por ninguém, devido ao cargo público ocupado por Vítor. Os dois sentam-se em uma mesa no canto, sorrateiramente, e, ao avistarem Elias, ex-pastor protestante, dirigem-se os três para uma sala fechada a fim de conversarem à vontade. Diferentemente dos bares e restaurantes do primeiro capítulo do romance, que se configuravam como espaços de intercâmbios de ideias, locais de amizade e mesmo de comemoração, aqui a boate é o espaço das negociatas, pois é lá que Elias propõe aos dois amigos a entrada no *negócio* da Igreja da Alegria e da Esperança do Dominus. Por sua vez, o antigo cinema que sedia o primeiro "culto a Dominus", reunindo muita gente, é o local em que a população entra em um transe alucinatório e verdadeiramente alienante. Judite chega a sentir uma certa semelhança entre aquilo a que assiste no cinema e as comemorações pela independência, entretanto, trata-se de uma semelhança pelo signo invertido, já que agora as pessoas não celebram a libertação, mas seu aprisionamento ainda maior.

A cidade que surge no último capítulo é uma cidade degradada, em que quase tudo são ruínas: lixo espalhado na rua, entulhado nas calçadas; pequenos ladrões sendo linchados, revelando a justiça feita pelas próprias mãos, mas que só alcança a menor esfera, já que os grandes ladrões da nação, angolanos e estrangeiros, estão inatingíveis; meninos engraxando sapatos nas ruas para sobreviver, perpetuando uma situação que vinha dos tempos coloniais; um calor que não é em nada aprazível, e que queima terrivelmente.

A degradação do espaço urbano é tão intensa que chega inclusive a ser explicitada pelo próprio uso deste termo, quando o narrador, revelando os pensamentos de Malongo, fala na "degradação dos prédios" (AGU, p. 295) de Luanda. Nesse momento é importante pensarmos no significado desta palavra: "destruição, estrago, devastação"; "degeneração moral, aviltamento, depravação, corrupção" (HOUAISS & VILLAR, 2001). O verbo que a origina, "degradar", traz os significados de: "tornar-se abjeto, infame, indigno, rebaixar-se"; "provocar deterioração; destruir, estragar" (HOUAISS & VILLAR, 2001). A degradação de Luanda é, portanto, um signo que amplia a percepção das ruínas da derrota, pois o projeto revolucionário se transformou, para os donos do poder, em destroços a serem removidos.

A presença da esperança, esbatida, mas existente, revela-se mais uma vez por meio de Aníbal, que vem a Luanda no momento em que acabara de ser assinado um acordo de paz entre o MPLA e a Unita, trazendo a perspectiva da paz tão desejada pelo povo angolano. A relação do Sábio com o espaço que compõe o trajeto da Caotinha a Luanda é marcada pelas constatações da condição a que fora levada Angola; todavia, há alguns traços que indicam, na sua percepção do espaço, um sutil encantamento:

> E Aníbal, o Sábio, chegou. Vinha a transpirar *pó e alegria*, contando a longa viagem de dois dias numa caminhoneta que trazia produtos para os mercados de Luanda, ele e mais dez pessoas sentados por cima da carga, dividindo as comidas e bebidas que cada um trazia nos sacos. […] A viagem foi interrompida inúmeras vezes, quer pelo *mau estado da estrada, rebentada pelas minas*, quer pelo impedimento de alguns grupos armados que recebiam parte dos produtos para os deixar seguir. […] *País de salteadores de estrada, ao que chegámos*, dizia Aníbal sem grande emoção. […] O importante é que tinha terminado a guerra e as pessoas e transportes já podiam circular, *refazendo a Nação dilacerada*. Mas *foi lindo*, não imaginam, depois de tantos anos pude passar na Canjala, olhando lá ao fundo recortarem-se no horizonte os temidos morros do Pundo e de outro lado o desfiladeiro suave que vai morrer no mar, no Egito Praia. Atravessar o Quicombo e subir o Xingo, morros de tantas batalhas em guerras passadas, onde ainda restam para a História os esqueletos de gente esquecida e os ferros de carros destruídos. […] *País de depredadores, foi nisso que nos tornaram*. Depois os *olhos de Aníbal iluminaram-se involuntariamente*, quando descreveu a travessia da ponte do Kwanza, as pessoas cantando no camião porque Luanda estava perto e o cheiro do mar batia no rosto. Aí acabou a narrativa, Sara sabia porquê. Aníbal evitava falar da sua chegada à terra natal, que tinha abandonado tantos anos atrás e que no entanto *o atraía irresistivelmente, embalando-o com canções de meninice, lendas de Kianda e berridas nas areias vermelhas dos muceques*. Amor-ressentimento, paixão-rejeição, Luanda. Há sempre

> uma Luanda no passado de qualquer benguelense, como
> Aníbal se considerava ser. (AGU, p. 302-3, itálicos nossos)

Luanda é para Aníbal um espaço das recordações de infância, o local que remete à sua origem, uma centelha de vida que pode animar os tempos atuais. A capital angolana, configurando-se como um espaço predominantemente negativo, guarda, sob as ruínas, algumas fagulhas de vida. Logo, trata-se de se alimentar dessa chama de vida, desses valores morais e éticos, para melhor enfrentar o presente, e continuar gerando a utopia.

Para sistematizar de modo breve a exposição até aqui, vemos que em *Viagem à luta armada* e *A geração da utopia* o espaço público é o lócus prioritário, é nele que as coisas acontecem, para o bem e para o mal. A esfera privada evidentemente também compõe as duas narrativas, mas, de forma predominante, nela é que transcorrem os episódios de preparação para a ação pública e, fundamental, de balanço e avaliação dessa ação.

A seguir, como dissemos na Introdução, vamos conhecer um pouco mais sobre os dois autores, Carlos Eugênio Paz e Pepetela, e sobre os contextos de luta a que fazem referência as obras.

CAPÍTULO 4
LITERATURA E GUERRILHA

Clemente: O guerrilheiro escritor

Filho de uma dona de casa e de um funcionário público, Carlos Eugênio Sarmento Coelho da Paz, nascido em 23 de julho de 1950 no bairro do Farol, em Macció, Alagoas, conviveu desde muito cedo com uma atmosfera em que se respirava política. Seu pai, que na juventude tinha sido integralista, tornara-se no decorrer da vida um indivíduo niilista, descrente de qualquer tentativa de mudança política. Sua mãe, por outro lado, era admiradora de Luís Carlos Prestes e travava relações com membros do Partido Comunista local.

Carlos Eugênio aprendeu a ler em casa, com uma tia que era professora, e cresceu em um ambiente que lhe propiciou o desenvolvimento do gosto intenso pela leitura e pela escrita:

> Meu pai sempre foi um leitor inveterado, uma pessoa muito ligada aos livros, à cultura, e passou isso para os filhos, me passou também, particularmente, [...]. Minha mãe teve pouco estudo formal, foi até o quarto ano primário, mas lia muito. Ela tinha uma cultura geral muito grande, tinha inclusive um bom domínio da língua [...].

Sua infância foi marcada também por diversas mudanças de cidade, devido às transferências de posto de seu pai. Passando duas temporadas em São Luís do Maranhão, em 1958 já estava fixado no Rio de Janeiro. Sua formação política iniciou-se dentro de casa, com suas duas irmãs mais velhas, que eram da JEC (Juventude Estudantil Católica). Assim, por exemplo, no dia do golpe militar – "31 de março de 1964", como ele faz questão de ressaltar: "O golpe foi em 31 de março – tem uma rapaziada de esquerda que gosta de falar primeiro de abril para ridicularizar, mas um regime que deixou os militares 21 anos no poder, eu não gosto de ridicularizar não. [...] Então, é 31 de março mesmo" –, com 13 anos de idade, participou da grande festa da meninada, que brincava livremente nas ruas, em virtude da suspensão das aulas. Mas, segundo afirmou, com o auxílio das irmãs ele tinha consciência de que o que ocorria não podia ser chamado de revolução, e sim de golpe de estado.

Foi no escotismo que o menino Carlos Eugênio tornou-se amigo dos irmãos Aloísio Tibiriçá Miranda e Carlos Henrique Tibiriçá Miranda, filhos de um casal de comunistas. Por intermédio dos dois, conheceu Iuri Xavier Pereira e Alex Xavier Pereira, também filhos de comunistas (de João Baptista Xavier Pereira e Zilda Xavier Pereira): "De repente, entrei por mim mesmo num mundo comunista. Porque tinha aqueles comunistas de Maceió, que iam na casa da minha mãe, batiam papo, mas eram pessoas inclusive mais velhas".

Alex assumirá a condição de seu grande amigo, "aquele amigo que gira a noite junto, aquela amizade mesmo que já é um companheirismo também".

Alex corresponde, em *Viagem à luta armada*, ao personagem Felipe, e na vida real foi fuzilado por agentes do DOI/CODI-SP (Destacamento de Operações de Informações – Centro de Operações de Defesa Interna) em 20 de janeiro de 1972, sendo enterrado no Cemitério Dom Bosco, em Perus, sob um nome falso. Já o irmão de Alex, Iuri Xavier Pereira, foi chamado de Altino nas narrativas de Paz: também militante da ALN, foi membro da Coordenação Nacional da organização, tendo sido assassinado em uma emboscada de agentes do DOI/CODI-SP em 14 de junho de 1972. Iuri foi enterrado no mesmo Cemitério de Perus, como indigente. Em novembro de 1980 os restos mortais dos irmãos foram trasladados para o Rio de Janeiro, com a participação da família e dos Comitês Brasileiros pela Anistia de São Paulo e do Rio de Janeiro. Depois de 35 anos aguardando reconhecimento, em março de 2014 a família conseguiu um laudo de identificação dos restos mortais de Alex, emitido pela Comissão Sobre Mortos e Desaparecidos Políticos da Secretaria de Direitos Humanos da Presidência da República (SDH/PR).

Foi com Alex que Carlos Eugênio compartilhou a descoberta do mundo, de suas belezas e misérias. O amigo foi de importância decisiva para seu percurso, tendo sido ele quem promoveu a descoberta de um "mundo novo", ao lhe apresentar a Carlos Marighella, o "segundo pai" de Carlos Eugênio:

> Aí fui conhecer o Marighella, a gente foi conversar. E realmente saí dali decidido. Foi uma conversa com o Alex e com o Marighella. [...] E, de repente, estava lá uma pessoa que tinha 50 e tantos anos, quase 60 anos de idade, e que estava ali, em primeiro lugar, falando com a gente e de igual para igual. [...] E realmente, acho que me apaixonei mesmo, me apaixonei por toda aquela proposta que ele tinha de mudança do país. Mudar, mudar o mundo, construir um Brasil diferente, um Brasil socialista, um Brasil... Primeiro um Brasil que saísse da esfera norte-americana, que se tornasse um país independente

– coisa que a gente não conseguiu ainda –, e com uma visão de chegar ao socialismo.[1]

Foi nessa conversa com Alex e Marighella que firmou seu compromisso com a causa da revolução. Pensando em suas narrativas, é importante destacar que, tanto em *Viagem à luta armada* quanto em *Nas trilhas da ALN*, a noção do *compromisso* é um elemento estruturante da trajetória do narrador-personagem Clamart, orientando-o não somente em sua prática guerrilheira, como também em sua decisão de narrar publicamente os episódios de que participou. Nas palavras do autor:

> Assumi um compromisso comigo mesmo. Porque, na verdade, acho que o compromisso não é tanto com as outras pessoas, é um compromisso comigo mesmo... Talvez eu não tivesse consciência naquele momento, mas era um compromisso de encarar essa luta, de dedicar minha vida. [...] Naquele momento, portanto, eu estava naquelas, escolhendo ainda meu caminho. E, de repente, escolhi um caminho mais inesperado, falei: "Vamos mudar a vida pela revolução, vamos entrar nessa coisa aqui!". E, realmente, embarquei.

---

1 A relação com Carlos Marighella surgiu em diversos momentos na entrevista que Carlos Eugênio nos concedeu. Transcrevemos aqui mais um fragmento que revela a importância do papel desempenhado por Marighella para sua trajetória de vida: "Mas aí, de repente, encontro uma pessoa que tinha até mais idade do que meu pai [...] Dez anos mais, e falava a mesma linguagem que eu. De repente, pude confirmar que aquilo não era porque eu era jovem e não sabia o que era a vida. Porque se tinha gente que não era mais jovem e que sabia o que era a vida, e que já tinha tudo para ter se desencantado, e que não se desencantava com o ser humano, mas continuava apostando e dando sua vida com o mesmo ardor que eu tinha vontade de fazer, eu com 15, 16 anos de idade... Então espera aí! Isso é um aval muito grande para um jovem, isso é um grande aval! E eu me sentia assim, avalizado. O Marighella me dava essa sensação". Ainda sobre sua relação com Marighella, sugiro o filme *Marighella*, de Isa Grispum, lançado em 2011.

Em 1966, dos 15 para os 16 anos, Carlos Eugênio assumiu a revolução como opção de vida e a luta armada como tática, à qual passou a se dedicar praticamente em tempo integral. Com 18 anos e diante da possibilidade de dentro em breve ir treinar guerrilha em Cuba, foi convocado ao Exército. A opção de Marighella foi a de que ele servisse, fazendo seu treinamento de guerrilheiro no próprio exército brasileiro. Por um bom tempo, levou vida dupla: de dia no exército e à noite na guerrilha, dirigindo um grupo de fogo, até que, pouco depois da captura do embaixador norte-americano, em setembro de 1969, mergulhou na clandestinidade, passando a se dedicar plenamente às ações, que foram muitas, compreendendo expropriações de bancos, de carros, de supermercados, de joalherias, propaganda armada nas periferias, tiroteios com policiais, fuga da polícia.

O indivíduo formava-se ao mesmo passo que o guerrilheiro na luta armada em que passou sua adolescência e juventude, em um clima que, segundo ele, foi marcado por grande companheirismo:

> Eu realmente vivia feliz na clandestinidade, não me lembro da luta armada como um período de vida infeliz, de jeito nenhum, mesmo com todo o sofrimento. [...] Dentro da organização a gente tinha uma vida muito, muito fraterna, as pessoas se tratavam com um carinho muito grande, mesmo nos momentos mais pesados, mais difíceis. Tinha sempre uma irmandade, uma fraternidade, um companheirismo muito grande entre as pessoas. A gente formava uma grande família.

Do Rio de Janeiro a São Paulo, Carlos Eugênio comandava grupos de fogo e ia assumindo postos de comando até que, com a morte de Marighella, em 4 de novembro de 1969, foi chamado por Joaquim Câmara Ferreira, o Toledo, para compor a primeira Coordenação Nacional da ALN. Após as mortes de Marighella e do próprio Toledo, em 1970, chegou a ser um dos homens mais procurados do país, mas conseguiu escapar sem ser preso.

Em março de 1973, aceitou partir para Cuba, com o objetivo de fazer um curso de Estado-Maior. Naquele ano, a situação das organizações das esquerdas armadas já era bastante complicada, pois a maioria dos guerrilheiros encontrava-se presa ou morta. Desse modo, a temporada em Cuba foi repleta de reuniões e discussões sobre os caminhos do movimento, até se chegar à decisão de suspender as ações armadas no Brasil – este processo de discussão é exposto no segundo livro do autor, *Nas trilhas da ALN*. Decisão tomada, em dezembro do mesmo ano rumou para a Europa, com a missão de reunir os militantes que lá estavam exilados para uma discussão geral em Cuba. O momento, porém, era outro e os exilados já haviam construído suas vidas na Europa. Carlos Eugênio acabou assim por fixar-se em Paris, na condição de exilado político. Nessa cidade, exerceu diversas atividades para sobreviver: foi pedreiro, pintor de paredes, ajudante de mudanças. Paralelamente, fez um curso de Sociologia da Defesa, passou a militar junto ao PCB, bem como iniciou cursos de música. Com o tempo, passou a atuar profissionalmente como músico.

Em 1981, retornou ao Brasil. Não tendo sido beneficiado com a anistia – que efetivamente não foi, de imediato, *ampla, geral e irrestrita* para os derrotados da guerra –, tornou-se novamente clandestino, refugiando-se na embaixada francesa até conseguir a anistia.

É a sua experiência na luta da ALN – e, por extensão, a de seus companheiros – que desejou contar:

> A minha volta para cá foi uma grande loucura. Sofri muito, e vi esse negócio acontecendo e dizia o seguinte: "Gente, mas tem que contar isso, alguém tem que contar!". [...] Começou a vir na minha cabeça essa história: "Mas tem que escrever, tem que escrever!". Só que, por um lado, ainda não tinha tratado dos fantasmas, dos meus fantasmas da derrota. Em segundo lugar, também, [...] não estava preparado para essa exposição, porque não dava para escrever alguma coisa, falando umas e

> ocultando outras, […]. Eu sentava e dizia: "Vou escre-
> ver!". Mas não saía nada, não saía nada…

Carlos Eugênio só conseguiu começar a escrever após contar publicamente o episódio mais polêmico da ALN – do qual participou de forma direta e
é o único sobrevivente: o "justiçamento" de Márcio Leite de Toledo, integrante da Coordenação Nacional. Episódio polêmico não somente na história da
ALN, mas na própria história das esquerdas armadas. Assim, muitos militantes
dizem que, mesmo à época, foram contrários a essa ação, como é o caso de
José Carlos Gianini, entrevistado por Marcelo Ridenti, que afirmou que uma
das razões para o rompimento do Molipo (Movimento de Libertação Popular)
com a ALN foi justamente tal episódio (RIDENTI, 1993, p. 274). Ainda segundo
Gianini, "A solução do justiçamento quase ninguém aceitou" (RIDENTI, 1993, p.
275). Por sua vez, Jacob Gorender (1987) registra que, à época da ação, que foi
em 23 de março de 1971, as reações negativas foram muitas. Segundo o autor,
no período em que recolheu os depoimentos para a elaboração de seu livro hoje
clássico sobre a história da luta armada, *Combate nas trevas*, "quase todos os
meus entrevistados, com os quais tratei do assunto, consideraram injustificável
o justiçamento e apontaram sua causa em divergências políticas" (GORENDER,
1987, p. 244). Gorender pontua que Márcio Leite de Toledo foi submetido a
julgamento e condenado à pena capital (1987, p. 244), e considera que "o custo
político do justiçamento resultou incomensuravelmente maior do que teria sido
a despesa de *apagar* da estrutura clandestina da ALN o que era do conhecimento
de Márcio. Ou seja: mudar aparelhos, sistemas de contactos etc" (GORENDER,
1987, p. 244-245, itálico do original).

O "justiçamento" de Márcio Leite de Toledo, assim, acende ânimos até
os dias de hoje, voltando à tona na imprensa praticamente a cada vez em que se
fala da figura de Carlos Eugênio Paz, como foi o caso da imprensa paulistana,
em 2004, por ocasião da campanha política de Luiza Erundina à Prefeitura de
São Paulo, inicialmente coordenada por ele. Ou na entrevista concedida pelo
autor ao programa "Dossiê com Geneton Moreas Neto" à Globo News, em setembro de 2012, na qual se dispôs a narrar em detalhes como tudo aconteceu.

Já foi publicada inclusive uma biografia sobre Márcio Leite de Toledo, denominada *Márcio, o guerrilheiro*,[2] escrita pelo jornalista Antonio Pedroso Júnior, o qual defende a hipótese de que o guerrilheiro foi morto devido a uma guerra interna pelo poder da organização. Em matéria publicada na revista *Carta Capital*, no começo de 2003, quando o livro de Pedroso Júnior ainda estava no prelo, Carlos Eugênio foi entrevistado e recusou veementemente essa hipótese: "Lutar para lotear o quê? Lotear a próxima vaga no cemitério? Poder, na época, significava poder ser preso, poder ser torturado, poder morrer". Carlos Eugênio referiu-se ainda aos laços que o ligavam, pessoalmente, a Márcio, destacando que "havia profunda amizade entre nós dois. Até hoje tenho na minha memória os olhos do Márcio" (*apud* STYCER, 2003, p. 15).

Sem entrar na polêmica seara das suas análises, menciona-se aqui o episódio em virtude do fato de que sua narração pública foi um fator determinante para o início da escritura de *Viagem à luta armada*. Ou seja, o "justiçamento" de Márcio Leite de Toledo, o Mário na narrativa, interessa-nos pelo papel que desempenhou para impulsionar a narração da experiência e, também, pela função que desempenha no plano literário da representação – como vimos, este episódio é determinante para a trajetória do personagem Clamart após a derrota, para sua configuração como um *narrador*, ainda que ele não seja (e, talvez, ainda mais por essa razão) propriamente *narrado*.

Mas, voltando a Carlos Eugênio, foi em 1987 que ele conseguiu, em sua psicoterapia, abordar pela primeira vez o episódio. Coincidentemente, por volta de dez dias depois, foi procurado para uma reportagem do *Jornal do Brasil* sobre o assunto. As duas versões que o repórter defendia assustaram-no: a de que Márcio Leite de Toledo era um agente da CIA infiltrado na organização, ou a de que havia um integrante da ALN que queria o lugar de Márcio na Coordenação Nacional e que teria convencido a organização a matá-lo. Carlos Eugênio resolveu, portanto, contar a sua versão, a versão do participante. De acordo com ele, foram cumpridas as leis militares diante da deserção de um general, como era o caso de Márcio:

---

2   Rio de Janeiro: Papel Virtual, 2003.

> Porque é um caso muito mais complexo, não tem lugar para maniqueísmos. Nem os dirigentes da ALN eram maus e nem ele era mau. Foi um momento de uma circunstância de guerra, de luta, e que é uma coisa que obedeceu a todas as leis de guerra, todas as leis de luta.

Contando o episódio que mais o incomodava em seus "fantasmas", termo de que ele mesmo faz uso, expôs-se, em uma iniciação à condição de narrador de sua experiência. E foi a partir dessa situação que conseguiu dar início ao projeto de escrever, para contar as histórias que vividas.

O processo de escritura do primeiro livro, iniciado ainda nesse ano de 1987, foi lento e penoso. Carlos Eugênio, ao escrever à mão, vivenciava as emoções da situação evocada e chorava. Apenas em setembro de 1995 é que criou para si uma rotina de escrita, sentando-se para escrever todos os dias, pela manhã, das oito ao meio-dia:

> Comecei a sentar, pois escrever é um ofício como qualquer outro, não tem aquela coisa do artista que, ou tem uma musa inspiradora, ou então tem uma grande desgraça que acontece, aí ele coloca a alma para fora. Tudo isso existe, mas existe um momento que é *metier*, é ofício, que você tem que parar e...

Em dezembro daquele ano estava com 60% de seu livro pronto, quando principiou a reencontrar pessoas de fundamental importância para sua vida, às quais mostrou o texto, pedindo uma opinião. As pessoas liam e reconheciam-se, o que foi de grande estímulo para sua finalização, em março de 1996.

Viagem à luta armada veio a público com propostas bastante definidas. Como um primeiro aspecto, o objetivo de contar o que viveu, transformando-se em um narrador de episódios da história recente brasileira:

> Eu me considerava uma pessoa que tem essa característica, quer dizer, eu detinha um número de informações

– detenho até hoje, vou deter sempre um número de informações – sobre a ALN [...]. De 66 até 73, participei, em 90% do tempo, no olho do furacão, no centro de decisão. Então, informações que muita gente não tinha, eu tinha, porque eu era da Coordenação Nacional. Conheço esquemas da ALN que nunca foram desmontados, por exemplo. [...] É essa coisa do testemunho, eu julgava que tinha alguma coisa a dizer, porque senão muitas informações se perderiam, porque como o comando da ALN, a coordenação, a direção da ALN foi dizimada e assassinada – alguns assassinados, outro morreram em combate, mas a direção foi decepada –, então sobrou... Estou eu aqui. E essas informações, vão se perder? Essas pessoas vão deixar de ser citadas? Esses fatos vão deixar de serem abertos para serem analisados, como, por exemplo, a questão do justiçamento do Márcio Leite de Toledo? As pessoas que participaram da decisão e da ação estavam mortas, só restava eu, e agora? Como é que ia fazer? Ia deixar de falar, ia deixar isso aí como um fato obscuro da história? Não, eu gosto dos fatos, dos fatos mais... Falo isso até no *Viagem à luta armada*, tem que remover a lama mesmo, o lodo, chegar no que é.

Indagado acerca das condições que lhe permitiram sobreviver, Carlos Eugênio lança a pergunta: "Quem sabe não foi para ficar para contar as histórias? Vai ver que é isso". Ao buscar contar o que viveu, não deixa de pensar na necessidade de transmitir às futuras gerações a complexidade que foi a luta das esquerdas armadas, para transformar esses acontecimentos em parte da história brasileira, destacando seu papel político. Não por acaso, o público visado pelo escritor são "as pessoas que nasceram dos anos 70 para cá", os "jovens", para que saibam que "nós tínhamos uma estratégia, nós tínhamos uma tática, nós tínhamos uma proposta para o país. E nós tínhamos uma proposta para o país cujos pontos – a ALN tinha um programa de cinco pontos – até hoje[3] não

---

3   Lembremo-nos de que a entrevista foi feita em 2002, portanto já lá se vão mais de dez anos.

foram resolvidos e é a grande razão pela qual o nosso país se encontra na miséria em que se encontra". Seus livros têm, assim, também o objetivo de "tentar conscientizar as pessoas".

Além disso, há uma razão interna para a escritura das obras, especialmente do primeiro livro, que é a necessidade de colocar para fora o que viveu, de fazer a sua "catarse":

> De qualquer maneira, começou a nascer em mim aquela coisa: "Agora você tem que contar mesmo". Inclusive, por uma questão da luta e também por uma questão interna minha, porque no momento em que estava no meu processo de psicoterapia, sentia que tinha que colocar as coisas para fora, que ali naquele ambiente só não bastava, não chegava.

E havia, ainda, a intenção de fazer uma prestação de contas com a história:

> Tinha um pouco uma prestação de contas também. Minha para mim mesmo, minha para o meu povo, para minha nação. Acho que ninguém tem o direito de entrar na história, mexer com coisas tão sérias como a história de um país, participar de uma luta armada, tudo isso, e não prestar contas. [...] E uma prestação de contas também com os companheiros que participaram daquilo. Então, uma prestação de contas comigo, uma prestação de mim para mim mesmo, de mim para o meu povo, de mim para as pessoas que participaram disso, estando vivas ou mortas.

Escrever passou a ser uma necessidade para ele, uma prática que lhe permitia se sentir livre, como é próprio da atividade literária: "Na verdade, do ponto de vista da atividade em si, a atividade na qual eu me sinto mais livre é a escrita, mais do que na música, porque acho que tenho mais contribuições a dar escrevendo do que tocando".

Desde a volta ao Brasil, Carlos Eugênio seguiu atuando profissional-mente como músico, tendo gravado um CD, na década de 90, pelo grupo Mais Café, o *Mania de samba*, que possui algumas composições suas. No início dos anos 2000, participou como músico (guitarrista e arranjador) da gravação de um CD infantil do MST (Movimento dos Trabalhadores Sem Terra), o *Plantando cirandas*, assinado pelo músico e compositor Zé Pinto.

Tendo ficado afastado durante muitos anos da militância diretamente política, acabou por se incorporar, no final dos anos 90, à militância partidária pelo PSB (Partido Socialista Brasileiro). Nesse partido, vem desempenhando diversas atividades pelos vários estados brasileiros, sendo também membro do Conselho Curador da Fundação João Mangabeira, vinculada ao PSB. Em 2004, veio a São Paulo para assumir a Coordenação Política da campanha da deputa-da federal Luiza Erundina à Prefeitura. Já em 2010, foi candidato a deputado federal pelo estado do Rio de Janeiro, mas não foi eleito. Simultaneamente, Carlos Eugênio dá continuidade ao projeto da escrita literária, trabalhando no terceiro volume de sua trilogia.

Pepetela: O escritor guerrilheiro

O angolano Artur Carlos Maurício Pestana dos Santos nasceu na cidade de Benguela, capital da província do mesmo nome, no oeste de Angola, em 29 de outu-bro de 1941. Seus pais vinham de famílias fixadas em Angola há muitas gerações e, pelo lado paterno, a ascendência era portuguesa; já pelo tronco materno, a família descendia de pessoas vindas do Brasil, especificamente de Pernambuco. Pepetela originariamente era seu codinome na guerrilha, uma palavra que na língua umbundo significa "pestana", e acabou por ser assumido como nome literário do escritor.

Buscando recordar-se e compreender como foi desenvolvendo um ponto de vista crítico ao sistema colonial e às desigualdades sociais, ele relembra que sua casa em Benguela localizava-se na "fronteira do asfalto", pois, para além de sua rua, já começava a "sanzala" (o que em Luanda chama-se "musseque" e que, para nós, brasileiros, se assemelha à favela). Desse modo, também pelo próprio fato de que Benguela era uma cidade em que havia muitos mestiços, o menino Artur convivia tanto com crianças brancas como negras. Todavia, por volta de seus 12 ou 13 anos:

> [...] comecei a aperceber-me que os meus amigos que moravam de um lado tinham mais facilidades do que os meus amigos que moravam do outro lado – apesar de ser uma cidade um pouco mais aberta, também tinha os seus problemas de colonialismo – evidentemente – e, portanto, de estratificação social e racial. (*apud* LABAN, 1990, p. 779)

Para esse processo de incômodo e percepção das diferenças, em muito contaram as leituras que o adolescente Artur fazia. Assim, por meio de um tio com quem conversava bastante, começou a ler, com 12 anos mais ou menos, os socialistas utópicos e os anarquistas:

> Ao mesmo tempo, o meu pai tinha uma biblioteca razoável, de romances clássicos. E eu sempre li muito, gostava muito de ler. E penso que isso começou a caldear certas ideias, sei lá, de igualdade, fraternidade, Revolução Francesa, a literatura dessa fase – Saint-Simon, Proudhon... Eu li-os nessa altura, não percebia quase nada, mas havia coisas que ficavam, certamente. (*apud* LABAN, 1990, p. 780)

Outro episódio apontado como relevante para seu percurso foi o dia em que, em um almoço no clube de futebol de Benguela, ouviu o poeta Aires de Almeida Santos declamar um poema que falava da cidade e de Angola, "com as nossas frutas, as nossas árvores, a nossa realidade... Aquilo para mim foi um choque – deve ter sido o primeiro choque nacionalista: eu senti orgulho de que as nossas coisas estavam a ser tratadas também em poesia" (*apud* LABAN, 1990, p. 781).

Em 1955, após concluir o quinto ano no Colégio Nuno Álvares, partiu para o Lubango visando dar continuidade a seus estudos no Liceu Diogo Cão,

190 Marina Ruivo

um internato de padres maristas. Nessa cidade, começou a compreender de modo mais consciente o racismo e as desigualdades, tendo tido, a partir de 1957, o estímulo do padre Noronha, que falava da guerrilha que os cubanos travavam contra a ditadura de Batista e que defendia que era necessário buscar a independência de Angola.

Já em 1958, Pepetela foi para Lisboa com o objetivo de cursar o ensino universitário, naquela altura inexistente na então colônia de Portugal. Matriculou-se no Instituto Superior Técnico para estudar Engenharia, mas não concluiu o curso. Sua opção foi estudar História, na Faculdade de Letras de Lisboa. Pepetela, ao ir para Portugal, "já tinha consciência de que Angola era um outro país, e tinha que ser independente – e numa linha de tentativa de igualdade das pessoas perante a lei, as possibilidades de desenvolvimento, etc..." (*apud* LABAN, 1990, p. 782).

O período lisboeta foi extremamente produtivo para a vida do ainda futuro escritor, já que lá ele não apenas cursava a faculdade, como também desenvolvia sua militância política. Participou de diversas organizações estudantis, tendo, por exemplo, colaborado para a formação da R.I.A. (Reunião Inter-Associações). O final dos anos 1950 compreende também o início de sua produção literária, que se dá sob a forma da escrita de contos, os quais foram publicados na revista *Mensagem*, da CEI (Casa dos Estudantes do Império).

A passagem de Pepetela pela CEI, entre o finalzinho da década de 1950 e o princípio da de 60, foi um período bastante importante para sua trajetória, muito embora, de acordo com ele, seu processo de descoberta do mundo e da política seja anterior a essa fase:

> Eu só podia dar aquilo que dei – ser já nacionalista antes de ir para Portugal. Geralmente, as pessoas, era em Portugal, na Casa dos Estudantes do Império, que começavam com conversas... Eu já era quando lá cheguei. Por isso eu procurei a Casa dos Estudantes do Império, não foi a Casa dos Estudantes do Império que me procurou – eu procurei, sabia que era lá, o sítio (*apud* LABAN, 1990, p. 783).

Geração Armada 191

A luta armada de libertação iniciara-se em 1961, e o regime salazarista convocava cada vez mais homens para lutar em Angola, especialmente aqueles que provinham das próprias colônias. Para escapar a tal convocação, Pepetela parte para Paris, onde fica por apenas seis meses. Nessa curta temporada francesa, viveu em Belleville e trabalhou nos serviços de limpeza de uma tipografia. De toda forma, nessa temporada também aproveitou para ler os escritores franceses, dos quais destaca Boris Vian, André Gide, Paul Vaillant-Couturier, André Malraux e Jean-Paul Sartre.

Em 1963 já estava em Argel, onde se formou em Sociologia e fundou, juntamente com Adolfo Maria, Henrique Abranches, João Vieira Lopes e Kasesa, o CEA (Centro de Estudos Angolanos), cujos objetivos eram a pesquisa e a produção de documentos e textos sobre Angola que pudessem, inclusive, ser utilizados junto aos militantes do MPLA (Movimento Popular de Libertação de Angola) que já se encontravam na guerrilha, bem como auxiliar a divulgação da causa do movimento no exterior.

Uma das produções do centro, de julho de 1965, *História de Angola (Apontamentos)*, foi organizada pelo Grupo de Trabalho História e Etnologia, constituído de Pepetela e Henrique Abranches. A leitura desta obra permite não apenas conhecer eventos da história de Angola, mas também apreender uma das atuações importantes desenvolvidas pelo MPLA em sua luta de libertação: a educação. Produzir textos sobre a nação era, sobretudo naquele momento histórico, uma atividade essencial, pois o colonialismo português agia de modo a desarticular a cultura e a história dos diversos povos que compõem Angola, desestruturando o conhecimento tradicional e não oferecendo, nas poucas escolas acessíveis aos africanos, o conhecimento da realidade angolana.

História de Angola (Apontamentos) deixa bastante nítido o esforço de resgate histórico-cultural e de incentivo à educação. O livro realiza um traçado dos diversos momentos de resistência dos povos angolanos ao colonialismo português, os quais ocorreram ao longo dos séculos, destacando as alianças entre esses povos, que se uniram com o objetivo comum de vencer o invasor. A obra procura, inclusive, incorporar as lutas passadas como memória histórica e fundadora da luta que estava em curso naquele contexto, a luta armada de libertação, destacando que esta, diferentemente das lutas anteriores, introduzia o componente da unidade nacional. Buscava-se propiciar a formação de uma consciência nacional que, ultrapassando as divisões étnicas, estabelecesse no entanto uma linha de continuidade com os grupos que compõem o vasto território da nação, valorizando as várias formas de resistência que foram levadas a cabo por eles. A nação, este conceito oriundo da modernidade, era pensada como una, mas incorporando as tradições. Como apontou Carlos Serrano, já o Programa Maior do MPLA, de 1961, e posteriormente a Constituição da República Popular de Angola, de 1975, considerava: "O problema da diversidade étnica [...] como um processo de autonomias culturais, fundamento específico da Identidade Cultural do Povo Angolano" (SERRANO, 1998, p. 211, itálicos do original).

A leitura dessa obra do CEA permite também percebermos o lugar que a história ocupa no pensamento de Pepetela, para quem é fundamental um povo conhecer sua própria história para, aprendendo com as experiências do passado, criar um futuro livre. O texto de abertura de *História de Angola* exemplifica bem essas preocupações, por isso, e por seu caráter de registro histórico da própria época e contexto em que foi escrito, transcrevemos alguns fragmentos seus:

> É necessário que um revolucionário conheça a história do seu país. [...] Se um militante estudar a história do seu país, aprenderá como é enorme a força e a coragem das massas populares; aprenderá como elas sabem encontrar maneiras inteligentes e habilidosas de se defenderem e derrotarem os seus inimigos. [...]
> O Centro de Estudos Angolanos põe à disposição dos militantes da Revolução Angolana este livro de Apontamentos sobre a História de Angola. Pensamos que este livro ajudará os nossos camaradas a conhecer a História da sua Pátria. Os Apontamentos da história angolana que estão neste livro não contam tudo o que se passou na história de Angola. Mas contam o principal. Com o tempo, novas coisas se descobrirão e outros

> angolanos corrigirão os livros que vão aparecendo, farão
> histórias mais completas até que um dia haverá uma
> grande e profunda história do nosso país. Até lá, é obri-
> gação dos militantes dizerem o que sabem, para os que
> ainda não sabem aprendam.
> [...]
> Camaradas, militantes. Vamos ler este livro, vamos estudá-
> -lo. Através dele, poderemos ver os exemplos de coragem,
> resistência ao invasor, amor à liberdade e fé no futuro,
> que o povo angolano sempre deu. Nestes exemplos po-
> deremos encontrar a coragem e a força para a luta que
> travamos hoje (Centro de Estudos Angolanos, s.d., p. 5-6).

Logo, esse livro tem interesse para a análise da produção literária de
Pepetela, pois nele já está presente uma série de questões que serão recriadas
ficcionalmente pelo autor, em suas peças de teatro e romances, como as diversas revoltas populares contra o domínio português, o episódio específico da
Revolta da Casa dos Ídolos, o reinado de Lueji, a invasão holandesa a Angola,
dentre outros. Há uma continuidade interna à sua obra, refletindo sempre seu
interesse pela história angolana, antiga ou recente, sua vontade de contar essa
história, aos angolanos e a quem quiser conhecê-la, sugerindo caminhos: "Há
um tema que é comum, que é o tema da formação da nação angolana. Isso
faz o denominador comum", como já afirmou o próprio autor, em entrevista a
Michel Laban (1990, p. 771).

É ainda em Argel, em 1969 que o escritor angolano, a partir de uma
fotografia da máscara tradicional dos tchokue, Muana Puó, presente na ilustra-
ção de um cartaz do Festival de Artes Africanas, escreve sua primeira narrativa
longa, uma obra fundamental para sua produção, *Muana Puó*. Utilizando-se
da alegoria de morcegos dominados por corvos, o livro denuncia a colonização
e convoca à luta pela libertação, desenhando os contornos da utopia revolucionária para a nação livre. De acordo com o escritor, "O programa mínimo da
minha obra é o *Muana Puó*. Geralmente, em cada um dos livros, vou lá buscar

194 Marina Ruivo

qualquer coisa, sempre – a minha referência anda sempre por ali..." (*apud* LABAN, 1990, p. 810).

Ainda em 1969, Pepetela é finalmente recrutado para a guerrilha em Angola,[4] mais especificamente na Frente de Cabinda (enclave ao norte do país), Segunda Região Político-Militar do MPLA. A partir desse momento, une de maneira indissociável a militância política, a ação educacional e a literatura. Na guerrilha, além de combatente, desempenhará cargos relacionados à educação. Assim, em 1969 mesmo, na Frente de Cabinda, foi o responsável de Educação da Frente. Em 1972 – ano em que, no Brasil, as organizações das esquerdas armadas se viam mais e mais destroçadas pelas forças da ditadura, e a ALN, uma das poucas que ainda insistia nas ações armadas, via seus dirigentes sendo mortos em uma velocidade estonteante –,[5] Pepetela, já na Frente Leste do MPLA, tornou-se o diretor do Centro Educacional Augusto Ngangula, bem como secretário permanente da Educação. E foi nesse contexto de atuação político-militar e observação dos homens e da realidade ao seu redor, já com uma experiência literária advinda do final dos anos 1950, que, em 1971, a partir da redação de um comunicado de guerra, iniciou seu romance *Mayombe*.

Realidade e literatura, neste romance e, de maneira muito especial, em *A geração da utopia*, bem como em outros textos do autor, encontram-se em profunda identidade, em um movimento que parte da realidade para a elaboração literária, fazendo da obra uma nova inserção na mesma realidade, propondo utopicamente possibilidades a ela. Como o escritor diz: "De certa forma, o que procuro com

---

4   Dizemos "finalmente" porque Pepetela solicitava sua incorporação à guerrilha há bastante tempo, mas o MPLA temia pela reação que poderia ser provocada pela participação de um branco na luta armada, sobretudo por parte dos países vizinhos que apoiavam o movimento.

5   Como observa Maria Cláudia Badan Ribeiro em sua dissertação de mestrado sobre os livros de Carlos Eugênio Paz, defendida junto ao Departamento de Sociologia da Unicamp (2005, p. 243): "No segundo semestre de 1972 a ALN tenta apenas sobreviver, já se encontra numa situação total de cerco e aguarda momentos mais favoráveis". É nesse momento que Carlos Eugênio se encontra com Genésio Homem de Oliveira, que é quem vai cuidar de sua saída do Brasil. O militante ficará dois meses no Chile, de janeiro a março de 1973, até conseguir ir para Cuba, lá chegando em 5 de março.

minha literatura é refletir uma determinada realidade ou propor uma análise, um debate íntimo sobre o que é a vida em Angola" (*apud* NEPOMUCENO, 1997, p. D3).

Mayombe, romance ambientado durante a luta armada de libertação nacional, apresenta, como vimos no Capítulo 2, uma perspectiva positiva da luta, mas não deixa de questionar, em diversos momentos, o encaminhamento do MPLA, apontando seus problemas e preocupando-se com a realização da utopia de transformação social.

Após *Mayombe*, Pepetela, ainda como guerrilheiro, em 1972, elaborou outra obra que tem seu enredo transcorrendo em meio à luta armada, *As aventuras de Ngunga*, escrita, como salienta o autor, com uma finalidade duplamente pedagógica: para ele aprender a língua umbundo e para que o livro fosse lido nas chamadas zonas libertadas pela guerrilha, servindo como apoio para a aprendizagem da língua portuguesa.

Em 1974, quando Carlos Eugênio Paz se fixava como exilado em Paris, Pepetela foi para Luanda, cidade em que, juntamente com Lúcio Lara, instalou a primeira delegação do MPLA. Já em Benguela, assumiu o comando da guerra que o movimento travava contra a FNLA (Frente Nacional de Libertação de Angola), bem como se tornou diretor do Departamento de Educação e Cultura do MPLA.

Com a conquista da independência nacional, participou da fundação da UEA (União dos Escritores Angolanos). Ainda em 1975, ocupou o cargo de diretor do Departamento de Orientação Política do MPLA e passou a integrar o Estado Maior da Frente Centro.

Em 1976, tornou-se vice-ministro da Educação, cargo que desempenhou até 1982, sendo também presidente da Comissão Nacional para a Unesco (*United Nations Educational, Scientific and Cultural Organization* – Organização das Nações Unidas para a Educação, Ciência e Cultura). Em 1980, coordenou a Comissão de Reformulação do Ensino Superior, também até 1982. A respeito do exercício do governo, Pepetela, que na mesma altura escrevia uma obra bastante questionadora da realidade angolana da época, *O cão e os caluandas*, já afirmou que:

> Agora, é claro, nem sempre era muito fácil, sobretudo psicologicamente, muitas vezes sentia-me dividido, realmente... De que lado é que eu estava da mesa? Eu até dizia para comigo: "Eu devia sentar-me do outro lado, pedir ao governante para acelerar um processo, e não sentar-me deste lado de quem tem que acelerar o processo ou não..." Mas é uma experiência interessante. (*apud* LABAN, 1990, p. 805)

Reforçando a importância que atribui à prática educacional, a partir de 1983 tornou-se professor de Sociologia Geral e de Sociologia Urbana do Departamento de Arquitetura da Universidade Agostinho Neto, em Luanda, atividade por meio da qual se aposentou.

Após a independência, permaneceu escrevendo, até os dias de hoje, tendo já publicado diversos romances e peças de teatro. Em sua produção literária, a vinculação entre a literatura e a história de sua nação foi assumida como uma característica constante, reiterando-se a cada nova obra do autor. Pepetela, inclusive, julga que:

> [...] é a literatura, tomada como parte da cultura nacional, que cria (ou sistematiza a criação) duma consciência própria de um povo e que se distingue assim dos outros. Pode ser exagero (é caso para se discutir) mas afirmo que não há, não pode haver, a criação dum país verdadeiramente independente sem uma literatura nacional própria, que mostre ao povo aquilo que o povo sempre soube: isto é, que tem uma identidade própria. (*apud* INQUÉRITO AOS ESCRITORES, 1979, p. 4)

A perspectiva histórica é, inclusive, um traço a aproximar sua produção da própria tradição da literatura angolana, caracterizada fundamentalmente pela busca da consciência nacional. Sua peça *A corda*, de 1979, remete à vivência angolana do imediato pós-independência, revelando as disputas entre o MPLA e os outros movimentos que também fizeram a luta armada pela independência, além de enfocar os ataques das forças sul-africanas sofridos por Angola. Já a peça *A revolta da Casa dos Ídolos*, de 1980, recria um episódio da história angolana, uma revolta de cunho popular como resistência ao colonialismo.

O romance *Yaka*, de 1984, rememora o século XIX, acompanhando a trajetória de uma família de colonos até o momento em que é desencadeada a guerra de libertação. O já mencionado *O cão e os caluandas*, publicado em 1985, traz episódios da vida pós-independência, flagrando as dificuldades de construir o projeto elaborado durante a luta.

Pensando e repensando a nação angolana, Pepetela vai a um passado distante, como por exemplo em *Lueji (O nascimento dum Império)*, em que uma das duas narrativas passa-se há "quatro séculos atrás (pelo menos)…", ou até projeta-se para um tempo futuro, como ocorre no mesmo romance, lançado em 1989, mas que tem sua segunda narrativa – que se entrecruza com a primeira – transcorrendo em 1999. A literatura toma também para si o compromisso histórico, sem deixar de assinalar que contribui para uma versão dos acontecimentos, dentre muitas possíveis, como *Lueji* faz questão de ressaltar, em diversos momentos.

O desejo de Kianda, de 1995, utilizando-se de elementos fantásticos, ou até de um certo realismo mágico – os prédios de Luanda a desabarem sucessivamente, e uma lagoa a crescer e inundar ruas –, defende a necessidade de uma relação viva com os elementos tradicionais, além de fazer uma crítica mordaz à estrutura de poder em vigor nos anos 1990.

Já a *Parábola do cágado velho*, romance de 1996, tentativa de "feitiço" para a paz feita por Pepetela – conforme revelou em palestra proferida na Universidade de São Paulo, em 11 de novembro de 1999 –, traz a perspectiva da guerra contínua vista por habitantes de uma aldeia tradicional, além de, ao final, apresentar um símbolo da tradição, o cágado velho, aconselhando um procedimento que escapa a essa mesma tradição. Por sua vez, *A gloriosa gamília. O tempo dos flamengos*, de 1997, passa-se no século XVII, durante os sete anos da invasão holandesa, inserindo-se na linha da reinvenção da história de Angola.

Em 2000, publicou *A montanha da água lilás – fábula para todas as idades*, sobre os caminhos e descaminhos da utopia no período pós-independência. Também com um tom extremamente crítico à política neoliberal adotada pelo governo do MPLA em Angola, *Jaime Bunda – agente secreto*, de 2001, constitui-se como uma paródia do gênero romance policial. Em 2003 foi a vez de *Jaime Bunda e a morte do americano*, seguido por *Predadores*, em 2005, *O terrorista de Berkeley, Califórnia*, em 2007, *O quase fim do mundo*, em 2008, *Contos de morte*, em 2008, *O planalto e a estepe*, em 2009, e os mais recentes *A sul. O sombreiro*, de 2011, e *O tímido e as mulheres*, de 2013, numa produção que, como se vê, não para de crescer.[6]

Pepetela opta pela literatura que cria e recria versões da história, sendo, ainda, um contínuo resistente: de início, resistente ao colonialismo, lutando junto ao MPLA para a libertação e transformação social de Angola; atualmente – em uma postura que transparece em diversas de suas obras e já se antecipava em *Mayombe* – é o observador que está na resistência à sua própria geração. Entretanto, não por ter mudado de lado; ao contrário, porque grande parte de sua geração é que o fez, como tivemos oportunidade de observar ao analisar *A geração da utopia*.

Recebeu diversos prêmios literários pelo conjunto de sua obra (que em sua maior parte se constitui de romances), com destaque para o prêmio Camões, em 1997. Além disso, seus livros foram traduzidos para mais de dez idiomas ao redor do mundo, entre eles o finlandês, o japonês, o servo-croata, o basco, o russo, o italiano, o francês, o inglês e o espanhol.

Atravessando esse período tão intenso da história angolana, Pepetela permaneceu atuando nessa sociedade, tanto como professor, quanto como escritor – a literatura, como já afirmou, configura-se como uma arma que lhe possibilita, em grande medida, suplantar a desilusão que adveio pelos rumos do processo, ainda que não haja, como ele reitera constantemente, nenhum traço de arrependimento por ter participado da luta.

---

6   Infelizmente, não foi possível incluir comentários críticos sobre os romances que Pepetela publicou depois que defendi a dissertação, na medida em que não mais pude mais acompanhar passo a passo sua produção, como fazia até então.

CAPÍTULO 5
A CHAMA REVOLUCIONÁRIA

Como observado na Introdução, é possível a leitura de *Viagem à luta armada* sem o conhecimento mais detalhado do contexto em que ocorreu no Brasil a luta das esquerdas armadas, especificamente a luta da ALN (Ação Libertadora Nacional), organização de que participou o autor. Ou, ainda, a leitura de *A geração da utopia* sem maiores elementos acerca do colonialismo português em Angola e da luta de libertação desse país. Tal conhecimento, no entanto, colabora efetivamente para uma maior compreensão das obras, na medida em que nos permite inclusive mergulhar de modo mais profundo na natureza da luta pela qual Clamart, o narrador-protagonista da obra, estava disposto a morrer, e nos anseios e ideais de Aníbal, o guerrilheiro angolano que, depois de obtida a independência da nação, não conseguia mais encontrar um lugar para si.

Tendo em vista a política sistemática de supressão da memória que foi levada a cabo pela ditadura civil-militar no Brasil, bem como o desconhecimento que ainda existe entre nós com relação à história africana, parece-nos que este tópico é de fundamental importância. E é tendo em conta sobretudo esses fatores que este capítulo acabou por ficar, mesmo com as reformulações feitas em relação ao texto original da dissertação, mais longo do que desejaríamos.

"Tercer Mundo global"[1]

Primeiramente, é interessante apontar alguns fatos internacionais que caracterizavam o período em questão e que tiveram sua influência tanto para as esquerdas brasileiras, como para a luta de libertação nas então colônias portuguesas. Dentre eles, salientam-se a vitória da Revolução Cubana, em 1959; a vitória da guerra de libertação da Argélia, em 1962; a guerra antiimperialista no Vietnã, iniciada em 1964; e o próprio clima de revoltas e revoluções que era vivido no chamado Terceiro Mundo, a respeito do qual tão bem sintetizou o historiador Eric Hobsbawn (1995, p. 421):

> Como quer que interpretemos as mudanças no Terceiro Mundo e sua gradual decomposição e fissão, em seu todo ele diferia do Primeiro Mundo em um aspecto fundamental. Formava uma zona mundial de revolução – recém-realizada, iminente ou possível.

Nesse contexto, muitas das esquerdas da época eram extremamente críticas ao assim entendido "burocratismo" da URSS (União das Repúblicas Socialistas Soviéticas) e à considerada aceitação desta aos parâmetros da Guerra Fria. O modelo chamado de "socialismo real" era contestado inclusive dentro das fronteiras do mundo socialista, como fez o Partido Comunista da

---

1   Verso da canção "Tercer mundo", do grupo Secos e Molhados.

Tchecoslováquia, na Primavera de Praga, sufocada pelos tanques soviéticos em 1968. Dois anos antes, por sua vez, a China dera início à Revolução Cultural, a qual foi compreendida por diversos setores das esquerdas mundiais como uma alternativa ao modelo soviético.

1968 foi o ano da rebelião e do desejo de revolução, com a eclosão de diversos movimentos de protesto no mundo: passeatas nos Estados Unidos contra a guerra no Vietnã; a própria Primavera de Praga; as manifestações de estudantes no México, que em 2 de outubro desse ano foram violentamente massacradas, na praça Tlatelolco; o Maio de 68 francês,[2] que teve repercussões mundiais. O mundo parecia à beira das grandes transformações sonhadas:

> [...] da alternativa pacifista dos *hippies*, passando pelo desafio existencial da contracultura, até os grupos de luta armada, espalhados mundo afora. Os sentimentos e as práticas de rebeldia contra a ordem e de revolução por uma nova ordem fundiam-se criativamente. (RIDENTI, 1997, p. 13)

Eram tempos em que parecia que o mundo todo seria, enfim, completamente transformado, tendo chegado a hora e a vez das mudanças, sociais, culturais, políticas e econômicas, em uma atmosfera de revolução que se respirava e se sentia pelos quatro cantos do globo. Como disse Antonio Candido sobre essa época:

> O moço se transformou durante algum tempo na força mais viva da sociedade, [...]. Politicamente,

---

2   A respeito de Maio de 68 há uma extensa bibliografia. Apenas gostaríamos de sugerir aqui a leitura de *As jovens damas vermelhas cada vez mais belas*, romance testemunhal de Frédéric Fajardie (trad.: Eliana Aguiar. São Paulo: Scritta, 1991) que, por meio de um enredo bem construído, narra o percurso de um dos participantes do movimento, acompanhando-o tanto em 1968 quanto em seu regresso a Paris, em 1988, após vinte anos de exílio, intervalo de tempo em que ele participou de guerras de libertação na África, especialmente da luta da Frelimo (Frente de Libertação de Moçambique).

culturalmente, ética e até esteticamente o moço abalou as concepções e os costumes – substituindo o respeito pela irreverência, a organização cristalizada pela ação espontânea, o cálculo pela inspiração, a compostura pelo desalinho, a seleção pela invasão, o "bom gosto" pelo frenesi. Toda autoridade pareceu de repente sórdida, e as palavras mais pejorativas passaram a ser elitismo, paternalismo, autoritarismo. Para substituir o modelo pai-filho que regia a sociedade e sobretudo o ensino, propôs-se um modelo do tipo irmão-irmão, [...]. (CANDIDO, 1993, p. 254)

Em terras brasileiras

No Brasil, o início dos anos 60 era, para as esquerdas, pleno de esperanças de transformação social.[3] Após uma crise institucional em que militares golpistas tentaram impedir a posse do vice-presidente eleito João Goulart (Jango) – com a renúncia do então presidente Jânio Quadros, em 24 de agosto de 1961 –, foi imposto pelos ministros militares um novo regime político, o parlamentarismo, como condição para que Jango assumisse a presidência.

Qual era a postura das esquerdas em face do novo momento político? O PCB (Partido Comunista do Brasil até agosto de 61 e, depois disso, Partido Comunista Brasileiro), fundado em 1922, apoiava a posse de Jango, condenando a tentativa de golpe e conclamando o movimento de massas à ação e à luta em todos os terrenos necessários para garanti-la. Em março de 1958, uma declaração do partido, referendada em agosto de 1960 pelas resoluções de seu V Congresso, definia uma nova política a ser realizada: não mais o enfrentamento armado pela tomada do poder, e sim uma política pacífica e eleitoral de alianças com todos os setores nacionais que fossem inimigos do imperialismo e

---

3   Para uma caracterização dessa esperança, entendida como "romantismo revolucionário", sugiro a consulta à excelente obra de Marcelo Ridenti (2000), que aborda o engajamento político-social dos artistas brasileiros, especialmente na década de 1960.

do atraso nas relações do campo brasileiro. Assim, a burguesia nacional passava a ser vista como aliada para a transformação social, sobretudo para a considerada primeira etapa da revolução brasileira, que seria *antiimperialista, antifeudal, nacional e democrática*. O PCB analisava o capitalismo brasileiro como um processo em curso, que ainda não havia se completado, e por isso havia que lutar por reformas estruturais para que esse sistema atingisse aqui seu pleno desenvolvimento, permitindo que o país efetivasse sua necessária revolução nacional e democrática.

Logo, a posse de Jango era vista pelo partido como um fenômeno que confirmava suas teses de 1958, ao representar uma coligação que defenderia os interesses nacionalistas e democráticos, com o apoio do povo e de parte da burguesia. E ainda, era um governo que ascendia ao poder de modo pacífico, tendo em vista que não fora dado sequer um tiro para derrotar os golpistas que tentaram impedir sua posse.

O PCB preparou um programa de governo nacionalista e reformista que, contudo, não foi seguido pelo presidente. João Goulart aliava-se a setores conservadores, praticando no decorrer de seu governo uma ambígua política de alternância de alianças: ora com a ala conservadora, ora com as alas progressistas, com o objetivo de tentar alcançar o apoio da maioria da população. O partido, que desde outubro de 1961 declarara-se na oposição ao novo governo, continuava, porém, mantendo a esperança de reverter esse processo, o que acreditava poder obter mediante as pressões populares. O principal objetivo das mobilizações de massa era a efetivação das chamadas reformas de base: a reforma econômica, a tributária, a administrativa, a universitária e a urbana, especialmente.

Enquanto Jango agia de modo ambíguo, intentando acordos com o FMI (Fundo Monetário Internacional) e, fundamentalmente, buscando transmitir aos Estados Unidos a imagem de que era um presidente "confiável", o clima político no Brasil esquentava. O ano de 1961 foi marcado por muitas greves e pela criação do Comando Geral de Greve, o qual posteriormente se transformaria no CGT (Comando Geral dos Trabalhadores). Também no campo a situação era de conflito: fazendas eram ocupadas e havia choques armados que muitas vezes resultavam em mortes. Com relação à questão agrária, foi em novembro desse ano que se realizou em Belo Horizonte o Primeiro Congresso Nacional de Lavradores e Trabalhadores Agrícolas, o qual, reunindo 1.600 delegados, terminou por aprovar uma declaração que defendia uma reforma agrária radical.

Em maio do ano seguinte, após um discurso de Jango em Volta Redonda, no estado do Rio de Janeiro, defendendo as reformas de base, o primeiro-ministro Tancredo Neves (PSD – Partido Social Democrático) renunciou. Criou-se a partir daí uma crise no sistema parlamentarista, com os gabinetes substituindo-se velozmente. A articulação de João Goulart visava à antecipação do plebiscito sobre o regime político (parlamentarismo ou presidencialismo), previsto para acontecer apenas ao final de seu mandato, em 1965. O presidente conseguiu seu intento e, em janeiro de 1963, a população foi consultada, com o presidencialismo obtendo ampla maioria. Na interpretação do historiador Jacob Gorender (1987, p. 45), o presidente analisou o resultado da votação como uma vitória pessoal. Já o PCB, de acordo com Daniel Aarão Reis Filho (1990, p. 31), teria enxergado o resultado do plebiscito como um voto antiimperialista a favor das reformas – quando o quadro não era exatamente este –, julgando que, dessa forma, o presidente teria maiores possibilidades de transformar o país.

Mas Jango mantinha sua política dúbia, aliando-se simultaneamente a conservadores e progressistas. Assim, por exemplo, em junho e dezembro de 1963, realizou algumas trocas ministeriais que exprimiam tal ambiguidade, reservando, contudo, o setor econômico-financeiro, extremamente estratégico, para políticos conservadores. Enquanto isso, em agosto e novembro do mesmo ano, pronunciava discursos em defesa das reformas de base.

Ainda em 1963, no mês de outubro, Jango teve negada uma solicitação feita ao Congresso para a decretação de um estado de sítio, a qual fora duramente criticada pelos diversos espectros políticos brasileiros. Mesmo assim, o PCB, continuamente decepcionado com o presidente, permanecia esperançoso quanto à possibilidade de um governo nacionalista e democrático, e defendia que era necessário lutar por sua concretização, denunciando o que entendia como "vacilações" de Jango e estimulando a pressão popular. O caminho pacífico para a revolução continuava sendo defendido, mas aqui e ali eram estimulados enfrentamentos armados. O final de 1963 foi também marcado pela concordância do PCB com a participação em uma mesa de negociações com o governo, tendo em vista a elaboração de um programa. Jango, nesse momento, defendia a necessidade de uma ampla aliança que englobasse da direita à esquerda da sociedade.

1964

No início de 1964, o clima político esquentava ainda mais. O presidente, abandonado definitivamente pelas direitas, que não viam com bons olhos sua defesa das reformas, buscava amparar-se nas esquerdas. É assim que pode ser interpretado o famoso comício de 13 de março, na Estação Central do Brasil, na cidade do Rio de Janeiro, como o "penúltimo zigue-zague à esquerda do presidente da república" (REIS FILHO, 1990, p. 33). No comício, Jango anunciou algumas medidas tomadas por seu governo, como o Decreto da Supra (Superintendência da Reforma Agrária), o qual considerava que as terras às margens de rodovias, os açudes públicos federais e "as terras que podem tornar produtivas áreas inexploradas, ainda submetidas a um comércio intolerável e odioso" (GOULART, 1994, p. 138) eram áreas de interesse social para serem desapropriadas em favor da reforma agrária. Na ocasião, aliás, Jango criticou a reforma agrária realizada por meio de pagamento em dinheiro aos latifundiários, mostrando que em vários países do mundo a situação era diferente, pois se desapropriavam terras pagando com títulos públicos.

Outra medida já tomada e então anunciada por Jango era a encampação, mediante um decreto, de todas as refinarias particulares. Além dessas medidas, Jango manifestou o desejo de realizar a chamada reforma eleitoral, para que todo brasileiro acima de 18 anos possa também ser elegível.

O presidente anunciou ainda sua vontade política de realizar a reforma universitária, defendeu a regulamentação do preço dos imóveis desocupados e a fiscalização do cumprimento do decreto de aluguéis e, finalizando seu discurso, declarando confiar no potencial democrático das Forças Armadas, proclamou:

> Hoje, com o alto testemunho da Nação reunida na praça que ao povo pertence, o Governo, que é também do povo e ao povo pertence, reafirma seus propósitos inabaláveis de lutar com todas as suas forças pelas reformas tributária, eleitoral, pelo voto do analfabeto, pela elegibilidade de todos os brasileiros, pela pureza da vida democrática, pela emancipação econômica, pela justiça social e, ao lado do povo, pelo Progresso do Brasil. (GOULART, 1994, p. 141-2)

O comício de 13 de Março desempenhou importância decisiva para os acontecimentos subsequentes que levaram ao golpe. De acordo com um jornal da época, a medida que mais preocupava as classes dominantes era a encampação das refinarias particulares. Assim, a manchete do jornal *Folha de S.Paulo* do dia 14 de março de 1964 dizia: "JG surpreende o país: refinarias encampadas" (FOLHA DE S.PAULO, 2000, p. 93). A capa do jornal também dava destaque às outras medidas anunciadas por João Goulart, bem como ao discurso do deputado Leonel Brizola, o qual teria preconizado "a formação de 'um Congresso popular, integrado por camponeses, sargentos e oficiais nacionalistas', como 'a única saída pacífica para o impasse em que se encontra o nosso país'". Ainda segundo a *Folha*, Brizola afirmou "que 'não aceitamos golpes contra os nossos direitos e liberdades' e que 'temos que nos organizar para enfrentar a violência e nos preparar para responder violência com violência'" (FOLHA DE S.PAULO, 2000, p. 93).

Todavia, conforme Daniel Reis Filho, o PCB não teria se dado conta das implicações contidas nas atitudes de Jango, de que se destacava a solidariedade manifesta ao movimento dos marinheiros,[4] muito menos ao fato de que: "A

---

4   A "revolta dos marinheiros", como ficou conhecida, foi considerada por muitos como o estopim que as forças golpistas necessitavam para concretizar o golpe de direita. Desenrolada entre 25 e 27 de março de 64, ela se caracterizou pelo fato de que mais de mil marinheiros amotinaram-se para exigir a legalização da Associação dos Marinheiros e Fuzileiros Navais do Brasil, além de protestar contra medidas tomadas pelo Ministério da Marinha. Para o aprofundamento do assunto, sugerimos a dissertação de mestrado de Flávio Luís Rodrigues

bandeira da legalidade, tão importante em 1961, estava mudando de mãos e a importância deste fato parecia passar despercebida" (REIS FILHO, 1990, p. 33). O PCB também não notava claramente a intensidade das movimentações dos golpistas, iniciadas desde a posse de Jango; ou, se as percebia, considerava que facilmente seriam contornadas. No entanto, a decisão da direita por efetuar o golpe que fracassara em 61 estava firmemente consolidada desde o segundo semestre de 1963, e seus preparativos foram acelerados no início do ano de 1964. Como importante demonstração de força das ideias golpistas ocorreu, em 19 de março de 1964, na cidade de São Paulo, a Primeira Marcha da Família com Deus pela Liberdade, que teve forte presença da classe média assustada com as reformas defendidas por Jango e, mesmo, de indivíduos da classe operária. De acordo com a *Folha de S.Paulo* de 20 de março de 1964, participaram da marcha, que partiu da Praça da República e terminou na Praça da Sé, 500 mil pessoas. A manchete do mesmo jornal dizia, significativamente: "São Paulo parou ontem para defender o regime" (FOLHA DE S.PAULO, 2000, p. 94).[5]

As esquerdas brasileiras pré-64

Para além do PCB, havia outras forças de esquerda atuantes na sociedade brasileira, inclusive comunistas. Uma importante tendência existente no período, não comunista, era o chamado "nacionalismo de esquerda", nas palavras de Marcelo Ridenti (1993, p. 26), ou "esquerda nacionalista", para Daniel Aarão Reis Filho,[6] ou ainda o "nacionalismo pequeno-burguês", para Jacob Gorender (1987, p. 39). Essa tendência era sintetizada pela figura de Leonel

---

(*Vozes do mar: A trajetória da Associação dos Marinheiros e Fuzileiros Navais do Brasil* (1962-1964). São Paulo, FFLCH/USP, 2002), além dos testemunhos de Avelino Bioen Capitani (*A rebelião dos marinheiros.* Porto Alegre: Artes e Ofícios, 1997) e Pedro Viegas (*Trajetória rebelde.* São Paulo: Cortez, 2003).

5   Especificamente sobre as marchas, sugerimos a dissertação de mestrado em História Social de Aline Alves Presot (*As marchas da família com Deus pela liberdade.* UFRJ, 2004).

6   Esta expressão foi utilizada pelo historiador durante a mesa-redonda "Revendo a trajetória da esquerda brasileira", parte do *Seminário Internacional História e Perspectivas da Esquerda*, organizado pela Fundação Perseu Abramo, pela Fundação Jean Jaurès e pelo

Brizola e aproximava-se da postura do PCB de revolução nacionalista e democrática, porém já sinalizava a possibilidade do uso da violência para defender as reformas de base.

Como oposição de esquerda ao PCB, havia dois grupos principais: a Polop e a AP. A Polop (ou ORM-PO, Organização Revolucionária Marxista – Política Operária), existente desde 1961, questionava o que considerava uma postura reformista do PCB e defendia a luta armada revolucionária para a construção do socialismo. Por essa razão, não participava das pressões pelas reformas de base. A AP (Ação Popular), de 1962, era ligada ao movimento estudantil, tendo surgido a partir da JUC (Juventude Universitária Católica). No início de sua atuação – a qual seguiu um caminho de múltiplas orientações, passando pelo guevarismo e pelo maoísmo, até dissolver-se no seio do PC do B (Partido Comunista do Brasil) –, a AP defendia o que considerava um socialismo humanista, nem capitalista nem comunista.

Ainda no período anterior ao golpe de 1964, destacava-se a atuação das Ligas Camponesas, desde 1955 na luta pela reforma agrária. Seu principal expoente era Francisco Julião, o qual, ainda em 1962, fundou o MRT (Movimento Revolucionário Tiradentes), organização que objetivava lançar a guerrilha rural.

Também no campo das esquerdas, havia o PSB (Partido Socialista Brasileiro), fundado em 1947 com o lema "Socialismo e Liberdade", e que defendia que as transformações econômicas e sociais de que necessitava o Brasil seriam conseguidas por meio de reformas e pela via democrática. O PSB participou ativamente da Frente Parlamentar Nacionalista e das campanhas pelas reformas de base. Já depois do golpe, muitos militantes desse partido acabaram por participar posteriormente das organizações das esquerdas armadas.

Como primeiro racha do PCB havia o PC do B, surgido em 1962. Seu nascimento relaciona-se à não aceitação, por parte de seus fundadores, da

---

Centro de Estudos dos Direitos da Cidadania da USP, e realizado entre os dias 13 e 15 de agosto de 2003, no auditório de História da FFLCH/USP.

mudança de nome e de estatutos do PCB, em 1961, mudanças estas que visavam legalizar o partido. O grupo de Diógenes Arruda, João Amazonas, Maurício Grabois e Pedro Pomar considerou que a direção do PCB estava renegando o partido fundado em 1922 e criando um partido "revisionista". Crescia a oposição à direção do partido e, com o tempo, os críticos de suas orientações foram sendo expulsos. Foi assim que, em fevereiro de 1962, realizou-se a Conferência Nacional Extraordinária do PC do B, o qual se proclamava o legítimo continuador do partido fundado em 1922. A origem da cisão, contudo, remonta a um momento anterior, aos debates realizados no PCB no período de 1956 a 1960, ocasião em que eram discutidos quais rumos deveriam ser tomados, após se ter conhecimento do Relatório Kruchev, na URSS, que denunciava os crimes do stalinismo. Desses debates, os futuros fundadores do PC do B saíram desprestigiados e vistos como muito próximos da posição stalinista.

Em sua Conferência Extraordinária, o PC do B aprovou documentos que retomavam as ideias do IV Congresso do PCB, de 1954, defendendo a necessidade de luta por um governo popular e revolucionário, pela constituição de um novo regime, antiimperialista, antilatifundiário e antimonopolista. Para o PC do B, a luta seria pela via armada, por isso também seus militantes praticamente não participaram das reivindicações pelas reformas de base.

Dentre as esquerdas pré-64, havia ainda o PORT (Partido Operário Revolucionário-Trotskista), fundado em 1953 e filiado à IV Internacional. Como se vê, à época do golpe as esquerdas brasileiras estavam bastante divididas e esse fato parece que teve o seu peso para a esmagadora derrota sofrida. É significativo notar que mesmo entre as esquerdas comunistas havia muitas divergências, sobretudo com relação à aliança com a burguesia e ao caminho da revolução. No entanto, havia também pressupostos em comum entre PCB, PC do B e Polop. Entre essas convergências, a principal era a noção de que o país vivia às vésperas da revolução, revolução que era certa – em uma convicção que tinha origem, de acordo com Reis Filho, na Internacional Comunista fundada em 1919, pela qual o mundo estava na iminência da revolução socialista.

O golpe

Na madrugada de 31 de março para 1º de abril de 1964 iniciou-se o golpe civil-militar contra o governo legalmente constituído de João Goulart, e que se consolidou, quase sem disparar tiros, no decorrer do dia 1º de abril. Contrariando todas as expectativas e discursos, praticamente não houve resistência. As esquerdas enfrentaram o golpe – articulado pelas Forças Armadas e pela grande burguesia nacional, com apoio dos Estados Unidos – surpresas e paralisadas, uma reação que acabou por ter importância, posteriormente, para a decisão de se armar efetuada por parcela das esquerdas.

Efetivado o golpe, os militares tomaram diversas atitudes para desmantelar a oposição: destruíram a FMP (Frente de Mobilizações Populares), que congregava diversos movimentos em torno das reformas de base; intervieram em vários sindicatos; desmontaram as Ligas Camponesas; atearam fogo à sede da UNE (União Nacional dos Estudantes); cassaram os direitos políticos de inúmeros cidadãos, por meio do AI-1 (Ato Institucional nº 1); instauraram IPMs (inquéritos policial-militares), pelos quais afastaram muitas pessoas do serviço público e levaram à reserva diversos militares; prenderam pessoas, torturaram e assassinaram.

A 9 de abril de 1964 foi editado o primeiro de uma série de 17 AIs, os atos institucionais, por intermédio dos quais a ditadura legislava livremente. Dentre outras medidas, o AI-1 instituía a eleição indireta para o presidente e o vice-presidente do país; a suspensão das garantias constitucionais ou legais de vitaliciedade e estabilidade; a possibilidade de suspensão dos direitos políticos dos cidadãos brasileiros pelo período máximo de dez anos e a possibilidade de cassar mandatos legislativos em todos os âmbitos. O AI-1 buscava dar a orientação da ditadura constituída, apresentando-a como uma "autêntica revolução", realizada, segundo o argumento dos ditadores, pelo fato de que "os processos constitucionais não funcionaram para destituir o governo, que deliberadamente se dispunha a bolchevizar o País" (*apud* Constituição da República Federativa do Brasil, 1981, p. 177).

O governo Castello Branco, o primeiro dos mais de vinte anos de ditadura, tinha força para impor medidas que buscavam a estabilidade financeira de acordo com as orientações do FMI, aplicando severo arrocho salarial que atingia inclusive a classe média. Em 27 de outubro de 1965, foi publicado o AI-2, que, entre outras medidas, possibilitava que o presidente decretasse o estado de sítio e o prorrogasse por até 180 dias, e não mais 30 dias, como dizia o AI-1. Permitia ainda que o presidente decretasse intervenção federal nos estados, bem como extinguia os partidos políticos. A partir desse momento, instituía-se o bipartidarismo: passaram a existir a governista Arena (Aliança Renovadora Nacional) e o "oposicionista" MDB (Movimento Democrático Brasileiro). Saliente-se que, em sua maioria, os AIs continham uma cláusula pela qual ficavam excluídos de qualquer apreciação judicial.

Em 5 de fevereiro de 1966 foi editado o AI-3, que instituía a eleição indireta para governador e vice-governador e a nomeação, pelos governadores, dos prefeitos das capitais do país, além de outras medidas.

As esquerdas depois do golpe

Após o golpe, as esquerdas precisavam rever-se por completo, reavaliando sua análise da sociedade brasileira. Foram então elaboradas diversas explicações para a derrota: a força majoritária do PCB interpretava-a como fruto do "esquerdismo", ou seja, vinculava-a ao fato de que alguns líderes nacionalistas e comunistas teriam ido longe demais, para o contexto, em suas reivindicações. Por sua vez, a Polop e o PC do B consideravam-na resultado do "direitismo", isto é, fruto do acusado reformismo do PCB.

Não havia concordâncias plenas nem mesmo no interior das organizações. No seio do PCB, dessa maneira, desenvolvia-se uma tendência bastante crítica à atuação e às premissas do partido, desiludida pela esmagadora derrota que foi a instauração da ditadura. Essa tendência, autodenominada Corrente Revolucionária, articulava-se em torno de dirigentes tradicionais do partido, como Apolônio de Carvalho, Carlos Marighella, Jacob Gorender, Joaquim Câmara Ferreira, Jover Telles e Mário Alves. A Corrente Revolucionária, ou simplesmente Corrente, fortalecia-se como tendência de oposição e, em 1966, tornava-se um movimento vasto e ativo no interior do partido. Porém, se havia pontos comuns entre os críticos da posição da direção do PCB, havia também muitos pontos conflitantes com relação à necessidade do que fazer. Essas discordâncias foram decisivas para a enorme fragmentação das esquerdas pós-golpe. Assim, Marighella defendia, desde 1965, em seu livro *Por que resisti à prisão*, a necessidade da luta armada contra a ditadura. Mário Alves ia pelo mesmo caminho, mas com algumas nuances a distanciá-los. Apolônio de Carvalho e Jacob Gorender consideravam que era preciso rearticular o movimento social e reorganizar um partido revolucionário. Jover Telles, por sua vez, partiria dentro em breve para o PC do B.

Não apenas nas lideranças, mas também entre as bases do PCB havia descontentamento, em especial entre os estudantes. Pela primeira vez na história do partido as bases participavam de uma luta interna com grande autonomia e de forma razoavelmente independente dos movimentos da cúpula. Foi assim que surgiram no meio estudantil, e sob influências da Polop e do PC do B, as chamadas Dissidências, que tinham expressão nacional, mas que também não se uniram nem formaram uma única organização, senão que se dividiram, ingressando em organizações já existentes ou formando outras autônomas.

Em 1º de dezembro de 1966, Carlos Marighella, por sua "Carta à Executiva", renunciou a esta comissão do PCB, argumentando que o "contraste" entre suas "posições políticas e ideológicas" e as da Executiva era "demasiado grande" (MARIGHELLA, 1979, p. 89). Questionando diversos aspectos da Executiva, ele considerava que o caminho para a transformação do Brasil, com a necessária eliminação da ditadura, só podia ser "a luta armada, o caminho revolucionário, a preparação da insurreição armada do povo, com todas as consequências e implicações que daí resultam" (MARIGHELLA, 1979, p. 93). Além disso, acreditava que a hegemonia na luta tinha de estar com o proletariado, em aliança com o camponês, que era visto como "o fiel da balança da revolução brasileira" (MARIGHELLA, 1979, p. 95), e não com a burguesia.

Em abril de 1967, suas teses críticas ao partido foram aprovadas na Conferência Estadual do PCB em São Paulo. Marighella, inclusive, desde 1966 era o primeiro-secretário do Comitê Estadual de São Paulo. Agosto de 1967 foi um mês decisivo: o líder comunista foi a Havana, sem autorização do partido, para participar da conferência que deu origem à OLAS (Organização Latino-Americana de Solidariedade), ocorrida entre 31 de julho e 10 de agosto desse ano. A OLAS acabou por se reunir apenas nesta ocasião, mas suas teses causaram grande impacto e desempenharam um papel relevante para a condução das lutas sociais neste continente. Dentre essas teses, destacava-se a necessidade inadiável da revolução, que era "um direito e um dever dos povos da América Latina", uma revolução que seria antiimperialista, para que se conseguisse a libertação nacional e, ainda, se tivesse em vista a necessária construção do socialismo. Além disso, as teses da OLAS defendiam que a luta revolucionária deveria ser realizada pela via armada e, especialmente, manifestar-se por meio da guerrilha, que seria o "método mais eficaz para iniciar e desenvolver a luta revolucionária na maioria dos nossos países". Era ainda vista como fundamental a solidariedade entre os povos latino-americanos e também diante dos movimentos revolucionários asiáticos e africanos, bem como com os países socialistas. A Declaração da OLAS finalizava pelo lema que Carlos Marighella tantas vezes apregoava: "O dever de todo revolucionário é fazer a revolução" (MARIGHELLA, 1999, p. 312-4).

O PCB, que se opunha à OLAS, afastou Marighella do Comitê Central. Em setembro do mesmo ano, e junto com Jover Telles, ele foi expulso do partido, uma decisão referendada em dezembro, durante o Sexto Congresso, no qual foram expulsos também Apolônio de Carvalho, Jacob Gorender, Joaquim Câmara Ferreira, Mário Alves e Miguel Batista dos Santos. Os dirigentes expulsos não saíram sozinhos, mas produziram rachas no partido, já que com eles saíram diversos militantes. No caso de Marighella, ele foi acompanhado sobretudo por militantes de São Paulo, que formaram em fevereiro de 1968 o Agrupamento Comunista de São Paulo, organização que no final desse ano veio a ser chamada de Ação Libertadora Nacional, a ALN. O Agrupamento Comunista de São Paulo definia como um de seus princípios a chamada "democracia revolucionária, onde o que vale é a ação, o que se leva em conta é o interesse da revolução, onde a iniciativa concreta é o dever fundamental". Seus princípios eram três: "o primeiro é que o dever de todo revolucionário é fazer a revolução; o segundo é que não pedimos licença para praticar atos revolucionários e o terceiro é que só temos compromissos com a revolução" (MARIGHELLA, 1979, p. 134).

Apolônio de Carvalho, Jacob Gorender, Mário Alves e, inicialmente, Jover Telles ocasionaram um novo racha ao PCB, que deu origem ao PCBR (Partido Comunista Brasileiro Revolucionário), em abril de 1968. Entre as Dissidências, algumas se integraram à ALN, outras ao PCBR, enquanto outras ainda mantiveram sua autonomia, como a Dissidência do Estado do Rio, que logo partiu para a ação armada, e a Dissidência da Guanabara, que, com o tempo, também se definiu pela posição da ação armada imediata. A Dissidência gaúcha, por sua vez, uniu-se à Polop, dando origem ao POC (Partido Operário Comunista).

No período pós-64, também a Polop atravessou rachas, como os que deram origem à VPR (Vanguarda Popular Revolucionária) – fruto de polopistas com parte do MNR (Movimento Nacionalista Revolucionário), organização do "nacionalismo de esquerda" – e aos Colina (Comandos de Libertação Nacional). A VPR e os Colina terminaram por se unir, originando a VAR-Palmares (Vanguarda Armada Revolucionária-Palmares), a qual logo em seguida também rachou, originando a nova VPR e os que continuaram com o nome VAR-Palmares.

O chamado "nacionalismo de esquerda" também não conseguiu obter unidade, originando o MNR, o MAR (Movimento Armado Revolucionário), a RAN (Resistência Armada Nacionalista), a FLN (Frente de Libertação Nacional), o MR-21 (Movimento Revolucionário 21 de abril) e o MR-26 (Movimento Revolucionário 26 de março).

Por sua vez, o PC do B, primeiro racha do PCB, não passou incólume à fragmentação, originando o PCR (Partido Comunista Revolucionário) e a Ala Vermelha do PC do B (ou simplesmente Ala Vermelha). Também a Ala sofreria rachas, com a formação do MRT (Movimento Revolucionário Tiradentes) e do MRM (Movimento Revolucionário Marxista). Por fim, a AP também sofreu uma dissensão, que originou o PRT (Partido Revolucionário dos Trabalhadores).

As divergências entre as esquerdas

Para pensar sobre as organizações de esquerda no pós-64 e suas muitas divisões, consideremos, ainda que de modo breve, a análise feita por Marcelo Ridenti (1993), o qual partiu das considerações de Marco Aurélio Garcia em "Contribuição à história da esquerda brasileira, 1964-1979" – texto publicado no jornal *Em Tempo* – para pensar as principais divergências existentes entre os grupos de esquerda, as quais giravam em torno do caráter da revolução, das formas de luta para a tomada do poder e, ainda, quanto ao tipo de organização necessária para a revolução.

Quanto à primeira divergência, havia basicamente duas posturas principais: a defesa da revolução de libertação nacional como etapa anterior à revolução socialista, uma posição que estava mais próxima das teses do PCB; e a defesa da imediata revolução socialista. Por detrás das diferenças havia algumas semelhanças entre os dois posicionamentos, pois todos concordavam com a questão das *etapas da revolução*; apenas, os que defendiam a imediata revolução socialista julgavam que a primeira etapa já estava cumprida no Brasil. Além disso, as diversas organizações consideravam que havia entraves ao desenvolvimento das forças produtivas brasileiras, em razão do latifúndio e do imperialismo – e os que defendiam a imediata revolução socialista julgavam que a burguesia nacional era aliada incondicional desses fatores de atraso, portanto não havia nenhuma hipótese de compor forças com ela.

A ALN estaria identificada, em um certo sentido, com a linha do PCB, das duas etapas da revolução brasileira, sendo a primeira a *libertação nacional*, que uniria amplos setores da população para o desenvolvimento das forças produtivas e para a superação dos entraves ao desenvolvimento do país, os quais seriam propiciados pela permanência do latifúndio e pela exploração imperialista. Mas se afastava de sua matriz tanto pela defesa e realização da prática revolucionária armada, quanto pela defesa de que a condução do processo estivesse a cargo da aliança operário-camponesa. A ALN considerava ainda sua luta como essencialmente *anticapitalista*, o que o partido não dizia expressamente.

No ponto de vista de Marighella, a luta de guerrilhas permitiria a criação de um exército revolucionário de libertação nacional, por isso a ALN buscava uma estratégia que combinasse a guerrilha urbana, a guerra psicológica e a guerrilha rural – esta última seria o vetor para onde se deveriam concentrar todos os esforços. A nítida defesa da formação de um governo popular-revolucionário era mais um elemento decisivo a diferenciar a concepção da ALN daquela defendida pelo PCB, fazendo que a organização ficasse em uma posição intermediária entre o modelo de revolução burguesa e a revolução socialista imediata. Próximos à ALN, segundo Ridenti, estavam o PCBR e a Ala Vermelha. Por sua vez, defendendo a imediata revolução socialista, encontravam-se a VPR, a VAR-Palmares, o POC, o PRT e o MR-8,[7] por exemplo, organizações que herdavam muito das concepções da Polop do pré-golpe.

Outra questão que acendia debates entre as esquerdas dos anos 1960 e inícios da década de 70 era a de como deveria ser a organização revolucionária. Era ou não preciso um partido leninista para coordenar a revolução? O PCBR, a ALA, o PRT, o POC e o MR-8 consideravam necessária a imediata constituição de um partido revolucionário. Já a ALN, a VPR, o MNR e os Colina julgavam que o partido poderia ser construído no processo mesmo da luta, uma concepção que se inspirava na Revolução Cubana, em que o partido só foi construído depois da tomada do poder. E assim, o Agrupamento Comunista de São Paulo, em seu pronunciamento, definia-se como uma espécie de negação da estrutura partidária, afirmando não desejar a construção de outro partido comunista e sim o "partir diretamente para a ação, para a luta

---

7 Em setembro de 1969, quando realizou juntamente com a ALN a captura do embaixador norte-americano, a Dissidência da Guanabara (DI-GB) não podia assinar o manifesto, que foi lido nas principais redes de televisão do país, como Dissidência, apenas. Na altura, a repressão havia recentemente desmantelado a Dissidência do Estado do Rio, a qual tinha um jornal intitulado MR-8 (Movimento Revolucionário 8 de outubro), noticiando que destruíra uma organização de nome MR-8. A Dissidência da Guanabara, então, para despistar a repressão e confundi-la, resolveu se autointitular MR-8.

armada", salientando ainda sua aversão à teoria: "O conceito teórico pelo qual nos guiamos é o de que a ação faz a vanguarda" (MARIGHELLA, 1979, p. 137).

A respeito da estrutura da organização, Marighella – cuja defesa de que "não é necessário pedir autorização para ninguém para praticar um ato revolucionário" também se tornou célebre – definia, em seu *Pequeno manual do guerrilheiro urbano*, de junho de 1969, que a organização seria "uma rede indestrutível de grupos de fogo e de coordenação", com "um funcionamento simples e prático, com um comando geral que também participa nos ataques, porque nesta organização não se admite nada que não seja pura e simplesmente a ação revolucionária" (MARIGHELLA, 1974, p. 67).

Divergindo quanto à necessidade ou não do partido para a condução da revolução, as diversas organizações das esquerdas armadas coincidiam na posição *vanguardista*, como destaca Ridenti, já que elas centravam sua discussão "no papel da suposta vanguarda, e não no movimento contraditório da sociedade de classes". Segundo ele, também na ALN o discurso era organizado em torno da vanguarda, "que, no caso, deveria mostrar na prática armada cotidiana o acerto de suas concepções, sua condição de liderança revolucionária" (RIDENTI, 1979, p. 93). Em seus escritos, Marighella defendia constantemente a necessidade de ligação com as massas, mas pressupunha que ela viria da própria prática das ações armadas, ou seja, que a realização das ações já era um modo de participar da luta pela concretização das aspirações populares e, ainda, de atrair o povo para a luta.

O terceiro ponto fundamental de divergências entre as organizações dizia respeito às formas de luta revolucionária. O PCB permaneceu em sua posição anterior ao golpe, a defesa do chamado *caminho pacífico da revolução*. O PORT, por sua vez, defendia a necessidade da luta armada, mas não da guerrilha, e sim da insurreição e, por esse motivo, não realizou ações armadas. O PC do B, que defendia a concepção maoísta de *guerra popular prolongada*, manteve-se afastado das ações nas cidades e foi, ao longo dos anos, preparando a guerrilha rural, que por fim foi desencadeada na região do Araguaia.

218 Marina Ruivo

Dentre as organizações que realizaram ações armadas urbanas, havia duas linhas principais em relação à questão de como a guerrilha deveria se efetivar no campo, que era o objetivo principal de todas elas: o guevarismo e o maoísmo.[8] Na primeira tendência, aglutinavam-se a DI-RJ (MR-8) e os Colina, por exemplo. Na segunda, pode-se pensar na Ala Vermelha, que amalgamava maoísmo e guevarismo, no entender de Jacob Gorender (1987) e Marcelo Ridenti (1993). A ALN, por sua vez, aproximava-se bastante das concepções de Guevara e alinhava-se às teses da OLAS. Todavia, Carlos Marighella buscava recusar o chamado *foquismo*,[9] defendendo uma concepção que estivesse mais próxima da realidade brasileira, que seriam as colunas móveis de guerrilha, já utilizadas, por exemplo, por Lampião.

Mas, afinal, o que tinham em comum as organizações de esquerda do pós-64? A ideia de que a revolução seria iniciada pelo campo e a noção de que era fundamental a participação dos operários e das massas urbanas nesse processo. Ademais, muitas das organizações concordavam com as ações armadas nas cidades, para a obtenção de fundos para a luta no campo, para a propaganda da luta e para a própria sobrevivência orgânica das organizações.

Como pressupostos teóricos comuns, vemos com Marcelo Ridenti que as organizações consideravam que o desenvolvimento brasileiro era travado pela dominação imperialista; assim, havia que acabar com a ditadura e modificar completamente esse modelo que perpetuava a estagnação. As condições objetivas para a revolução estariam, pois, dadas; era necessário criar as subjetivas e, para tal, era preciso uma vanguarda efetiva, que lançasse a guerrilha rural, desencadeando uma luta armada longa e que englobaria várias etapas.

Além disso, todas as organizações eram parte de um determinado contexto histórico, nacional e internacional, que teve muita importância para que as

---

8   Para a compreensão do guevarismo e do maoísmo, ver Gorender (1987, p. 79-83), Ridenti (1996, p. 44-53) e Saint-Pierre (2000, p. 155-202).

9   O foquismo é uma concepção formada a partir do pensamento de Regis Debray, na obra *Revolução na revolução* (São Paulo: Centro Editorial Latino-Americano, s. d.), o qual toma como ponto de partida a teorização de Che Guevara e defende, basicamente, que a guerrilha deve ser instaurada no meio rural por intermédio de pequenos focos.

esquerdas se armassem. Havia ainda convergências de atuação, pois as organizações eram predominantemente urbanas e não conseguiram, em sua maioria, lançar a guerrilha rural, sendo sufocadas na sequência de ações urbanas que, a partir de um determinado momento, visavam mais à própria sobrevivência do grupo. As organizações também procuravam se inserir nas massas, mas após 1968 isso ficou muito difícil, com o refluxo dos movimentos populares provocado pela repressão governamental cada vez mais desenfreada.

1968

Profundas agitações, em especial relativas aos movimentos operário e estudantil, marcaram esse ano. Quanto ao primeiro movimento, há que considerar que no período entre 1964 e 1970 o Ministério do Trabalho destituiu as diretorias de mais de quinhentos sindicatos, principalmente dos trabalhadores da indústria. Porém, mesmo com diretorias eleitas conforme os padrões de confiabilidade do regime, elas não poderiam se distanciar completamente das reivindicações das bases, e assim é que foi criado, em novembro de 1967, o MIA (Movimento Intersindical Antiarrocho).

O ano de 1968 teve grande importância para o movimento operário, pois, ainda que tenha sido o primeiro dos anos do "milagre brasileiro", o operariado sofria com o arrocho salarial. Em 16 de abril desse ano iniciou-se uma greve na Siderúrgica Belgo-Mineira, em Contagem, que reivindicava o reajuste salarial acima do teto oficial de 17%. De imediato, houve a adesão de 1.200 funcionários, mas os números aumentavam constantemente. O movimento foi tão forte que o próprio ministro do Trabalho, Jarbas Passarinho, foi a Belo Horizonte negociar. A greve obteve uma vitória parcial, terminando em 2 de maio. A partir daí, iniciaram-se os preparativos para uma greve geral, prevista para ocorrer entre outubro e novembro do mesmo ano.

No entanto, a movimentação em Osasco acelerava-se, com a eleição da chapa da oposição sindical para o Sindicato dos Metalúrgicos. Em 16 de julho, os operários da Cobrasma, maior fábrica da cidade, entraram em greve, ocupando suas instalações. A greve rapidamente foi decretada ilegal pelo governo, e a polícia invadiu a Cobrasma, realizando muitas prisões, especialmente dos que eram considerados líderes do movimento.

No caso dos estudantes, ainda que a UNE tivesse sido levada à ilegalidade logo na sequência imediata ao golpe, a entidade continuava atuando. Com a concretização dos acordos MEC-Usaid (Ministério da Educação e Cultura – United States Aid for Development) cada vez mais próxima no horizonte, eram organizados mais protestos de rua, que reuniam grande número de pessoas e exigiam o fim da ditadura. Nas universidades, vivia-se a problemática da falta de vagas e questionava-se a qualidade do ensino. Em 28 de março de 1968, a Polícia Militar invadiu a tiros o restaurante estudantil Calabouço, no Rio de Janeiro, ferindo diversas pessoas e matando o secundarista Edson Luís de Lima Souto. A indignação tomou conta dos brasileiros e 60 mil pessoas saíram às ruas para participar de seu enterro, em protesto.

Em 20 de junho, também no Rio de Janeiro, os estudantes, em assembleia para discutir o que fazer diante da assinatura dos acordos MEC-Usaid, foram cercados pela polícia e aglomerados no gramado de futebol do Campo do Botafogo, onde foram violentamente agredidos e humilhados, o que acirrou ainda mais a indignação da população, já que as imagens dos estudantes deitados na grama e apanhando de todas as formas foram veiculadas nos jornais e mesmo na TV. No dia seguinte, uma sexta-feira, houve diversos protestos pelo ocorrido e a reação da polícia foi extremamente violenta, ferindo muitos e matando quatro pessoas. A violência policial foi tanta que esse dia acabou por ficar conhecido como a "Sexta-Feira Sangrenta". Os diversos setores da população articularam-se para protestar na próxima quarta-feira, 26 de junho, quando se atingiu o pico do movimento de massas. A ditadura proibira qualquer manifestação de rua, mas foi obrigada a recuar pela quantidade enorme de pessoas mobilizadas: realizou-se então a memorável Passeata dos Cem Mil, no Rio de Janeiro.

De abril a outubro de 68 houve diversos protestos de massa nas principais capitais do país, motivados pela insatisfação da própria classe média com o regime, pelo florescimento cultural pré-64 que permanecia vivo e pela mobilização dos movimentos operário e estudantil, especialmente. Em São Paulo, por exemplo, foi travada a batalha da Maria Antônia, rua do bairro Vila Buarque, entre estudantes de esquerda da Faculdade de Filosofia da USP e estudantes de direita, especialmente do CCC (Comando de Caça aos Comunistas), que utilizavam como trincheira a Universidade Mackenzie, na mesma rua. Os combates acabaram por ocasionar a morte do estudante da USP José Guimarães, o que provocou um protesto de estudantes pelas ruas do centro da cidade, carregando, em cortejo fúnebre, o cadáver.[10]

Em 12 de outubro do mesmo ano, os participantes do 30º Congresso da UNE, que se realizava em Ibiúna, no estado de São Paulo, foram surpreendidos pela polícia, cercados e presos. Muitos foram soltos em pouco tempo, mas as principais lideranças permaneceram aprisionadas por meses, e alguns somente foram libertados pelas exigências feitas à Junta Militar pelas organizações que realizaram a captura do embaixador norte-americano, em setembro de 1969.

Na interpretação de Marcelo Ridenti, o intenso movimento de massas de 68 não era previsto pelos que já organizavam a luta armada, mas foi bem-visto e recebeu o apoio das organizações. Assim, nos episódios da greve de Osasco e da guerra da Maria Antônia, VPR e ALN deram armas e recrutaram muitos militantes. Já Jacob Gorender identifica que, por detrás dessas grandes movimentações de massa, estavam especialmente as organizações armadas de esquerda.

No final de 1968, as Forças Armadas fizeram um pedido formal para processar o deputado Márcio Moreira Alves, pelo fato de que este, em um discurso na Câmara dos Deputados, sugerira que o povo boicotasse os desfiles militares do 7 de setembro, em protesto contra a invasão da UnB (Universidade de Brasília) por tropas policiais e militares, quando vários estudantes foram presos e agredidos. O Congresso, no dia 12 de dezembro, recusou a autorização solicitada pelas Forças Armadas, e este acontecimento foi utilizado como pretexto para a edição, em 13 de dezembro, do AI-5 (Ato Institucional nº 5), o

---

10 A respeito do clima sociopolítico e cultural vivenciado na Faculdade de Filosofia, Ciências e Letras da USP, na rua Maria Antônia, e da batalha referida, conferir Maria Cecília Loschiavo Santos (*Maria Antônia: uma rua na contramão*. São Paulo: Nobel, 1988), com destaque para o artigo de Antonio Candido, "O mundo coberto de moços" (p. 35-9), presente também na coletânea de textos do autor, *Recortes* (1993).

fechamento total do regime, o chamado "golpe no golpe", ocasionando censura total e a prisão de inúmeras pessoas:

> Consumado o fechamento ditatorial, não era mais necessária a atuação provocadora das organizações paramilitares. O terrorismo de direita se oficializou. Tornou-se terrorismo de Estado, diretamente praticado pelas organizações militares institucionais. (GORENDER, 1987, p. 152)

Entre outras medidas, o AI-5 dava autorização ao presidente da República para decretar o recesso do Congresso Nacional, das Assembleias Legislativas e das Câmaras de Vereadores por meio de um ato complementar, como foi feito, para o Congresso e as Assembleias, no próprio dia 13 de dezembro de 68; permitia, novamente, que fossem suspendidos os direitos políticos de quaisquer cidadãos por um prazo de até dez anos, bem como fossem cassados os mandatos eletivos federais, estaduais e municipais; suspendia as garantias constitucionais ou legais de: vitaliciedade, inamovibilidade, e também a de exercício em funções por prazo certo; permitia a decretação do estado de sítio por um período livre, a cargo do presidente da República.

Depois do AI-5

O ano de 1969, iniciado sob o total fechamento da ditadura, foi marcado pelo que Jacob Gorender (1987, p. 153) chamou de "imersão geral na luta armada". A ALN e a VPR já realizavam ações de guerrilha urbana há algum tempo, e as outras organizações armadas de esquerda julgaram que era chegado o momento de iniciá-las, visando ao lançamento da guerrilha rural. No início, as ações surpreendiam o aparelho repressivo do Estado, e os Deops (Departamentos Estaduais de Investigações Criminais) eram ineficientes para os objetivos da ditadura de desmontar a luta das esquerdas armadas.

Com a finalidade de centralizar a atividade repressora, a ditadura criou, em 29 de junho desse ano, extraoficialmente, a Oban (Operação Bandeirantes), em São Paulo. Devido a seu caráter extraoficial, a Oban necessitava, para manter-se, de doações de grandes empresas brasileiras e multinacionais, interessadas no combate às organizações de esquerda. Criou-se então a "caixinha dos empresários", para a qual atuou ativamente o presidente da Ultragaz, Henning Boilesen, o qual, na linguagem das organizações guerrilheiras, foi "justiçado" por um comando conjunto da ALN e do MRT, em 15 de abril de 1971, episódio, como vimos, narrado em *Viagem à luta armada*.[11] A Oban caracterizou-se, desde o princípio, pela fúria repressiva, tornando-se, nas palavras de Gorender (1987, p. 157), "o mais famoso centro de tortura no Brasil em todos os tempos, só igualado pelo Quartel da Polícia do Exército do Rio, à rua Barão de Mesquita".

Em setembro de 1970, tornou-se uma instituição oficial, assumindo o nome de DOI-CODI II (Destacamento de Operações de Informações/Centro de Operações de Defesa Interna do II Exército). Seu comandante era o major Carlos Alberto Brilhante Ustra, conhecido como major Tibiriçá, o qual, em 2008, se tornou o primeiro militar a ser reconhecido, pela Justiça brasileira, como torturador – reconhecimento obtido pela ação judicial declaratória movida pela família Almeida Teles: Janaína Teles, Edson Luís de Almeida Teles, César Augusto Teles, Maria Amélia de Almeida Teles e Criméia Alice Schmidt de Almeida.

O DOI-CODI foi criado em diversas capitais do Brasil, fazendo dos Deops meros apêndices da repressão. No entanto, em São Paulo, o Deops permaneceu como força repressiva, sendo comandado pelo delegado Sérgio Paranhos Fleury, do Esquadrão da Morte. Entre os anos de 1969 e 1970, a repressão intensificou-se, ao passo que as organizações das esquerdas armadas se debatiam com muitos problemas: o dinheiro arrecadado ia quase todo para a sobrevivência dos militantes, que estavam em sua maioria na clandestinidade; constantemente eram necessários novos "aparelhos", na medida em que os que existiam eram, com o uso da tortura, descobertos pela repressão; o dinheiro

---

11   Sobre a vida e a atuação do presidente da Ultragaz, foi lançado em 2009 o documentário *Cidadão Boilesen*, com direção de Chaim Litewski.

expropriado diminuía, pois os bancos faziam artifícios para impedir o sucesso financeiro das operações.

1969 foi também um marco crucial da luta das esquerdas armadas: no dia 4 de setembro desse ano o MR-8 e a ALN realizaram a captura do embaixador norte-americano Charles Burke Elbrick, uma ação muito bem-sucedida pela qual as organizações conseguiram a libertação de 15 presos políticos, bem como a leitura de seu manifesto nos principais jornais da televisão, furando o cerco da censura. Em 7 de setembro o embaixador foi libertado. Tratou-se de uma ação de grande envergadura, que deixou o país em suspense, atraindo todas as atenções para a guerrilha urbana, e que motivou inúmeras discórdias no seio das próprias esquerdas armadas, pois muitos atribuíram a ela a responsabilidade por um endurecimento ainda maior do regime ditatorial.

Para Jacob Gorender, por exemplo, o endurecimento da ditadura revelou-se pelo fato de que, para os quinze presos libertados, foi criada a pena de banimento, por meio do AI-13, de 5 de setembro de 1969. No dia 19 do mesmo mês, pelo AI-14, foram criadas as penas de morte e de prisão perpétua. Em 28 de setembro, um decreto-lei fez vigorar uma nova Lei de Segurança Nacional (LSN). Por fim, em 17 de outubro foi decretada a Emenda Constitucional nº 1, que se constituía, na prática, em uma nova Constituição.[12] Os participantes da captura do embaixador, por sua vez, foram praticamente todos presos, desencadeando-se uma terrível onda de prisões, torturas e assassinatos.[13]

Por outro lado, um dos participantes da ação, Manoel Cyrillo, pondera o peso que recai sobre a captura, considerando que o país já era à altura

---

12 Conferir a redação integral da emenda em *Constituição da República Federativa do Brasil*, 1981, p. 9-73.

13 O primeiro testemunho a abordar a captura do embaixador norte-americano é o de Fernando Gabeira, *O que é isso, companheiro?* (1979). Em 1997, Bruno Barreto lançou o filme de mesmo título, inspirado na obra de Gabeira. O filme rendeu muita polêmica, devido, principalmente, à forma como caracteriza os guerrilheiros e os torturadores. Para conferir tal polêmica, sugerimos a leitura de *Versões e ficções: o sequestro da história*, obra organizada pelo historiador Daniel Aarão Reis Filho e com textos de diversas pessoas, muitas delas ex-militantes de organizações das esquerdas armadas, sobre o assunto.

Geração Armada 225

governado por uma Junta Militar, e que o AI-5 já havia sido baixado, abrindo espaços para a ditadura mandar e desmandar.[14]

O ano de 1969 carrega também um triste marco na história das esquerdas armadas, pois em 4 de novembro desse ano a repressão montou o cerco e conseguiu assassinar Carlos Marighella. Tratou-se de um profundo golpe sofrido não somente pela ALN, mas por todas as organizações armadas de esquerda.[15] Após a notícia da morte de Marighella, Joaquim Câmara Ferreira, o Toledo, que estava em Paris desde o término da ação do americano, da qual participou diretamente, foi a Cuba, visando articular o retorno ao Brasil de diversos militantes que já tinham terminado o treinamento político-militar. Em Paris, Toledo articulava a representação da ALN na Europa, onde Sartre já havia oferecido as páginas da *Temps Modernes* para "a publicação de documentos da ALN, o que se fez na edição de novembro de 1969", como nos informa Gorender (1987, p. 186), que complementa: "Sartre comentou mesmo que se

---

14 As declarações de Manoel Cyrillo foram dadas durante o evento *Memória & Resistência – a educação pelo engajamento: 40 anos do golpe*, que ocorreu entre os dias 23 de agosto e 3 de setembro de 2004, na Faculdade de Educação da USP. Foram duas semanas de debates, a primeira sobre filmes relacionados à ditadura militar e às lutas de resistência, com participação de professores, pesquisadores e cineastas, e a segunda sobre experiências de resistência, com a presença de atores dessas lutas, compartilhando seus testemunhos com o público. Um histórico do evento e da trajetória da AEP encontra-se no prefácio que escrevi ao livro de Eloísa Aragão (2013, p. 13-17).

15 Sobre a morte de Marighella, também há uma polêmica, a respeito do grau de envolvimento de frades dominicanos. Para tal, consultar as versões conflitantes de Frei Betto (*Batismo de sangue. A luta clandestina contra a ditadura militar. Dossiês Carlos Marighella e Frei Tito*. 12. ed. rev. e ampl. São Paulo: Casa Amarela, 2001, p. 168-215) e Jacob Gorender (1987, p. 171-8), bem como o documentário Carlos *Marighella. Retrato Falado*, de Sílvio Tendler, no qual há os depoimentos dos frades. A versão de Frei Betto baseou-se na defesa dos frades dominicanos elaborada pelo advogado Mario Simas, contida na obra *Gritos de Justiça. Brasil 1963-1979* (São Paulo: FTD, 1986, p. 80-144). Sobre a trajetória do comandante da ALN, foi lançado recentemente o documentário *Marighella*, de Isa Grispun Ferraz (2012), já mencionado por nós. 2012 foi também o ano de publicação da biografia do líder comunista e guerrilheiro, de autoria de Mário Magalhães, *Marighella, o guerrilheiro que incendiou o mundo* (São Paulo: Companhia das Letras), fruto de uma extensa pesquisa de seu autor, ao longo de muitos anos, recolhendo depoimentos e documentos.

arrependia de haver recusado o Prêmio Nobel, porque o dinheiro dele poderia ser empregado no apoio aos revolucionários do Brasil e de outros países".

No começo de 1970, Toledo, o Velho, chegou ao Brasil, especificamente a São Paulo, objetivando alcançar a unidade da esquerda armada, organizar a volta ao país dos militantes que estavam no exterior em treinamento, e lançar a guerrilha no campo. Foi em 70 que se formou a Frente, uma união tática entre as organizações armadas de esquerda, composta inicialmente por ALN, VPR, MRT, Rede (Resistência Democrática) – que no próprio ano de 1970 integrou-se à ALN – e MRM. Em julho desse ano, também o MR-8 e o PCBR aceitaram juntar-se à Frente; posteriormente, o POC passou a integrá-la. O ano de 1970 foi também marcado por diversas tentativas de capturas de diplomatas e por três ações desse gênero efetivadas: em 12 de março, a VPR, o MRT e a Rede capturaram o cônsul japonês Nobuo Okuchi;[16] em 11 de junho, a VPR e a ALN, sob o comando de Bacuri, capturaram o embaixador da Alemanha Ocidental, Ehrefried Von Holleben;[17] em 7 de dezembro, a VPR e o MRT capturaram o embaixador suíço, Giovanni Enrico Bucher.[18]

Em 24 de outubro desse ano, Toledo foi preso por Fleury, devido à traição de um militante da ALN, José da Silva Tavares, codinome Severino, que passara para o lado do inimigo. A ALN sofreu mais um baque com a morte de seu comandante, mas permaneceu com a prática de ações armadas, sob o comando de uma Coordenação Nacional. A partir de 1971, as organizações das esquerdas armadas foram sendo completamente estilhaçadas pela fúria repressiva da ditadura, com a tortura e o assassinato sistemáticos de combatentes. À ALN, de acordo com Jacob Gorender (1987, p. 202), "coube [...] o sustento da guerrilha urbana até sua completa extinção", até 1973 ou princípios de 74. Não há registros precisos do encerramento das atividades da ALN. O segundo

---

16 Sobre essa ação, é interessante verificar as memórias do próprio Nobuo Okuchi, intituladas *O sequestro do diplomata* (São Paulo: Estação Liberdade, 1991).

17 A respeito da captura do embaixador da Alemanha Ocidental, consultar *Os carbonários*, de Alfredo Syrkis (1981, p. 165-98) e *Passagem para o próximo sonho*, de Herbert Daniel (Rio de Janeiro: Codecri, 1982).

18 Também sobre a ação do suíço, consultar Syrkis (1981, p. 225-86).

livro de Carlos Eugênio Paz, *Nas trilhas da ALN*, narra o período de discussões e reflexões sobre os rumos da organização, realizadas no exílio em Cuba, e a decisão de encerrar as ações armadas, com a retirada do Brasil dos combatentes que permaneciam vivos.

A ditadura militar venceu a guerra contra as esquerdas armadas, permanecendo no poder até 1985. Todavia, é importante considerar que não foi somente essa parcela das esquerdas que não conseguiu realizar seu projeto, mas também as outras formas de resistência à ditadura, esmagadas pelo poder repressivo, como aponta Marcelo Ridenti (1993, p. 66-7):

> Hoje, sabe-se que as diferentes formas de resistência nos anos 60 não obtiveram sucesso. [...] A proposta de redemocratização pacífica, do PCB; as teses de "guerra popular prolongada", do PC do B e da AP; de "revolução proletária" insurrecional, do PORT e da POLOP; a própria oposição liberal burguesa e pequeno-burguesa no Congresso Nacional e na "sociedade civil"; os movimentos de rua, os sindicais e os grevistas em 1968; nenhuma dessas organizações e movimentos de resistência obteve sucesso naquele momento, no combate à política de repressão policial, arrocho salarial e restrições às liberdades democráticas impostas pela ditadura. Fica, pois, difícil atribuir apenas às esquerdas armadas urbanas todo o peso da derrota das "forças progressistas". [...] Ademais, a atuação crescentemente violenta do Estado conseguiu potenciar os efeitos intimidatórios da repressão sobre a maioria da população com ímpeto muito maior que os esperados efeitos exemplares das ações armadas da esquerda.

Derrotadas, as esquerdas armadas dos anos 60/70 constituíram um exemplo de resistência do povo brasileiro contra a opressão e na luta por um projeto revolucionário para a nação, como destacou, por exemplo, o ex-comandante da VAR-Palmares, o jornalista e professor da Unifesp Roberto Espinosa: "Os movimentos armados, entretanto, haviam provado que o brasileiro não é um povo pacífico e desmascararam o caráter real da ditadura, iniciando sua derrocada do ponto de vista moral" (2000, p. 108).

O MPLA e a história angolana

Realizado esse percurso pelo universo das esquerdas brasileiras do imediato pré-1964 e de sua atuação no pós-golpe, embarcaremos aqui em alguns elementos referentes à história angolana que nos possibilitem mais bem compreender o que era e por que lutava o MPLA (Movimento Popular de Libertação de Angola), movimento em que esteve engajado Pepetela e que é caracterizado em seu romance A *geração da utopia*.

Logo de início, é preciso considerar o fato de que, muito embora os invasores portugueses tenham chegado a Angola ainda no século XV, e de que já em 1575 o capitão Paulo Dias de Novais tenha fundado a cidade de Luanda, o domínio português em Angola somente começou a se consolidar a partir de meados do século XIX. Dessa maneira, durante quatro séculos Portugal resumiu sua presença ao litoral da colônia, enfrentando diversas lutas de resistência dos povos africanos.[19] Ainda assim, foi possível à nação europeia manter e fazer crescer o tráfico de escravos, que se dirigia especialmente para o Brasil e que se prolongou para além de sua proibição oficial. A partir da crise do tráfico, Portugal aumentou a exploração comercial de produtos provenientes do interior da colônia, como a borracha, a cera e o marfim.

Foi no final do século XIX que a disputa entre as potências europeias aumentou consideravelmente no sentido da conquista e da partilha das terras africanas. Com a industrialização, a Europa necessitava cada vez mais de matérias-primas e foi buscá-las por intermédio da exploração e subjugação da África. Os meios técnicos europeus desenvolviam-se e, com a superioridade militar obtida, conseguiram vencer a resistência dos povos africanos. Foi nesse

---

19 Para o acompanhamento dessa longa trajetória de resistência dos povos angolanos, sugerimos a leitura de *História de Angola (Apontamentos)*, publicação do Centro de Estudos Angolanos, sediado em Argel e relacionado ao MPLA, do qual Pepetela foi um dos fundadores, como já mencionamos.

cenário, aqui apenas muito rapidamente esboçado, que Portugal começou a tomar medidas para garantir seu domínio sobre Angola, Moçambique, Cabo Verde, São Tomé e Príncipe e Guiné Bissau.

Dessa forma, a par das conquistas militares rumo ao interior angolano,[20] o governo português criava novas medidas para submeter a população africana ao seu domínio. Em 1906, por exemplo, foi criado o Imposto do Trabalho, que exigia um pagamento muito alto por parte dos camponeses ao Estado português. Como inúmeros deles não conseguiam pagar, o governo colonial instituiu seu pagamento mediante trabalhos forçados "temporários", os chamados "contratos", que subjugavam a população. A figura dos "contratados" foi, a partir dos anos 1940, convertida em matéria literária nos poemas da geração dos Novos Intelectuais de Angola (a respeito da qual falaremos logo adiante), como símbolo da exploração colonial, da resistência do africano e da necessidade de independência, como podemos ver nos versos do poema "Contratados", de Agostinho Neto, o poeta e militante da independência que depois se tornou o primeiro presidente da República Popular de Angola:

> Longa fila de carregadores/ domina a estrada/ com passos rápidos// Sobre o dorso/ levam pesadas cargas// Vão/ olhares longínquos/ corações medrosos/ braços fortes/ sorrisos profundos como águas profundas// Largos meses os separam dos seus/ e vão cheios de saudades/ e de receio/ mas cantam// Fatigados/ esgotados de trabalho/ mas cantam// Cheios de injustiças/ caladas no imo de suas almas/ e cantam// Com gritos de protesto/ mergulhados nas lágrimas do coração/ e cantam// Lá vão/ perdem-se na distância/na distância se perdem os seus cantos tristes/ Ah!/ eles cantam… (*apud* ANDRADE, 1975, p. 189-90)

---

20   Esta penetração dos portugueses rumo ao interior, nos séculos XIX e XX, também foi constantemente barrada e dificultada pela resistência dos povos angolanos. Sobre este processo, ver *História das campanhas de Angola: resistência e revoltas (1845-1941)*, de René Pélissier (Lisboa: Editorial Estampa, 1986, vols. I e II).

230 Marina Ruivo

A expansão do domínio português rumo ao interior prolongou-se pelas duas primeiras décadas do século XX, mas ainda entre 1940-41 Portugal defrontou-se com a resistência dos Kuvale, que se rebelaram contra a tomada de seu gado e de suas terras.[21] A noção tão propagada por Portugal a respeito de sua dominação sobre Angola durante cinco séculos é, assim, difícil de ser sustentada. Como já afirmou o historiador Marcelo Bittencourt (2002, p. 28): "A vitória sobre a pulverizada resistência africana no início do século XX marca de forma nítida o início, de fato, do período relativamente curto em que as forças portuguesas exerceram o controle político e militar sem contestações de vulto".

O começo do século XX marcou-se ainda por uma mudança de regime em Portugal, com o golpe de Estado de 1926, quando se instaurou uma ditadura na metrópole que também trouxe consequências às colônias. O número de portugueses que partiam para Angola aumentava e, entre 1900 e 1930, a população branca, que era de 9 mil pessoas, chegou a 30 mil. A partir de 1940, este número aumentou progressivamente e, em 1960, chegava a 172 mil pessoas.

Com a intensificação da política colonial, sobretudo a partir dos anos 1920, tanto a situação da população africana deteriorava-se, massacrada pelos impostos, pelo cultivo forçado de produtos agrícolas para exportação (especialmente do algodão), e pelo trabalho contratado, como também a situação dos *crioulos* angolanos modificava-se, aumentando a exploração sobre eles e diminuindo suas possibilidades de ascensão econômica e social. É importante ter em conta que, quando se fala em *crioulo*, se está pensando, em "uma mestiçagem de tipo cultural", o que significa que não se trata da cor da pele a definidora da crioulidade. Tratava-se da "presença simultânea de elementos de cultura africana e europeia", e é esta presença que fazia de alguém um crioulo

---

21 Com relação a este episódio, também sugerimos a leitura de René Pélissier (1986, vol. II, p. 267-74), em que o autor aponta como os Kuvale não haviam sido subjugados pelos portugueses até o princípio dos anos 1940. O exército colonial, nessa altura, organiza uma campanha para submetê-los, fazendo-os prisioneiros e expropriando seu gado e suas terras. Entre os prisioneiros – mais de 3.500 pessoas –, muitos foram levados a São Tomé e Príncipe, para o trabalho contratado.

ou não. Como reforça ainda Marcello Bittencourt (1996, p. 47), a crioulidade refere-se à capacidade de um indivíduo "de atuar nesses dois mundos e realizar uma interligação entre eles".

E, com a vinda cada vez mais maciça de colonos da metrópole, assumindo o controle dos créditos, das grandes companhias concessionárias e do comércio de matérias-primas, que se expandia continuamente, os crioulos eram progressivamente levados para cargos menores no funcionalismo público e para a situação de empregados no comércio.

Na política para Angola, o salazarismo manifestava-se ainda por intermédio de um rigor acentuado na política monetária, na busca de equilíbrio financeiro, e pela centralização cada vez maior da administração colonial, intensificando a subjugação do povo angolano. O principal motor da economia colonial era a produção de matérias-primas, com destaque para o algodão e também para o café, bem como a extração de diamantes. O nível de industrialização era baixíssimo.

Com relação à saúde nos tempos coloniais, Marcelo Bittencourt traz-nos alguns dados relevantes: em 1960, Angola possuía apenas 250 médicos, o que significava 1 médico para cada 18 mil habitantes. O número de enfermeiros e auxiliares médicos também era extremamente reduzido, contabilizando 1.000 profissionais, concentrados principalmente nas cidades. Havia somente 18 hospitais públicos em todo o território angolano, e as clínicas e hospitais privados, que somavam 67 unidades, destinavam-se apenas aos colonos com altíssimo poder aquisitivo.

Já com relação à educação, Bittencourt traz-nos o dado de que, em 1950, 97% dos africanos a partir de 15 anos eram analfabetos. A população africana praticamente não tinha acesso às escolas e, quando conseguia furar as inúmeras barreiras, o aprendizado voltava-se sobretudo para a realidade e a história portuguesas, desconsiderando a realidade angolana. Destacava-se ainda, nesse campo, a atuação das missões católicas e protestantes, sendo que estas últimas existiam em Angola desde o final do século XIX e seu ensino era, em geral, ministrado nas línguas locais. Muitos dos futuros dirigentes dos movimentos de libertação foram educados nessas missões protestantes – de que podemos lembrar, como um exemplo, a figura do próprio Agostinho Neto. Já as missões católicas para a educação configuraram-se especialmente a partir de 1940-41, mediante o Acordo Missionário e o Estatuto Missionário, que determinavam que o ensino dos africanos era de total responsabilidade da Igreja Católica. Todavia, tal ensino restringia-se apenas a uma pequena iniciação na língua portuguesa. Ainda com essa responsabilização do ensino assumida pela Igreja Católica, as missões protestantes foram mantidas. As missões religiosas, em especial as protestantes, desempenharam muitas vezes o papel de consolidação das elites locais, de onde posteriormente sairiam, como citamos, algumas lideranças dos movimentos de libertação.

Com a conjuntura que se começou a formar já a partir dos anos 1940, mas com mais força a partir da década de 1950, em que eram organizados diversos pequenos partidos e movimentos para denunciar o colonialismo e travar uma luta clandestina contra ele, Portugal, que vinha realizando algumas mudanças econômicas estruturais em sua política colonial – como o aumento dos investimentos públicos e privados e a maior fluência do capital estrangeiro na colônia –, introduziu algumas modificações nas áreas básicas, como a saúde e a educação destinadas aos africanos. Configurou-se uma "nova atitude da metrópole, embora mais preocupada em maquiar a situação do que em alterá-la significativamente" (BITTENCOURT, 1996, p. 88). É em especial por esse viés que pode ser entendido o fim do estatuto do indigenato – pelo qual, a partir de então, todos os habitantes de Angola passariam a ter, supostamente, os mesmos direitos e deveres –, bem como um relativo crescimento no ensino básico, a partir da possibilidade formal de que todos os angolanos frequentassem a escola. Muito embora essas medidas tivessem a referida função principal de maquiar o domínio colonial português sobre Angola, por meio do reforço de seu autodenominado caráter luso-tropicalista, elas chegaram a desempenhar também algum papel positivo para os próprios movimentos de libertação, que souberam capitalizá-las a seu favor.

"Vamos descobrir Angola"

Ainda que a ditadura salazarista proibisse em Angola a formação de partidos ou organizações políticas, a partir de 1930, e com patrocínio do governo metropolitano, que visava a uma aproximação com a população angolana como forma de melhor controlá-la, foi incentivado o retorno das atividades das associações culturais e recreativas, as quais haviam sido fechadas pelo então governador de Angola, Norton de Matos, em 1922. Assim é que foram criadas a Anangola (Associação dos Naturais de Angola), que se apresentava como sucessora do Grêmio Africano e congregava um número maior de brancos e mulatos; e a Liga Nacional Africana, herdeira da Liga Angolana e que reunia, em geral, negros e mulatos mais escuros.

Estas associações recreativo-culturais buscavam, até a metade dos anos 1940 mais ou menos, a comprovação da adaptação de seus membros aos valores e padrões culturais ocidentais. Mas revelaram-se também, e apesar de todas as dificuldades para a organização de reuniões que não se configurassem apenas como recreativas, espaços nos quais se iniciou, vagarosamente, um fermento de contestação ao sistema colonial. Assim, ainda que a situação econômica e social dos crioulos se deteriorasse cada vez mais, Marcelo Bittencourt (1996, p. 108) lembra-nos de que:

> [...] não obstante todos os problemas gerados pela consolidação colonial, vivia-se por essa época nova etapa de esperança no mundo, com o fim da Segunda Guerra. A participação de quadros africanos, a mobilização e a vitória dos aliados, mesmo que não significassem alterações práticas para os angolanos, produziram uma onda de otimismo. Ao mesmo tempo, prolifera-se aos quatro cantos do mundo, e em especial nos países africanos e asiáticos, vasta rede de ideias marxistas. Esse sentimento e essas concepções, dando prova da força dos condicionamentos externos, vieram a reforçar a esperança dos crioulos nas suas reivindicações.

No seio dessas associações culturais formam-se, ao longo dos anos 1940, duas correntes principais, uma mais reformista, que defendia a possibilidade de realizar melhorias dentro do próprio sistema colonial; e outra que Bittencourt chama de "radical" – e a historiadora portuguesa Dalila Cabrita Mateus (1999) chama de "revolucionária" –, que começava a se encaminhar para a percepção de que os problemas só poderiam ser resolvidos com a independência. Esta segunda tendência compunha-se prioritariamente de jovens, os quais passam a defender que as associações deveriam abrir suas portas para a participação das grandes massas africanas, constituindo bases populares. Para tal, estes jovens chegaram a sair pela periferia das cidades realizando algumas campanhas de alfabetização. Além disso, passaram a defender a valorização da cultura africana, afirmando-a mediante a fundação de revistas e jornais que se constituíram também em fonte de discussões políticas. Nesse momento, final dos anos 40, é importante ressaltar que já havia alguns grupos políticos que começavam a se organizar clandestinamente.

Em meio a essa movimentação em que as esferas da política e da cultura relacionavam-se intimamente – e que levam a pensar, em terras brasileiras, na efervescência que havia entre o final dos anos 1950 e o começo dos 60, quando a produção cultural acreditava poder de fato transformar a sociedade –, destacam-se alguns acontecimentos relevantes. Assim, em 1948 é constituído o movimento "Vamos Descobrir Angola", formado sobretudo por poetas que buscavam a afirmação da cultura e dos valores africanos, denunciando também situações que revelavam a exploração colonial:

> Em 1948, aqueles rapazes, negros, brancos e mestiços, que eram filhos do país e se tornavam homens, iniciam em Luanda o movimento cultural "Vamos descobrir Angola". Que tinham em mente? Estudar a terra que lhes fora berço, a terra que eles tanto amavam e tão mal conheciam. [...]
> O movimento, diz-nos o ensaísta Mário de Andrade, *incitava os jovens a redescobrir Angola em todos os seus aspectos através de um trabalho coletivo e organizado; exortava a produzir-se para o povo; solicitava o estudo das modernas*

> corrente culturais estrangeiras, mas com o fim de repensar
> e nacionalizar as suas criações positivas válidas; exigia a
> expressão dos interesses populares e da autêntica natureza
> africana, mas sem que se fizesse nenhuma concessão à sede
> de exotismo colonialistas. Tudo deveria basear-se no senso
> estético, na inteligência, na vontade e na razão africanas.
> (ERVEDOSA, s. d., p. 81-2, itálicos do original)

A partir desse caudal, "surge, consciente de sua missão" (ERVEDOSA, s. d., p. 85), em 1950, o Movimento dos Novos Intelectuais de Angola, o qual, no ano seguinte lança a revista *Mensagem*, uma publicação da Anangola que, alvo da repressão colonial, conseguiu editar apenas dois números: o número 1 trazia um espaço destinado a falar sobre o Movimento dos Novos Intelectuais de Angola, caracterizando-o como "um activo agrupamento literário em que militam alguns dos valores mais expressivos da moderníssima geração angolana, como *António Jacinto, Ermelinda Xavier, Orlando Távora, Leston Martins, Humberto da Silva*, e outros". Afirmava ainda que "'Mensagem' gostosamente se faz eco destas singelas palavras e põe-se à disposição de todos os que queiram ajudar a erguer o panorama cultural de Angola à cultura de si próprio".[22] Muito embora tenha tido apenas estes dois números, *Mensagem* desempenhou um papel bastante importante para a mobilização e a conscientização de muitos que, pouco depois, participariam ativamente da luta pela libertação. Como ressalta Carlos Ervedosa, os poemas e textos da revista circularam clandestinamente por muito tempo, de mão em mão, animando o desejo de independência. Assim, os principais atores de *Mensagem* foram os primeiros a possibilitar uma formação política mais consistente aos anseios de valorização da cultura africana e da necessidade de independência.

Outra publicação cultural de destaque nesse período foi a revista *Cultura*, que já havia sido publicada entre 1945 e 51 e que, em 1957, foi relançada com uma proposta mais radical na defesa da cultura africana, trazendo nomes

---

22 *Mensagem*, cópia xerográfica obtida pela gentileza do professor doutor Carlos Moreira Henriques Serrano (FFLCH/USP).

fundamentais para o panorama cultural e político de Angola, como os poetas Arnaldo Santos, Costa Andrade, João Abel, Manuel Lima, Henrique Guerra, Caobelo, Ernesto Lara Filho, os contistas Luandino Vieira, Mário Guerra, Hélder Neto, o ensaísta Adolfo Maria, o etnólogo Henrique Abranches, entre outros. Segundo Carlos Ervedosa, o número 1 da segunda fase de *Cultura* – que conseguiu editar doze números – afirmava:

> Não é apenas de hoje a necessidade de um jornal cultu-
> ral em Angola. Noutras épocas, outros homens realiza-
> ram a mesma tarefa. Porém, há vários anos, em virtude
> de circunstâncias que não interessa agora referir, não
> existe em Angola qualquer órgão cultural, especifica-
> mente cultural. No entanto, os problemas continuaram
> a sua marcha inexorável e os homens continuam presen-
> tes, portadores, já agora, de novas necessidades, novos
> anseios e novas coragens. Também maiores em número,
> consequentemente em qualidade. (s. d., p. 102)

Cumpre reforçar que a ação cultural e a ação política estavam profundamente ligadas nesse momento e, na maior parte das vezes, os indivíduos atuavam nas duas esferas. Também é importante destacarmos que os movimentos organizados pelos crioulos não pretendiam se circunscrever a seu próprio grupo, mas desejavam sair para as ruas e atingir as camadas populares, o que parece ter sido um fator decisivo para a articulação das organizações que deram início à luta armada de libertação. Assim, já em 1948 tem-se notícia da existência de três organizações políticas em Angola: o Comitê Federal do Partido Comunista Português (PCP), a Angola Negra e a Comissão de Luta das Juventudes contra o Imperialismo Colonial em Angola. Outro elemento importante para a reflexão sobre esse novo momento angolano é que, para a organização dos movimentos clandestinos que começavam a atuar visando à necessidade de independência, havia uma forte influência do pensamento de esquerda e, em especial, do marxismo.

...E lutar por sua independência

A partir do começo dos anos 1950 já eram diversos os pequenos partidos, movimentos e organizações que se articulavam para a luta pela independência, sobretudo em Luanda. Em 1955 foi fundado, por Viriato da Cruz, Ilídio Machado e Mário António, o Partido Comunista Angolano (PCA), o qual, segundo Dalila Cabrita Mateus (1999), inspirou-se nos documentos do Partido Comunista Brasileiro para fazer seu regulamento. O mesmo grupo que havia formado o PCA lançou, em 1956, o Partido da Luta Unida dos Africanos de Angola (Plua), que teria sido uma das principais forças para a constituição do MPLA.

Ainda nesse ano foi lançado um manifesto, costumeiramente denominado pelos pesquisadores como "Manifesto 56", cuja autoria muito provavelmente foi do Plua, lançando a defesa da necessidade de se constituir o "mais amplo MOVIMENTO POPULAR DE LIBERTAÇÃO DE ANGOLA", o qual não se daria pela associação de todos os "patriotas angolanos" a uma só organização política, mas pela proliferação de diversos agrupamentos, fazendo com que o movimento fosse "a soma das actividades de milhares e milhares de organizações (de três, mais de três, dezenas ou centenas de membros cada uma) que se criarem em Angola", organizações que se uniriam pelo fato de que cada uma delas buscaria realizar os princípios e objetivos do manifesto que se lançava. O manifesto, denunciando os infinitos males do colonialismo, proclamava a necessidade de os angolanos participarem da "frente mundial contra o imperialismo", lutando para acabar definitivamente com o colonialismo português em Angola e com o domínio do capital financeiro internacional.

Proclamava-se a necessidade de "luta em todas as frentes e em todas as condições do povo angolano para o aniquilamento do imperialismo, do colonialismo português, para tornar Angola um Estado independente, para a instauração de um governo angolano democrático e popular". E ressaltava-se ainda que "o colonialismo português não cairá sem luta. Deste modo, só há um caminho para o povo angolano se libertar: o da luta revolucionária", luta esta que deveria ser travada pela união de todos aqueles que tivessem o objetivo de pôr fim à dominação colonial portuguesa. O manifesto defendia ainda que a luta só seria vitoriosa com a "participação nela das grandes massas populares", reforçando que "nem a luta individual, nem mesmo a luta de apenas alguns homens decididos e corajosos alcançará os nossos objectivos". Era "indispensável, portanto, lutar para organizar e organizar para lutar".[23]

Segundo a versão oficial do MPLA mantida até hoje, o movimento foi criado em 10 de dezembro de 1956, a partir da junção do Plua com alguns outros militantes, e este manifesto seria seu primeiro documento público. Como ressaltam Marcelo Bittencourt e Dalila Cabrita Mateus, porém, esta data é bastante discutida e questionada por diversos historiadores e pesquisadores do assunto. De acordo com a própria pesquisa feita por Bittencourt, o primeiro documento público do MPLA data apenas de janeiro de 1960. Mas, como ele assinala, mais do que identificar com precisão a data de fundação do movimento, é relevante perceber o que esta antecipação de data revela e, principalmente, o que ela oculta – a existência de inúmeros pequeninos movimentos que já agiam no sentido da necessidade de luta para a independência. Estes diversos grupos reuniam-se clandestinamente e também distribuíam panfletos pelas cidades. Assim, por exemplo, um panfleto distribuído em Luanda em 1958, intitulado "Manifesto Africano", denunciava o racismo e os crimes do colonialismo, defendendo: "Unamo-nos pois e ESTEJAMOS ATENTOS. LUTEMOS PELA FELICIDADE DOS NOSSOS FILHOS. LUTEMOS PELA SAGRADA LIBERDADE. LIBERDADE DE ACÇÃO; LIBERDADE DE PENSAMENTO; LIBERDADE DE DISPORMOS DE NÓS PRÓPRIOS", e finalizando da seguinte forma: "Sigamos o EXEMPLO DA NOSSA MÃE RAINHA JINGA. LUTEMOS POR LIBERDADE IGUALDADE FRATERNIDADE. A BEM DE ANGOLA" (Andrade & Reis, 1985, caixa alta do original).

Em 1958 são realizadas as eleições presidenciais em Portugal, vencidas pelo candidato da situação, em um pleito com muitas suspeitas de fraude. Contudo, o candidato oposicionista, general Humberto Delgado, recebeu

---

23 Todos estes fragmentos do "Manifesto 56" foram extraídos da coletânea *Ideologias da Libertação Nacional – "Textos de Apoio"*, organizada por Mário de Andrade e Maria do Céu Reis para o curso que ministraram na Universidade Eduardo Mondlane em 1985.

expressiva votação, inclusive no seio do eleitorado angolano, o que foi visto pelos que já organizavam a luta de independência como um sinal favorável de que a população não se alinhava com a política colonial de Portugal.

Em março de 1959, a Polícia Internacional e de Defesa do Estado (Pide), a polícia política portuguesa, que fora enviada a Angola dois anos antes, intensificando sua ação repressora na colônia, determina a prisão de muitas pessoas, acusando-as de suspeitas de conspirar contra o domínio português. Os militantes presos eram, em sua maioria, funcionários públicos, empregados do comércio, enfermeiros, operários e estudantes. É então instaurado um inquérito contra os prisioneiros, que ficou conhecido como o "Processo dos 50". Este acontecimento, apesar de revelar o recrudescimento da repressão, não deixava também de manifestar que, de alguma forma, Portugal passava a reconhecer a existência em Angola de grupos que lutavam pela independência.

A via armada

Uma consequência decisiva dessas prisões efetuadas em 1959 foi a realização da ação que acabou por se transformar no marco do início da luta armada de libertação em Angola, o "4 de Fevereiro".[24] Na madrugada desse dia, no ano de 1961, homens vestidos com roupas escuras, armados com catanas (um tipo de facão) e com apenas uma arma de fogo atacaram, em momentos diferentes, as três principais prisões de Luanda – a esquadra da Polícia de Segurança Pública, a Cadeia de São Paulo e a Casa de Reclusão – onde estavam presos os militantes desde 1959. A ação não obteve sucesso militar, mas foi bastante importante para que a atuação dos movimentos de libertação se voltasse mais decididamente pela luta por via armada. O "4 de Fevereiro" passou a ser considerado o ato inicial de

---

24 A respeito do 4 de Fevereiro, além da bibliografia historiográfica sobre a luta de libertação – de que estamos destacando os trabalhos de Marcelo Bittencourt (1996 e 2002) e Dalila Cabrita Mateus (1999) –, indicamos também a leitura de O 4 de Fevereiro pelos próprios, de Manuel Pedro Pacavira, que se constitui em um testemunho dos acontecimentos organizado por um de seus participantes. (Leiria: Instituto Politécnico de Leiria, 2003).

deflagração da guerra de libertação, e imediatamente foi reivindicado pelo MPLA como tendo sido de sua autoria.

Tal vinculação do movimento à ação é há algum tempo questionada por diversos pesquisadores, e vários fatores indicam que ela foi organizada pelo vigário geral de Luanda, cônego Manuel Mendes das Neves, que seria mais próximo à União das Populações de Angola (UPA). De toda forma, como assinala Marcelo Bittencourt, pela própria articulação do MPLA à altura, e pela projeção internacional que começava a adquirir, muitos dos militantes que organizaram o assalto às prisões acabaram por adentrar nesse movimento posteriormente, bem como muitos dos próprios militantes que ainda se encontravam presos. Assinale-se ainda que, em 10 de Fevereiro, outro ataque foi organizado às prisões, mas também não obteve sucesso.

Em 15 de março de 1961, no Norte de Angola, foram efetuados diversos ataques de angolanos aos colonos portugueses e às suas plantações. Este acontecimento também teve grande importância para acelerar o início da guerra de libertação e foi seguido por uma violentíssima repressão por parte do Estado português, que enviou milhares de soldados para a região. As ações do 15 de março foram, em grande medida, organizadas pela UPA, movimento que, em 1958, originara-se da União das Populações do Norte de Angola (UPNA), de julho de 57, agora adquirindo um caráter de luta nacional. É a UPA que, em 1962, unindo-se ao pequeno Partido Democrático de Angola (PDA), torna-se Frente Nacional de Libertação de Angola (FNLA), organização que por muito tempo travará combates com o MPLA, disputando espaços de atuação. Pouco depois da independência, a FNLA encontra-se bastante desarticulada, até se render, em 1984, ao governo do MPLA. Desde sua existência como UPA, aliás, a organização confrontava-se continuamente com o MPLA, disputando a conquista de militantes.

Os angolanos na Europa

Em paralelo a toda essa movimentação no interior de Angola, havia ainda outra, também muito relevante, em curso no exterior, em Lisboa e em Paris.

Entre os estudantes angolanos que iam cursar uma universidade em Portugal, já que o ensino universitário era proibido na colônia, desenvolvia-se um caldo cultural e político articulado à organização da luta de independência. Assim, dentre os locais da mobilização desses jovens, destacava-se a CEI (Casa dos Estudantes do Império), de que tanto falamos na análise de A *geração da utopia*, instituição criada pelo governo português a partir da junção das Casas de Angola, Moçambique e Cabo Verde, que tinham sido fundadas pelos estudantes das colônias para facilitar a adaptação daqueles que acabavam de chegar a Portugal. Contudo, o governo português não vira com bons olhos a iniciativa das casas, pelo perigo que reconhecia na reunião desses jovens das colônias e, ainda, pelo fato de que a própria organização delas, segundo a divisão em colônias, feria a ideia tão propagandeada pelo regime de que Portugal era uno e indivisível. Em outubro de 1944 o Estado português reuniu todas elas em uma única instituição, a Casa dos Estudantes do Império, visando obter um maior controle sobre os jovens das "províncias ultramarinas", como chamava as colônias.

Entretanto, da mesma maneira que a política de incentivo às associações culturais em Angola acabou por se demonstrar desastrosa para os interesses colonialistas, também a formação da CEI o foi, pois ela se tornou um local de fomento das ideias de independência, travando ligações, inclusive, com a oposição portuguesa, em especial com o MUD (Movimento Unidade Democrática) Juvenil e com o PCP (Partido Comunista Português).[25]

Ainda em 1944, foi criada uma filial da CEI em Coimbra e, em 1959, outra no Porto. A CEI desempenhava diversas atividades, como a assistência social e material aos jovens das colônias, possuindo um posto clínico, promovendo concursos de bolsas de estudo, organizando bibliotecas, realizando palestras e exposições e, ainda, promovendo campeonatos desportivos. Foi ainda importante na área cultural, pela promoção dos valores culturais africanos e pelo estímulo à produção e publicação das obras literárias dos jovens. Em 1949 foi criado na Casa o Boletim *Mensagem*, o qual, a partir de 1951, sob a liderança

---

25 Sobre a CEI, há a publicação da Associação da Casa dos Estudantes do Império, organizada por P. Borges, Aida Freudenthal, Tomás Medeiros e H. Pedro, *Mensagem. N° Especial. 1994-1995* (Associação CEI: Lisboa, 1997).

de Fernando Costa Andrade, Fernando Mourão e Alfredo Margarido, tornou--se mais atuante na produção e divulgação cultural. Foram organizadas algumas antologias literárias e uma coleção de livros de "autores ultramarinos". Ou seja, também no ambiente metropolitano dos jovens das colônias processava-se uma interligação entre os polos da atuação cultural e da atuação política.

A ligação entre os independentistas que se encontravam no exterior e os que atuavam no interior de Angola era, contudo, bastante frágil e esgarçada, mantida com algumas informações que chegavam, em especial, pelos marinheiros africanos que se reuniam no Clube Marítimo Africano, enfrentando cada vez mais o forte controle da polícia portuguesa.

A CEI teve um importante papel na mobilização dos jovens africanos, e só foi fechada pelo governo português em 1965, quando já poucos estudantes vinham da colônia para estudar na metrópole. No entanto, o Estado português realizou diversas intervenções em suas direções, buscando interferir e evitar o processo de conscientização que se desenvolvia. Como uma de suas estratégias, pode-se registrar a instauração de alguns informantes da Pide para ação na Casa – aspecto que é figurado pelo romance A *geração da utopia*, como vimos.

Em 1957, os jovens africanos que se encontravam na Europa, tanto em Portugal, como também em Paris, sob a liderança de Agostinho Neto, Amílcar Cabral, Eduardo Macedo dos Santos, Lúcio Lara e Noémia de Sousa, formaram o MAC (Movimento Anti-Colonialista), que teve importante função na denúncia dos crimes do colonialismo português. Em seu manifesto, o MAC proclamava-se alinhado aos princípios da Carta das Nações Unidas, na Declaração dos Direitos do Homem, aos princípios da Conferência de Bandung, às resoluções da Conferência de Solidariedade Afro-Asiática do Cairo, às resoluções da Conferência dos Países Independentes Africanos e às resoluções da Conferência dos Povos Africanos, realizada em Accra. Defendendo a independência imediata das colônias portuguesas na África, o MAC propunha a organização cada vez maior da luta pacífica contra o colonialismo, mas, denunciando a preparação da guerra por Portugal, alertava que era necessária "a preparação, a estruturação e o desenvolvimento das bases e dos meios que permitirão aos nossos povos responder com a violência a todas as violências do colonialismo português" (ANDRADE & REIS, 1985).

Em janeiro de 1960, na Segunda Conferência Pan-Africana, realizada em Túnis – quando, segundo Marcelo Bittencourt (1996), dá-se a primeira aparição pública do MPLA –, o MAC dá origem à FRAIN (Frente Revolucionária Africana para a Independência Nacional), sediada em Argel. A Carta da FRAIN definia a organização como uma aliança "de partidos políticos e de organizações de massa de países africanos sob dominação colonial portuguesa, que lutam pela independência nacional dos respectivos países e pela liquidação do colonialismo português, e aspiram a uma promoção dos Povos Africanos nesses países", reforçando que ela estava aberta "a todas as organizações de massas e a todos os partidos políticos dos países africanos sob dominação portuguesa, que exprimam a vontade de fazer parte dela e que concordem expressamente com os princípios desta Carta" (ANDRADE & REIS, 1985).

Em abril de 1961, em Casablanca, realiza-se a primeira conferência da CONCP (Conferência das Organizações Nacionalistas das Colônias Portuguesas), originada da FRAIN.

A guerra

O MPLA, durante o ano de 1960, chegou a emitir diversos documentos em que denunciava internacionalmente a preparação para a guerra que estava em curso por parte do Estado português, chamando-o à negociação para uma solução pacífica da independência, como se pode ver pelo fragmento a seguir, datado de 13 de junho desse ano:

> O MPLA, como porta-voz do povo angolano, declara que consideraria como um primeiro sinal de rejeição do recurso às armas por parte do governo português, a aplicação urgente e efetiva do governo em causa, das proposições seguintes:
> – Reconhecimento solene e imediato do direito do povo angolano à autodeterminação;

– Anistia total e incondicional, assim como libertação imediata de todos os presos políticos;

– Estabelecimento das liberdades públicas, principalmente da formação legal de partidos políticos, e de garantias concretas para o exercício efetivo dessas liberdades;

– Retirada imediata das forças armadas portuguesas e liquidação imediata das bases militares existentes em território angolano;

– Convocação, até o fim de 1960, de uma Mesa Redonda formada, por um lado, dos representantes de todos os partidos políticos angolanos, e, por outro lado, dos representantes do governo português com vista à solução pacífica do problema colonial em Angola, no interesse das partes em presença. (RÊGO & MORAIS, 1963, p. 66)[26]

É somente a partir do final de 1960 que o MPLA começa a dar outros tons a seu discurso e a defender publicamente a necessidade da luta armada contra o colonialismo português. É interessante ressaltar que o "Programa Maior do MPLA", elaborado em 1960, em Conakry, na Guiné – quando também foram elaborados os estatutos e o regulamento interno, bem como foi criado o Comitê Diretor do movimento –, defendendo a necessidade de "independência imediata e completa" para Angola, não especificava a forma de luta a ser utilizada para a derrubada do colonialismo português, expressando, entretanto, que proclamava a necessidade de "liquidação, em Angola, *e por todos os meios*, do domínio colonial português e de todos os vestígios de relações colonialistas e imperialistas" (RÊGO & MORAIS, 1962, p. 75, itálico nosso).[27]

---

26 Como salienta Dalila Cabrita Mateus, "Os governantes portugueses ou não respondem ou pronunciam-se pela negativa: 'Nem mesa redonda, nem quadrada', titula o oficioso *Diário da Manhã*" (1999, p. 93).

27 Já em seu "Programa Mínimo" o MPLA definia como um de seus objetivos: "Continuar a luta POR TODOS OS MEIOS para a liquidação da dominação colonial em Angola, de todos os vestígios de colonialismo ou de imperialismo pela independência imediata e completa da Pátria Angolana" (FORTUNATO, 1977, p. 63, caixa alta do original).

O "Programa Maior do MPLA" pressupunha também que a luta contra o colonialismo português e contra o imperialismo fosse travada "em comum com todas as forças angolanas, num amplo movimento de massas populares, a fim de que o povo angolano conquiste o poder e instaure, em Angola, um regime republicano e democrático, na base da independência total" (RÊGO & MORAIS, 1962, p. 75). Além disso, o programa apresentava alguns pontos reveladores do projeto do movimento para a nação após a independência, de que se destacam: a necessidade de unidade da nação e a afirmação e defesa do patrimônio cultural de cada etnia angolana; a solidariedade diante de todos os povos africanos; a constituição de um regime republicano, democrático e laico, em que houvesse liberdade de expressão, de consciência e de culto, bem como liberdade de imprensa, de reunião e de associação. O programa também traçava alguns pontos acerca do projeto para a economia angolana – propondo a realização de uma reforma agrária efetiva e da criação de incentivos para a industrialização –, afirmando ainda a necessidade de uma "política social de justiça e de progresso", em que fossem desenvolvidas a educação e a cultura.

Neste documento não se falava, em nenhum momento, da opção pelo socialismo. Porém, tanto o "Programa Mínimo" quanto o "Programa Maior" centravam-se na importância das massas trabalhadoras e camponesas e faziam a defesa da aliança com os povos progressistas do mundo, apregoando a necessidade de se acabar não somente com o domínio colonial português, mas também com o imperialismo. Destacamos ainda que o "Programa Maior" formulava o projeto de uma economia planificada e de uma política de salários que se baseasse no princípio de "'salário igual para igual trabalho', sem discriminação de sexo, de idade e origem étnica dos trabalhadores" (RÊGO & MORAIS, 1962, p. 80).

Muitos dirigentes afinavam-se às concepções socialistas, e as relações do MPLA com os países deste bloco iniciam-se mais diretamente neste ano de 1960, na Guiné, por meio de contatos com a China. Já em janeiro de 1961, após a visita de uma delegação do movimento à China, alguns de seus dirigentes visitaram a Tchecoslováquia, onde conseguiram suas primeiras armas para proteção pessoal. Dessa forma, paulatinamente o MPLA foi se aproximando dos países do bloco socialista, sobretudo da URSS e de Cuba. Existem algumas interpretações para tal aproximação. Dalila Cabrita Mateus (1999), por exemplo, considera que tal fato se deu nem tanto devido à formação política e às convicções de seus dirigentes, mas sobretudo à necessidade do MPLA de conseguir se manter em condições de lutar contra o colonialismo português. Nas palavras da historiadora: "como o provaram diversas acções de contestação, nem todos os dirigentes queriam tal modelo. Terão, então, pesado, como factor decisivo, os apoios recebidos do exterior. Por isso, a subsistência do modelo, no fundo defendido por uma minoria dirigente, dependia sempre da manutenção das ajudas" (DALILA, 1999, p. 181). Já Marcelo Bittencourt (2002), em uma abordagem que julgamos mais aprofundada, considera que, muito provavelmente, houve uma conjunção de fatores: a afinidade de concepção política dos principais dirigentes do MPLA aos países socialistas e também sua necessidade de sobrevivência tática. Para o autor, mais que tal discussão:

> O que importa é ressaltar que esses laços foram se estreitando e reforçando a imagem do MPLA como um grupo "comunista", apesar da sua manifestação reiterada de isolamento das questões de filiação internacional e até mesmo do discurso pouco radical das declarações e documentos oficiais. (BITTENCOURT, 2002, p. 108)

Especialmente depois do 4 de Fevereiro, o movimento passa a intensificar sua política no sentido de se instalar em regiões fronteiriças a Angola, com o objetivo de instalar bases político-militares de onde pudesse organizar a guerrilha e, ainda, onde pudesse fixar os dirigentes, que na sua maior parte ainda se encontravam fora do continente africano ou em países que não faziam fronteiras com Angola. Em 1961, o MPLA consegue se instalar no Congo-Léopoldville – independente da Bélgica desde junho de 1960 –, ficando nesse país até 1963 e enfrentando uma disputa acirrada com a UPA, que contava com a simpatia de boa parte dos refugiados angolanos que se encontravam no país. No início dos anos 1960, as organizações nacionalistas concentravam sua atuação e o recrutamento de militantes na região

Centro-Norte de Angola, enquanto as outras regiões permaneciam sem maiores envolvimentos com a luta armada. O MPLA, nesse momento, não havia reunido ainda grande força militar, além de estar constantemente disputando espaços com a UPA, o que o forçou a centrar suas ações no terreno da política internacional, de modo a conseguir apoios no plano da diplomacia.

Portugal, por sua vez, concentrava cada vez mais recursos para a guerra, enviando a Angola, ainda em junho de 1961, 20 mil soldados portugueses e mais 5 mil recrutados diretamente no território angolano, contabilizando um gasto semanal de 1 milhão e 700 mil dólares. O potencial bélico de Portugal era bastante grande, sobretudo em razão das verbas e armamentos que o país passou a receber da Otan (Organização do Tratado do Atlântico Norte). A guerrilha, por outro lado, encontrava-se bastante enfraquecida, e a chamada 1ª Região Político-Militar do MPLA, na região dos Dembos, Norte de Angola, mantinha-se muito mais pela resistência dos guerrilheiros à ofensiva portuguesa, em uma situação de parcos contatos e apoio da direção do MPLA, e com pouquíssimas armas, a maioria delas composta pelos chamados "canhangulos", ou seja, armas de fabricação caseira. A dificuldade de alimentação dos guerrilheiros era muito grande e tal situação de isolamento da guerrilha no Norte manteve-se até meados do ano de 1966.[28]

O Estado português passava a empregar meios cada vez mais cruéis na guerra, com a aplicação de tortura aos guerrilheiros e aos camponeses, optando pela política do terrorismo estatal: aprisionavam-se as pessoas, queimavam-se suas casas e destruíam-se suas plantações. Já no final de 61, havia 33.500 soldados portugueses em Angola, e em 1965 esse número atingia 57 mil. A ajuda militar norte-americana, por exemplo, destinou, entre 1963 e 1968, 33 milhões de dólares ao Estado português para o combate às lutas de libertação.

---

28 A respeito da luta ligada ao MPLA no Norte de Angola, sugerimos a leitura do romance testemunhal de Manuel dos Santos Lima, *As lágrimas e o vento* (Lisboa: África Editora, 1975). Sobre os vários momentos da luta armada do MPLA, recomendamos o testemunho de César Augusto Kiluanji, *Trajectória da vida de um guerrilheiro* (Lisboa: Editorial Vanguarda, 1990), bem como as *Reflexões sobre a luta de libertação nacional*, de Jika (2. ed. Luanda: UEA, s.d.).

O governo de Portugal, para além da política repressiva, adotou também a chamada ação "psicossocial", pela qual buscou aumentar o nível de vida da população, concedendo-lhes alguns parcos benefícios, com vistas a evitar a propagação dos ideais de independência e, também, a filiação dos angolanos aos movimentos de libertação. Entre suas medidas, podemos apontar a criação dos Estudos Gerais Universitários de Angola, em 1963, os quais ofereciam cursos de Medicina, Engenharia, Agronomia e Letras – considerados de baixa "periculosidade" ao regime – e que foram disponibilizados em cidades diferentes, para evitar a mobilização dos estudantes e o acirramento da consciência anticolonial.

A partir de 1963, o MPLA instala-se no Congo-Brazzaville, realizando aí, em 1964, sua primeira Conferência de Quadros, a qual acaba por fazer um balanço extremamente negativo da situação em que se encontrava o movimento, bastante fragilizado militarmente e com muitos problemas internos. A necessidade premente era avançar no campo militar, e decide-se que isto deveria ser feito por meio da criação de uma frente de luta no enclave de Cabinda, único espaço angolano que fazia fronteira com o Congo-Brazzaville, de que resulta a 2ª Região Político-Militar do MPLA. Assim, foi a partir de 1964 que o movimento buscou instaurar um equilíbrio entre sua atuação no plano diplomático – em que havia conseguido apoios importantes – e no plano militar.

A instalação do MPLA no Congo-Brazzaville foi de grande importância para a luta, pois aí foi obtida a possibilidade de utilização da Rádio Brazzaville, principal rádio do país que tinha, já desde o final dos anos 40, grande audiência em território angolano. O MPLA passa a transmitir alguns programas semanais, sendo o principal deles a "Voz da Angola Combatente", que ia ao ar duas vezes por semana, alcançando grande popularidade no seio dos angolanos. Segundo Marcelo Bittencourt (2002, p. 308), este programa foi "um dos mais importantes instrumentos de divulgação da luta e das propostas do MPLA e o único canal de ligação regular e de risco não muito elevado com os que estavam em território angolano".

O programa, que também ensinava técnicas de clandestinidade e de preparação de armas caseiras, divulgava ações do movimento e tornava conhecidas suas palavras de ordem. De acordo com Bittencourt, as frases emblemáticas do MPLA passaram a aparecer em locais públicos, especialmente nas grandes cidades, em faixas ou em pichações. Mas, nas cidades, a repressão era muitíssimo elevada e a vigilância da Pide, imensa. Assim é que até houve tentativas de ações guerrilheiras nos centros urbanos, mas que não conseguiram seu efeito e resultaram em um grande número de prisões. No entanto, o desejo de libertação não era sufocado e, com a queda de algumas células clandestinas, outras eram formadas com rapidez, sucessivamente.

O apoio de Cuba à luta do MPLA inicia-se a partir do final de 1965, com o envio de soldados cubanos para lutar na guerrilha, fornecendo instrução militar aos combatentes angolanos. A partir do final de 1967, entretanto, o apoio cubano passa a se dar por meio da recepção de angolanos na ilha, para realizarem cursos e treinamentos político-militares, mantendo-se o envio de armamento ao MPLA.

É importante considerarmos que, entre 1964 e 1965, o MPLA conseguiu passar à iniciativa na guerra contra os colonialistas, obtendo também maior apoio internacional à sua luta. Em sua longa luta contra o domínio colonial português, todavia, enfrentou diversos altos e baixos, ora com o predomínio da atuação militar, ora da diplomática, passando ainda por muitas crises internas, bem como pelos constantes embates com as outras forças que lutavam pela independência, especialmente com a FNLA.

Em 1966, o MPLA consegue abrir uma terceira frente de luta, a Frente Leste (depois chamada de 3ª Região Político-Militar), tendo como base estratégica a Zâmbia – que conseguira sua independência em outubro de 1964. A abertura desta nova frente trouxe muitas perspectivas animadoras, possibilitando mais uma retomada da iniciativa. A região Leste de Angola compreendia os distritos da Lunda, do Moxico e do Cuando Cubango – conforme Marcelo Bittencourt (2002), estes dois últimos eram conhecidos como "terras do fim do mundo" – e possuía uma densidade populacional muito baixa, sendo ainda uma região abandonada por completo pelo colonialismo português, em que a sobrevivência da população se dava, majoritariamente, pela agricultura de subsistência.

A situação da região Leste, de grande isolamento em relação ao que se passava no restante da colônia, apenas reforçava os laços étnicos e regionais, o que veio a ser um dos principais problemas enfrentados pelo MPLA em sua luta, em especial nessa frente. Isso porque, para a efetivação da Frente Leste, o MPLA acabou deslocando para lá muitos militantes formados em outras zonas de luta (sobretudo em Cabinda), pela dificuldades de arregimentação de quadros no local. Tal fato acabou provocando um nível alto de tensão entre os guerrilheiros da Frente Leste, já que os militantes vindos da 2ª Região, por sua formação política e militar, acabavam ascendendo mais rapidamente aos cargos de comando, o que foi se tornando um fenômeno explosivo que favoreceu o desencadeamento da Revolta do Leste, em 1973, liderada por Daniel Chipenda.

Mas, voltando a 1967, é a partir desse ano que o MPLA consegue atuar com maior fôlego no campo militar, obtendo algumas importantes vitórias nos combates com os soldados portugueses. Com as vitórias iniciais, o Movimento faz dos distritos da Lunda e do Malange a 4ª Região Político-Militar (a 3ª passa a compreender o Moxico e o Cuando Cubango). A estratégia visada era unir a 4ª Região à 1ª, no Norte de Angola, o que não chegou a ser conseguido. Mas a ofensiva inicial na Frente Leste apresentava força, e o presidente do MPLA, Agostinho Neto, em 1967, em sua "Mensagem dirigida ao povo angolano e a todos os militantes do MPLA", proclamou a necessidade de "generalização da luta armada" (*apud* FORTUNATO, 1977, p. 126).

As concepções acerca da forma a ser travada a luta armada – que passa a ser cada vez mais valorizada pelo Movimento – apresentavam diferenças entre os dirigentes, que se dividiam entre as visões guevarista e maoísta. De acordo com Marcelo Bittencourt (2002), Agostinho Neto inspirou-se em Josip Broz Tito e sua ideia da "defesa popular generalizada", procurando também uma fusão entre concepções de Che Guevara e de Mao Tsé-tung.

A partir do início de 1968, a orientação de Agostinho Neto para o movimento traduzia-se pela palavra de ordem: "Todos para o interior". O Comitê Diretor considerava que era essencial generalizar verdadeiramente a luta armada e levar os militantes para o interior. É a partir daí que muitos daqueles que se encontravam fora de Angola, fazendo cursos de formação político-militar ou mesmo estudando em universidades, são chamados diretamente para as frentes de combate. No caso da Frente Leste, houve uma acentuada militarização, o que propiciou a divisão das responsabilidades e a criação de cargos de importância política e militar, o que também levou a um agravamento na situação de disputa por esses cargos, que já vinha se verificando – tal situação é retratada de perto em A *geração da utopia*, em seu segundo capítulo, "A chana", como já pudemos ver.

Com as vitórias iniciais do MPLA no Leste angolano, o governo português preparou uma violenta contraofensiva, que se iniciou a partir de 1969 e que fez recuar as conquistas que o movimento estava conseguindo. Além dos violentos ataques às bases guerrilheiras e à população civil, destruindo suas plantações pelo lançamento de herbicidas e de napalm, Portugal criava os "aldeamentos", regiões em que a população passava a habitar, sob controle do exército português, e onde não seriam atacadas pelos helicópteros coloniais, ainda que mantidas sob rígida disciplina e controle.

Conforme a leitura feita por Bittencourt (2002, p. 449), os fatores raça, etnia, região, profissão, parentesco, amizade e religião, nesse contexto que se traçava e que se tornou ainda mais agudo pela contraofensiva colonialista, iriam reaparecer no seio dos militantes do MPLA, "transformando-se em vínculos de solidariedade capazes de unificar grupos e favorecer a composição de alianças, ao mesmo tempo que são apresentados como obstáculos à unificação de grupos oponentes". O aspecto militar dos combatentes, como a sua formação, a sua experiência de luta e sua considerada coragem e desprendimento, passaram a ter um peso substancial muito grande. Mas as vitórias obtidas em combate e a noção constantemente reiterada de que o MPLA estava avançando "pareciam anestesiar os dirigentes para a existência de tais problemas, que, na verdade, estavam se expandindo e minando a possibilidade de crescimento do próprio MPLA, vindo a mostrar-se em todos os seus contornos com as crises internas sucessivas do movimento dos anos 70" (BITTENCOURT, 2002, p. 449).

De toda forma, apesar das dificuldades que começavam a crescer – como a fome, que a partir do final de 1968 alastrava-se rapidamente, afetando tanto os guerrilheiros como os civis, já que praticamente não havia condições de se plantar nada, devido às ações terroristas do exército português –, o MPLA procurava desempenhar uma atividade nas áreas da saúde e da educação, com uma preocupação bastante especial pela conscientização e alfabetização dos militantes e das populações próximas. Como mencionamos, uma destacada atuação de Pepetela durante a luta de libertação, além dos combates propriamente ditos, foi no campo da educação.

Os conflitos entre os militantes, no entanto, agravavam-se e começavam a ser feitas críticas a muitos problemas percebidos, que eram intensificados pela contraofensiva portuguesa. Os problemas eram especialmente complicados na Frente Leste, onde se apontava "a diferença na alimentação, no armamento, no vestuário e nos utensílios colocados à disposição dos chefes militares, bem como a sua ausência das zonas de combate e a pouca circulação pelos diferentes acampamentos" (BITTENCOURT, 2002, p. 472), e se reivindicava que os dirigentes passassem efetivamente ao interior. A situação, para o MPLA, era de uma crise interna cada vez maior, à medida que também se intensificavam os confrontos com a FNLA e com a Unita (movimento surgido em 1966 a partir da figura de Jonas Savimbi, oriundo da FNLA),[29] e que ficava cada vez mais difícil o contato com a população, que fugia em número cada vez maior para os países fronteiriços a Angola, sobretudo para a Zâmbia. Os que ainda permaneciam em solo angolano passaram a expressar um descontentamento cada vez maior com o MPLA, reclamando que, se já havia fome na região, agora havia fome e guerra. A crise na Frente Leste intensifica-se e, a partir de 1972, toma rumos de dissidências.

A luta em Angola, além disso, ganhava cores cada vez mais internacionais. Assim, não somente os movimentos de libertação se relacionavam com outros países, como também Portugal o fazia. Recebendo apoio direto da Otan, o governo português passou a receber também apoio militar e logístico da África do Sul, o que foi decisivo para propiciar a violenta contraofensiva dos colonialistas.

---

29 Ao longo de sua luta de libertação, o MPLA procurou, por diversas vezes, fazer acordos com os outros movimentos de libertação, mas esses nunca se concretizaram verdadeiramente.

A Independência

Entretanto, o status da manutenção de Portugal de suas colônias na África começava lentamente a se modificar e, em 1970, o Conselho de Segurança da ONU (Organização das Nações Unidas) considera que a presença do colonialismo português na África ameaçava a paz e a segurança dos Estados africanos independentes. Em novembro de 1972, o Comitê de Descolonização da ONU reconhecia os movimentos nacionalistas como legítimos representantes dos povos de Angola, Guiné Bissau e Moçambique, reclamando imediata transferência de poderes e, em novembro de 73, por sua vez, a Assembleia Geral da ONU reconheceu a independência autoproclamada da Guiné Bissau (que se deu em 24 de setembro desse ano).

Ainda que continuasse a receber empréstimos e materiais militares, a situação para Portugal começava a se tornar de difícil sustentação no plano internacional. E, por mais que a situação militar se apresentasse favorável ao governo português em Angola, o mesmo não se verificava em Moçambique e na Guiné.

Enquanto a crise interna no MPLA se intensificava, inclusive com a suspensão do apoio da URSS, Portugal passava, internamente, por uma situação de muitas convulsões e, na madrugada de 25 de abril, o movimento dos capitães, denominado MFA (Movimento das Forças Armadas) – profundamente insatisfeitos com a própria situação da guerra colonial –, desencadeia a Revolução dos Cravos, conseguindo amplo apoio popular e derrubando o regime salazarista. No seio do MFA já havia a decisão de que era necessário o reconhecimento total da autodeterminação dos povos das colônias. Esse caldo novo que se formava em Portugal, em muito mobilizado pelo desgaste da guerra colonial entre os próprios cidadãos portugueses – apenas para se ter uma ideia, em 1970 Portugal gastava quase a metade de seu orçamento com as guerras nas colônias –, era complementado pelo fato de que a guerra continuava a recrudescer nas colônias (com menor ênfase em Angola), tudo a contribuir, cada vez mais, para o clima propício à independência das colônias africanas.

Quanto a Angola, ainda que os movimentos de libertação estivessem fragilizados, a ideia de independência, uma vez acionada, assumia contornos definitivos e já não era possível recuar. Ao lado dos combates no campo, a luta continuava, clandestinamente, nas cidades. A independência, portanto, era uma questão de tempo. Em 14 de junho de 1974, a Unita assina um acordo de cessar-fogo com Portugal. Em 12 de outubro do mesmo ano, é a vez da FNLA. O MPLA é o último dos movimentos a assiná-lo, em 21 de outubro de 74. É o fim oficial da guerra de libertação. É então formada uma frente comum entre os três movimentos de libertação e o governo português, consagrada nos Acordos de Alvor, que previam, para o início de 1975, um governo de transição em Angola, com a participação das quatro forças, e que acordavam a independência para novembro desse ano. O governo de transição inicia-se em 1º de janeiro de 75, mas a situação de confronto entre os três movimentos angolanos é agravada.

As articulações internacionais são intensificadas e o conflito ganha, cada vez mais, dimensões dentro do contexto da Guerra Fria. Nesse período de transição, além dos conflitos entre MPLA, FNLA e Unita, a situação fica ainda mais instável devido à ação dos colonos portugueses, que praticam inúmeros atos de violência contra os angolanos, bem como abandonam e destroem muitos dos equipamentos que eram essenciais para manter o funcionamento da economia angolana:

> A fuga dos quadros portugueses paralisou quase toda a produção industrial angolana ao criar um enorme vácuo a nível de recursos humanos. Ao mesmo tempo houve uma fuga de capitais, através de uma grande variedade de subterfúgios, que comprometeu ainda mais as possibilidades de recuperação da economia. (COSTA & FALÉ, 1991, p. 36)

A independência é proclamada em Luanda por Agostinho Neto – que se torna o primeiro presidente da República Popular de Angola – à zero hora do dia 11 de novembro de 1975, enquanto os conflitos continuam a acontecer. Como ressalta Marcelo Bittencourt (2002, p. 714), a independência é alcançada "já num cenário de guerra efetiva contra os demais movimentos, a FNLA e a Unita. Nesse momento, abre-se um novo capítulo na história de Angola, que é a intervenção de tropas estrangeiras em território angolano".

E a guerra, ainda

As tropas sul-africanas já invadiam o território angolano desde agosto de 75, e tais invasões irão se prolongar ao longo de vários anos, de forma a não somente matar inúmeros angolanos, dentre eles centenas de civis, como também a desestabilizar o governo angolano e destruir a frágil economia da jovem república:

> A África do Sul começou a desestabilização de Angola porque era, para si, um imperativo assegurar que os países da região da África Austral se mantinham economias neocoloniais e pró-ocidentais e esta responsabilidade advinha-lhe da relação subimperial que mantinha com os Estados Unidos. [...] Como os Estados Unidos estavam impedidos de continuar a intervir militarmente em Angola, rapidamente a África do Sul assume o papel de debilitar, e mesmo de arruinar, o Estado angolano, defendendo esta posição porque a segurança da região estava a ser "ameaçada" pelo "expansionismo" soviético e cubano. (WRIGHT, 1997, p. 181-2)[30]

Entre os anos de 1977 e 81, o exército sul-africano realiza onze invasões ao território angolano, em apoio às ações da Unita. Os ataques

---

30 Destacamos que esta obra de Geoge Wright, A destruição de um país, é uma leitura essencial para a compreensão dos rumos tomados por Angola depois da independência, revelando os detalhes da política norte-americana com relação à nação angolana – de apoio às invasões da África do Sul e também de apoio militar e financeiro à Unita, pelo qual procurava a defesa de seus interesses econômicos e comerciais e agia, contudo, como é tão costumeiro, em nome da defesa das liberdades democráticas.

deram-se prioritariamente nas províncias de Cuando Cubango, Cunene, Namibe e Huíla, e os alvos objetivavam a destruição da economia angolana, atingindo-se pontes, estradas, lojas do Estado, fábricas, criações de gado e, logicamente, as aldeias. A estrada de ferro de Benguela, que atravessa o planalto central angolano e chega até o Zaire, foi um dos alvos preferenciais das tropas sul-africanas. Em pouco mais de quatro anos – entre 26 de março de 1976 e 31 de dezembro de 1980 – foram mortos 970 civis angolanos e feridos mais de 1.200.

É também importante assinalarmos que, enquanto os Estados Unidos agiam de forma direta e, muitas vezes, indireta, para a desestabilização angolana, e não reconheciam formalmente o Estado angolano (o que só foi acontecer na administração de Bill Clinton), continuavam a manter relações comerciais com Angola, em especial por meio de suas grandes companhias petrolíferas, como a Gulf Oil, a Mobil Oil, a Union Texas Petroleum, dentre outras. Segundo George Wright (1997, p. 219), a maior favorecida era a Gulf Oil, que exportava 91.024 barris/dia em 1981 e 165.495 em 1984, concentrando 90% das trocas comerciais angolanas.

Em 1977 o MPLA, no governo da nação, realizou seu Primeiro Congresso, passando a denominar-se MPLA-PT (MPLA-Partido do Trabalho), explicitando sua opção pelo marxismo-leninismo e declarando que governava com o objetivo de construir o socialismo em Angola, como se vê no Programa elaborado neste Congresso:

> O MPLA, Partido da Classe Operária, conduz a luta pela edificação do Socialismo em Angola e pela instauração duma sociedade sem classes em que vigore uma ordem social mais justa, uma economia independente e planificada, a mais ampla democracia e em que se satisfaçam as necessidades do Povo. (*apud* MOITA, 1979, p. 23)

Em 10 de setembro de 1979, o presidente Agostinho Neto faleceu em Moscou, onde se encontrava para tratamentos médicos, e o Comitê Central do

MPLA indicou, no dia 20 do mesmo mês, o nome de José Eduardo dos Santos, então ministro do Plano, para seu sucessor. José Eduardo dos Santos é o presidente angolano até os dias de hoje.

Entre os anos de 1981 e 83, foram mais seis invasões sul-africanas a Angola, avançando cada vez mais para o interior do país e mantendo as regiões por cada vez mais tempo. Com o apoio da África do Sul e dos Estados Unidos, a Unita se fortalecia e, em 1983, encontrava-se em uma situação militar bastante vantajosa. Conforme o que levantou George Wright (1997, p. 217), a ajuda norte-americana à África do Sul alcançou, entre 1981 e 1983, um total de 28,3 milhões de dólares, violando o embargo decretado em 1977 pela ONU. Os auxílios à Unita foram, por muito tempo, secretos e indiretos (inclusive por via da África do Sul, mas também de Honduras, Bélgica e Suíça), embora bastante vultosos, tanto em dólares como em equipamentos militares. Além dos Estados Unidos e da África do Sul, outros países contribuíam com a Unita, como a Arábia Saudita e Israel.

A paz entre o governo angolano e a África do Sul foi assinada em fevereiro de 1984, por meio dos Acordos de Lusaka, que foram violados pelo regime sul-africano na metade desse mesmo ano. Em 7 de outubro de 85 – ano em que o MPLA realizou seu II Congresso, reafirmando a opção pelo socialismo –, o Conselho de Segurança da ONU condenou, por unanimidade, a invasão de Angola pela África do Sul, mas a situação permanecia. Segundo os levantamentos de George Wright (1997, p. 250), as mortes causadas pela associação EUA/África do Sul/Unita atingiram, entre 1981 e 1988, aproximadamente 60 mil combatentes e 435 mil civis (dos quais 331 mil eram crianças). O número das pessoas que se tornaram deficientes físicos, pela amputação de um ou mais membros, era de 40 mil em 1988. Os deslocados de guerra representavam, em 1987, 12% da população, e a explosão populacional nas cidades, especialmente Luanda, é imensa. Os refugiados também eram em número bastante alto, tendo atingido, em 1987, 438 mil pessoas.

Nesse ano de 1987, o governo angolano instituiu o Programa de Saneamento Econômico e Financeiro (SEF), o qual:

> [...] defendia cortes orçamentais e privatizações, além de incentivos ao investimento de capital estrangeiro. As reformas seguem o padrão dos planos de equilíbrio estrutural promovidos pelo Fundo Monetário Internacional (FMI), indicando que a economia angolana se dirigia no sentido desejado pelos Estados Unidos. Para renegociar o pagamento da dívida aos bancos ocidentais, o governo angolano pede também a adesão ao FMI, em grande parte porque a comunidade financeira internacional o exigia. (WRIGHT, 1997, p. 251-2)

Depois de diversas tentativas de acordo, África do Sul, Angola e Cuba assinaram, em 22 de dezembro de 1988, em Nova York, um tratado que obrigaria à retirada das tropas sul-africanas do território angolano, bem como o fim da cooperação cubana com o governo de Angola. Assim assinala Wright (1997, p. 268): "A administração Reagan tinha atingido dois dos seus principais objectivos em Angola: os cubanos estavam a retirar de Angola e o MPLA tinha começado a desmantelar o sistema de economia planificada".

Ainda que o Tratado de Nova York tenha sido assinado, a administração George Bush continuou a auxiliar militar e financeiramente a Unita, ao mesmo passo que permanecia defendendo a reconciliação nacional angolana.

Em janeiro de 1989 foram feitas algumas tentativas de acordos de paz entre MPLA e Unita, mas já em junho elas fracassaram. No princípio de 1990 recomeçaram as negociações para a paz, por meio de encontros entre o presidente José Eduardo dos Santos e o secretário de Estado dos Estados Unidos à altura, Baker. O presidente angolano apresentou uma proposta de paz e, conforme Wright (1997, p. 290), afirmou que "seu país estava preparado para avançar no sentido de um sistema multipartidário e que haveria maior liberalização das reformas económicas". Em outubro desse ano, o Comitê Central do MPLA modificou sua orientação política, explicitando o abandono do marxismo-leninismo e a adoção de um "socialismo democrático", bem como defendendo uma rápida criação do multipartidarismo, uma separação efetiva entre a esfera política e a militar e a realização de eleições gerais.

Em 1º de maio de 1991 foram assinados os Acordos de Bicesse, entre MPLA e Unita, com a intermediação de Portugal, Estados Unidos e União Soviética. O cessar-fogo foi marcado para o dia 15 do mesmo mês e definiu-se que seriam realizadas eleições livres no segundo semestre de 1992. Em maio de 1992, o MPLA realizou seu III Congresso Extraordinário, elegendo um novo Comitê Central e retirando de seu nome a designação de Partido do Trabalho.

Já no final do ano anterior haviam sido formados 27 partidos políticos no país, os quais se reuniram em janeiro de 1992 para uma conferência multipartidária, à qual a Unita não compareceu. As eleições foram marcadas para setembro daquele mesmo ano, com o acompanhamento de observadores da ONU, de Portugal, dos Estados Unidos, da Bélgica, França, Canadá, Alemanha, Comunidade Europeia, e de observadores independentes, e realizaram-se nos dias 29 e 30 desse mês.

Os resultados das eleições foram anunciados, em clima de grande tensão, em 17 de outubro de 1992, concedendo 49,57% dos votos a José Eduardo dos Santos e 40,07% a Jonas Savimbi, o que implicava a realização de um segundo turno. No parlamento, é o MPLA que ganha as eleições, com 53,74% dos votos. Apesar de as eleições terem sido consideradas livres e justas, isentas de fraudes, a Unita não aceitou o resultado e reiniciou a guerra, atacando inclusive a capital, Luanda. Rapidamente essa organização conseguiu controlar quase 70% do território nacional. Em 1994, na Zâmbia, foram assinados os Acordos de Lusaka, entre MPLA e Unita, visando pôr fim à guerra, mas também eles foram desrespeitados.

Como muito rapidamente apontamos, por razões múltiplas e relativas à conjunção de diversos fatores – não apenas externos, mas também internos –, não somente não se construiu o socialismo em Angola, como também pouquíssimas conquistas sociais foram obtidas para a população. Assim, a situação angolana é, até os dias de hoje, de extrema pobreza e miséria da população. A guerra civil – alimentada constantemente por outros países, com destaque para os Estados Unidos – só terminou quando, em fevereiro de 2002, Jonas Savimbi, líder da Unita, foi morto pelo exército governamental.

A guerra, de acordo com um documento emitido pelo próprio governo angolano por ocasião da comemoração do terceiro aniversário do 4 de abril de 2002 (quando foi efetivamente acordada a paz),[31] provocou aproximadamente 1 milhão de mortos e 100 mil pessoas tornaram-se deficientes físicos. Milhões de pessoas foram obrigadas a deixar suas casas e outras tantas a deixar o país, desestruturando famílias e os setores produtivos da nação. O território está repleto de minas – são aproximadamente 15 milhões –, o que inviabiliza a agricultura em grande parte do solo angolano. A taxa de desemprego é extremamente alta, fazendo com que 60% da população economicamente ativa esteja desempregada. A vida da população é ainda dificultada pela falta constante de água e de energia elétrica, problemas que até hoje se mantêm, bem como pela falta de moradia. A situação da saúde e da educação é, também, caótica. Ainda assim, fragmentos da utopia persistem, como pudemos ver em A *geração da utopia*, e como se fazem presentes em tantos outros textos literários, em canções, em peças de teatro, que insistem em dizer que, sim, é preciso mudar o estado das coisas.

---

31 Trechos deste documento foram divulgados pela edição online do *Jornal de Angola* de 7 de abril de 2005 (Ano 5, nº 1466 – www.jornaldeangola.com), na matéria "Angolanos tiveram capacidade para perdoar", seção "Política".

CONSIDERAÇÕES FINAIS

"Falo assim sem saudade
Falo assim por saber
Se muito vale o já feito
Mais vale o que será"

"Falo assim sem tristeza
Falo por acreditar
Que é cobrando o que fomos
Que nós iremos crescer"

(Milton Nascimento
& Fernando Brant,
"O que foi feito deverá")

O espaço reservado à conclusão de uma obra pode ser definido pela tentativa de articular muitos dos pontos levantados durante o desenvolvimento do trabalho, em um esforço de síntese que justifique o caminho percorrido. Dada a natureza comparativa de nossa proposta, tal articulação conduziu a uma espécie de confronto final entre as duas obras que constituíram o objeto de nossa atenção, acentuando as marcas que nos levaram a propor o paralelo.

Partindo das relações entre literatura e experiência nas duas obras, e observando como elas diferem em um caso e noutro, pensamos o conceito de resistência, sobretudo pelo viés da leitura que dele faz Alfredo Bosi. Com a análise feita da construção textual das duas narrativas, pudemos considerar que, em ambas, se a temática concorre para a afirmação do sentido de resistência dos textos, a elaboração estética a que se lançam os autores é um dado muito importante. E, entre os elementos estruturais que determinam essa direção, está a construção do foco narrativo.

No caso de *Viagem à luta armada*, o foco narrativo tem um inegável peso, já que é predominantemente pelo ponto de vista do narrador-personagem que se explicita a perspectiva da obra diante dos episódios vividos. Guiados pela primeira pessoa, podemos reconhecer sua concepção de mundo, que ressalta de sua maneira de revisitar a história recente brasileira. Podemos, assim, verificar seu modo de se relacionar com o passado, pelo qual procura atravessar a dor pela derrota e, também, reafirmar muitos dos valores éticos do combate que povoou sua juventude. A caracterização da experiência vivida – apanhando a alegria e a esperança que a habitavam, a felicidade e o empenho constante na participação na luta revolucionária – é um traço que assinala, de modo sutil, que o engajamento não cessou, que ele reclama uma insistência.

Em *A geração da utopia*, o narrador em terceira pessoa, pelo recurso à onisciência seletiva múltipla, com o uso apurado do discurso indireto livre, não somente revela a interioridade das personagens, como também suas próprias concepções a respeito da história de Angola. Ao estabelecer suas relações com os quatro protagonistas – distanciando-se ironicamente de uns, aproximando-se decididamente de outros –, informa-nos sobre sua visão de mundo. Dessas relações, destaca-se a estabelecida com Aníbal, entremeada de identificações – como já assinalou Isabel Pires de Lima, para quem:

> Uma delas [das personagens] assume primeiro um protagonismo militante e depois um desencantamento profético que conquista a adesão do leitor e trai o estatuto ideológico do narrador. Chama-se Aníbal, mas não por acaso seu nome de guerra é "Sábio", nome que lhe ficará colado à pele, até porque ele próprio diz: "ser sábio é ser incompreendido". (LIMA, 1997, p. 139)

Aproximando-se de Aníbal – personagem caracterizado como aquele que procura agir para a mais ampla coerência com relação às propostas da "geração da utopia" –, o narrador nos faz reconhecer seu modo resistente de compreender e lidar com a realidade histórica. Sua capacidade de resistir sobrevive à certeza de que a utopia revolucionária angolana foi bastante abalada no plano do imaginário social da nação. Tal capacidade manifesta-se no gesto de combater o apagamento da memória da luta de libertação e, especialmente, de seu projeto e de seus valores. Em muitos movimentos, insinua-se ou explicita-se o desejo de se manter ligado ao compromisso estabelecido por essa geração lá atrás, no início dos anos 1960.

A construção do foco narrativo está intimamente relacionada, nos dois textos, à caracterização das personagens, notadamente dos protagonistas, Clamart e Aníbal.[1] Em *Viagem à luta armada*, é a figura de Clamart que, desempenhando muitas vezes, no tempo da luta, o papel de referência para

---

1   Em *A geração da utopia*, embora sejam quatro os protagonistas, é Aníbal quem, para além de se configurar como o personagem com quem o narrador mais se identifica, atua como uma referência e um exemplo a sua geração, desde o primeiro capítulo do texto. Tal atuação, não obstante se desgaste ao longo da narrativa, devido aos rumos tomados por parte dessa geração, não deixa de permanecer válida. Reconhecemos esta validade não apenas pelo último capítulo do texto, mas mesmo em "A chana" – quando Vítor, marcando-se como antítese da luta, acentua em diversas ocasiões a importância que o Sábio desempenhava para a estruturação de sua personalidade. Também em "O polvo" este aspecto se verifica, e Aníbal permanece como referência ética para Sara e para muitos dos habitantes da região.

seus companheiros, sugere no tempo da terapia a sua procura por manter-se vinculado ao compromisso, fazendo da narração da luta das esquerdas armadas uma estratégia para se contrapor à diluição dos princípios que pautaram a resistência contra a ditadura e assim contribuir para a formação de uma memória social das lutas brasileiras.

Em A geração da utopia, muito embora o último episódio de "O templo" constitua-se como uma negação da luta, são as palavras de Aníbal que continuam ecoando na figura de Judith, que assiste ao ritual religioso dos novos tempos surpresa e espantada. Reverberando na lembrança dela, que é a filha de Sara, o mundo preconizado pelo Sábio pressupõe que, de alguma forma, traços do encanto utópico não somente permanecem para alguns membros da "geração da utopia", mas também encontraram ressonância entre os novos.

Também a organização do tempo nos dois textos carrega este sentido de resistência, como pudemos ver detalhadamente. Em Viagem à luta armada, a dimensão do futuro participa de grande parte da obra, pois, no tempo da luta, a perspectiva do devir era fundamental na determinação das ações do presente dos guerrilheiros. Era em nome de um futuro diferente, que possibilitasse um novo Brasil, que se lutava. No período do exílio, entretanto, há praticamente uma ausência de amanhã, pois o personagem procura, sem sucesso, viver única e tão-somente o presente. O que se dá é um mergulho no passado, sem que ele consiga, de imediato, formular um novo projeto. A dimensão do futuro apenas é recuperada no tempo da terapia, quando, a partir da elaboração do passado, reconstrói sua individualidade e assume o projeto da escrita literária. É aí que recupera a possibilidade e a perspectiva de um futuro transformador, não apenas individual, mas coletivo.

Já em A geração da utopia, também era a dimensão de futuro que animava a luta dos jovens angolanos, o que é explicitado pelo primeiro capítulo do romance. Em "A chana", esta dimensão, já enfraquecida, ainda se fazia presente, especialmente por meio de Aníbal. Contudo, é ele quem, no terceiro capítulo, afirma que sua geração não representava mais o futuro, em uma inquietude que parece quase eliminar qualquer possibilidade de futuro para a própria nação angolana. Já no último capítulo, quando aparece investido de uma nova função social – aproximando-se a Clamart –, o Sábio abre-se ao debate e, na sua troca com os novos, reanuncia-se a possibilidade de esperança no futuro. Logo, a vivência da derrota enfraquece a noção de futuro em ambas as narrativas, mas não encerra a história. Contrariamente, ela abre, de modo suave, a perspectiva de que muito ainda pode acontecer e modificar o cenário presente.

No caso da construção do espaço, o movimento apresenta um recolhimento dos protagonistas para o universo da casa, no tempo da derrota. Mas revela também a busca de recuperação do universo público, procurando reabrir a possibilidade da vivência coletiva e da ação política, como é possível percebermos pela saída de Aníbal de seu isolamento na pequena baía, rumando a Luanda, onde procura *construir junto* com as novas gerações; ou, no caso de Clamart, como se vê por sua saída da banheira-túnel, momento que é associado ao despertar na pracinha dos tempos da luta, quando o protagonista retomava o plano da ação e do combate.

Poderíamos assinalar ainda o fato de o romance de Pepetela não se encerrar definitivamente, o que é mais um elemento a reforçar a noção de que a história não acabou, e, portanto, tudo pode ser revolvido e transformado, lembrando-nos o aviso de Emir Sader por ocasião da Queda do Muro de Berlim: "Desde já, um aviso... depois do muro, há vida inteligente, há contradições, há história" (SADER, 1995, *apud* SAINT-PIERRE, 2000, p. 22). Por sua vez, o testemunho de Carlos Eugênio Paz, ao finalizar com o narrador encontrando o título do livro que escrevia, o livro que estamos lendo, efetua um movimento pelo qual insiste em nos levar ao tempo da guerrilha, acentuando ainda mais o caráter exemplar que atribui ao papel desempenhado pelas esquerdas armadas brasileiras dos anos 1960/70.

Apresentando dúvidas, questionamentos, culpa e até mesmo, em alguns momentos, raiva pelo passado, *Viagem à luta armada* e *A geração da utopia* procuram afirmar e construir uma base sólida para a interpretação crítica dele, na firme expectativa de que, de alguma forma, a chama não se apague. As narrativas caracterizam-se pela afirmação da necessidade de que é preciso resistir ao esquecimento dos esforços passados e, dessa maneira, insistir, nos desencantados dias da década de 1990 (hoje já tão longínquos), na rebeldia, na não aceitação, na não desistência, ecoando os versos da mesma canção que citamos aqui como epígrafe: "O que foi feito é preciso conhecer para melhor prosseguir".

Destacamos que esta insistência não se dá por intermédio da formulação de uma proposta nítida e delineada de uma ação diretamente política. O que se configura nos textos como uma ação possível e desejada é, predominantemente, o exercício compartilhado da palavra, oral e escrita, operado por Clamart e por Aníbal, que autoriza a experiência, possibilita o balanço do vivido e tece a ligação das gerações. Narrar a experiência – como faz Clamart, pelo diálogo com Helena e pelo livro que escreve, e como faz Aníbal, debatendo com os jovens – é também uma forma de desferir mais um golpe contra o adversário. Renato Franco, ao abordar o "memorialismo político" dos anos 1970, procurou compreender o processo que levou muitos ex-guerrilheiros brasileiros a se tornarem escritores. A partir do livro de Renato Tapajós, *Em câmara lenta*, o crítico aponta justamente o aspecto de que o ato de escrever era um modo de ferir de morte o inimigo. No caso de *Viagem à luta armada* e *A geração da utopia*, escritas nos anos 1990, o inimigo não é exatamente o mesmo do passado, mas renova-se nas contradições que o presente abriga. Como afirma Franco:

> Lembrar essa história – salvar do esquecimento o que ela comportou de esperança e de sofrimento – é, em si mesmo, um formidável ataque ao inimigo, uma vez que abrange [...] a reconstituição do rosto desfigurado daquelas ruínas que atestaram, no passado, a possibilidade de outra história.
>
> Recompor a memória implica, nesse caso, inscrever ainda uma vez no céu do atual o brilho de relâmpago daquilo que, em outros tempos, foi possível ser pensado ou sonhado. Nesse caso, ela libera, na ruína presente, o antigo pulsar vital – a centelha de vida – que continha, ainda que de forma embrionária, a esperança de que, um dia, os acontecimentos históricos pudessem ser diferentes dos

> da atualidade. A ruína encerra em seu coração gelado a semente de uma nova vida.
>
> Dessa maneira, ao recuperar a esperança nela contida, a memória faz reviver aquilo que outrora poderia ter sido, mas, ao fazê-lo, salva do esquecimento os mortos e pede para o que eles ousaram um dia sonhar seja ainda possível, como já apontou W. Benjamin. (FRANCO, 1998, p. 112)

A caracterização das narrativas como obras orientadas pela consciência de que resistir é uma das funções da arte e da palavra se configura, muito especialmente, pela recuperação da memória e pela aposta no poder de ação da própria literatura. E aqui lembramos que, de acordo com Benoît Denis, a palavra *engajar*, "no sentido amplo e literal, significa *colocar ou dar em penhor; engajar-se* é portanto *dar a sua pessoa ou a sua palavra em penhor, servir de caução e, por conseguinte, ligar-se por uma promessa ou juramento constrangedor*" (2000, p. 31). O engajamento põe em jogo a própria literatura, ao fazer uma aposta na sua vinculação a uma coletividade e, portanto, no exercício da palavra. Engajar-se é ainda "tomar uma direção", fazer uma escolha e "*praticar uma ação*, voluntária e efetiva, que manifesta e materializa a escolha efetuada conscientemente" (DENIS, 2000, p. 32, itálicos do original). Como ainda enfatiza Denis, o engajamento é um "desejo de restituir às palavras os pesos de seus sentidos" (2000, p. 48), sendo uma forma de se acreditar na literatura e em sua força.

Viagem à luta armada e *A geração da utopia* apostam na literatura como atividade que humaniza em todos os sentidos, respondendo às mais profundas necessidades humanas de ficção e fantasia, agindo em nossa formação e constituindo nossa personalidade. E, inclusive, como força que nos faz conhecer e reconhecer o que já foi feito pelos homens, auxiliando na construção de nossa memória social e também de uma tradição libertária. Como atividade que mobiliza e nos chama a olhar para este nosso mundo, como uma ação efetiva diante da realidade. A literatura, portanto, como poderosa arma de resistência.

E é por esse viés, sobretudo, que estabeleço um elo entre este trabalho, concluído quando eu tinha 27 anos, e sua presente edição, em meus 37. Pela crença na literatura. Não mais – ou não tanto mais, ao menos como me parece que eu via à época – a crença em uma interferência direta da literatura na sociedade. Tudo acabou por se matizar, no entanto o fato é que, para mim, a literatura continua sendo aquilo que nos salva, inclusive de nós mesmos. De nossa humanidade tão difícil.

E digo isso não em um sentido simplório, mas em um sentido mais profundo e muito verdadeiro, que fala lá dentro de todos aqueles que amamos esta criação deliciosamente humana. Falo do alimento que ela nos fornece para insistirmos, sonharmos, fantasiarmos com tudo o que quisermos. Para nos deleitarmos com uma frase, com uma escolha de palavras feita pelo escritor. Com a sonoridade de um verso. Com a clareza com que um personagem é caracterizado logo no primeiro parágrafo de um romance. Com um encadeamento que nos parece tão maravilhosamente assombroso entre um parágrafo e outro. Como uma prática feita de palavras que nos faz continuamente encantados com a quantidade e qualidade absurda de coisas que podemos criar com ela, palavra. E é principalmente por esse encanto que ambos os textos, *Viagem à luta armada* e *A geração da utopia*, mostram diante da palavra, da criação literária, que o meu encanto com este universo aqui retratado persiste.

Editar este trabalho e tomar coragem de publicá-lo não foi fácil. E não foi porque é evidente que não é muito simples olhar um trabalho inicial de um percurso (também inicial), um trabalho finalizado há tantos anos, e procurar resistir à tentação de mudar tudo. A vontade era a de reescrever tudo ou quase. Mas isso não só seria inviável, como seria disparatado. Este trabalho é o que é. Fruto daquela Marina que fui – o que fiz aqui foi apenas uma microformatada para que a Marina que sou hoje não ficasse tão inquieta. Eu a enganei, a distraí mesmo, dando-lhe alguns agrados para que ela me deixasse preservar a essência do que fui. Espero ter conseguido.

E é também por este viés de aposta na literatura que vejo o laço entre este trabalho e a tese de doutorado que defendi em 2012, em que me centrei na forma como *Pessach: a travessia* e *Pilatos*, romances de Carlos Heitor Cony, configuravam e questionavam o papel do escritor e o sentido da própria literatura. Tais as interrogações que me atraem e me arrastam com força. E acho que foi também nesse sentido que, instigada por uma brincadeira do escritor Marcelino Freire em uma oficina, fiz eu um texto-brincadeira com o título do belo livro de Francine Prose, *Para ler como um escritor*, texto este que aqui transcrevo, como fecho desta obra:

Comilança

Para ler, como um escritor. Ou uma escritora.

Às vezes dois ou três ao mesmo tempo. Mas um de cada vez costuma ser mais saborido saboroso gostoso demais.

De lambedela em lambedela, me lambujo, cravo os dentes. Mordo pedaço por pedaço, degluto, engulo ele inteiro. Pasto e repasto.

Pelos, cabelos, axilas, umbigo e cotovelos. Mas também pés, costas, nuca, espáduas, olhos e nádegas. Nariz, coxas, batata da perna, canela.

Neurônios em movimento, remastigo cada uma de suas sinapses sentimentos, adentro suave sua mente e nela me faço hóspede por algumas horas dias anos. Às vezes, quando a comilança é boa pra valer, por uma vida inteira.

Contamino-me por ele, deixo que me coma também, de dentro pra fora e de fora pra dentro, como quiser, que essa inundação fertiliza minhas águas, que rebentam abençoadas, venturosas, integradas e sempre mais esperançosas de haver guardado em meu útero-flor uma sementinha, pequena que seja, dos olhos do escritor. De sua mirada para o mundo e para as palavras, seu namoro com o mundo que se faz pelas palavras, estas suas palavras que são o seu meu nosso mundo.

E saio satisfeita, plena, devassa, dormida, encontrada, recriada, desfigurada, para o próximo banquete amor.

REFERÊNCIAS BIBLIOGRÁFICAS

Dos autores estudados

PAZ, Carlos Eugênio. *Viagem à luta armada: memórias romanceadas*. 2. ed. Rio de Janeiro: Civilização Brasileira, 1996 [1. ed: 1996].

_____. *Nas trilhas da ALN*. Rio de Janeiro: Bertrand Brasil, 1997.

PEPETELA. *Muana Puó*. 2. ed. Lisboa: D. Quixote, 1995 [1. ed: 1978].

_____. *Mayombe*. São Paulo: Ática, 1982 [1. ed: 1980].

_____. *As aventuras de Ngunga*. São Paulo: Ática, 1980 [1. ed: 1977].

_____. *A corda*. 2. ed. Luanda: União dos Escritores Angolanos, 1980 [1. ed: 1979].

_____. *A revolta da casa dos ídolos*. Lisboa: Edições 70, 1980.

_____. *Yaka*. São Paulo: Ática, 1984.

_____. *O cão e os caluandas*. 3. ed. Lisboa: D. Quixote, 1996 [1. ed: 1985].

_____. *Luandando*. Luanda: Elf Aquitaine Angola, 1990.

_____. *Lueji (O nascimento dum império)*. 3. ed. Lisboa: D. Quixote, 1997 [1. ed: 1989].

_____. *A geração da utopia*. 3. ed. Lisboa: D. Quixote, 1995 [1. ed: 1992].

_____. *O desejo de kianda*. 2. ed. Lisboa: D. Quixote, 1997 [1. ed: 1995].

_____. *A parábola do cágado velho*. 2. ed. Lisboa: D. Quixote, 1997 [1. ed: 1996].

_____. *A gloriosa família. O tempo dos flamengos*. Lisboa: D. Quixote, 1997.

_____. *A montanha da água lilás – fábula para todas as idades*. Lisboa: D. Quixote, 2000.

_____. *Jaime Bunda – agente secreto*. Rio de Janeiro/São Paulo: Record, 2003.

_____. *O terrorista de Berkeley, Califórnia*. Lisboa: D. Quixote, 2007.

_____. *O planalto e a estepe*. Lisboa: Caminho, 2009.

_____. *A Sul. O sombreiro*. Lisboa: D. Quixote, 2011.

_____. *O tímido e as mulheres*. Lisboa: D. Quixote, 2013.

Entrevistas realizadas

Pepetela – Encontro entre Pepetela e pesquisadores de sua obra [org.: Rita Chaves]. São Paulo, 5/5/2000.

Carlos Eugênio Paz. Rio de Janeiro, 31/10 e 1º/11/2002.

Entrevistas consultadas – Carlos Eugênio Paz

Entrevista exclusiva com Carlos Eugênio Paz, dirigente da Ação Libertadora Nacional nos anos 60/70. *Revista Ruptura*, nº 2, Laboratório de Estudos Libertários (LEL). Disponível em: <http://www.midiaindependente.org/pt/red/2002/01/15218.shtml>. Último acesso em: 11 mai. 2015.

Entrevista com Carlos Eugênio Paz: "O baú da ditadura precisa ser aberto". *Jornal do Commercio On line*, Seção "Política", Recife, 30/3/1998. Disponível em: <http://www2.uol.com.br/JC/_1998/3003/po3003f.htm>. Último acesso em: 11 mai. 2015.

Rollemberg, Denise. "A ALN e Cuba: apoio e conflito". *Tempo de Ditadura*. Cadernos AEL, Campinas, nº 14/15, vol. 8, 2001, p. 211-251.

Stycer, Mauricio. "Passado pesado." *Carta Capital*, São Paulo: Editora Confiança, nº 233, ano IX, vol. 15, 26/3/2003.

Entrevistas consultadas – Pepetela

Agualusa, José Eduardo. "A morte da utopia". *Público*, Lisboa, 7/8/1992.

Amman, Margret & Venâncio, José Carlos. "Pepetela, um construtor da angolanidade". *Jornal de Letras, Artes e Ideias*, Lisboa, 2/10/1990, p. 6-7.

Bueno, Wilson. "'O escritor pode apoiar uma guerra', diz Pepetela". *Caderno 2, O Estado de S. Paulo*, São Paulo, 11/6/2000.

CASTRO, Roberto C. G. "A dura luta para escrever". *Jornal da USP*, São Paulo, 30/6 a 6/7/1997, p. 12.

"COLÓQUIO SOBRE MAYOMBE – Um livro para despertar o leitor". *Lavra & Oficina*, Luanda, nº 25/26/27, out./nov./dez. 1980, p. 3-5.

"INQUÉRITO AOS ESCRITORES: Pepetela". *Lavra & Oficina*, Luanda, nº 5, fev. 1979, p. 4 e 12.

LABAN, Michel. "Encontro com Pepetela". *Angola. Encontro com escritores*. Vol. I. Porto: Edições Afrontamento, 1990, p. 769-819.

MARETTI, Eduardo. "Guerra e poder – entrevista com Pepetela". In: *Escritores – entrevistas da Revista Submarino*. São Paulo: Limiar, 2002, p. 167-170.

NEPOMUCENO, Eric. "Pepetela defende retomada do socialismo utópico". *Especial Domingo – Literatura, O Estado de S. Paulo*, São Paulo, 2/11/1997, p. D3.

NINA, Cláudia. "Entrevista/ Arthur Pestana – 'Trago em mim o inconciliável'". Caderno Ideias. *Jornal do Brasil*, Rio de Janeiro, 24/5/1997.

RODRIGUES DA SILVA. "De utópico a profeta". *Jornal de Letras, Artes e Ideias*, Lisboa, 11/8/1992, p. 12-13.

_____. "Da utopia à amargura". *Jornal de Letras, Artes e Ideias*, Lisboa, 29/3/1995, p. 14-16.

_____. "Acreditar é preciso". *Jornal de Letras, Artes e Ideias*, Lisboa, 7/5/1997, p. 8-9.

SAÚTE, Nelson. "Entrevista com o escritor angolano Pepetela – 'Revolucionários atirados aos cães'". *Público*, Lisboa, 2/4/1995, p. 30.

Bibliografia geral

ABDALA JR., Benjamin. *De voos e ilhas – Literatura e comunitarismos*. Cotia: Ateliê Editorial, 2003.

ABLAS, Maria de Nazaré Ordonez de Souza. *História e histórias: Um estudo comparativo entre os romances* Memorial do convento, *de José Saramago, e* Yaka, *de Pepetela*. Dissertação (mestrado em Letras) – FFLCH/USP, São Paulo, 1998.

ABREU, Alzira Alves de. "Os anos de chumbo: memória da guerrilha". In: FERREIRA, Marieta de Moraes (coord.). *Entre-vistas: abordagens e usos da história oral*. Rio de Janeiro: Fundação Getúlio Vargas, 1994.

AGAMBEN, Giorgio. *Lo que queda de Auschwitz. El archivo y el testigo. Homo Sacer III*. [trad.: Antonio Gimeno Cuspinera]. Valencia: Pre-Textos, 2000.

AGUALUSA, José Eduardo. "O triunfo de um escritor guerrilheiro". *Público*, Lisboa, 25/4/1997, p. 7.

AGUIAR, Flávio Wolf de. "*Grande sertão em linha reta*". *Mimeo*. s.d.

_____. "O pacto e o pacto letrado". *Organon 19 – Revista do Instituto de Letras da UFRGS*, Porto Alegre: Instituto de Letras da UFRGS, n° 19, vol. 6, 1992, p. 85-92.

_____. "Os mensageiros de Jó (notas sobre a produção literária recente no Brasil)". In: *A palavra no purgatório – literatura e cultura nos anos 70*. São Paulo: Boitempo Editorial, 1997, p. 179-86.

_____. "Oco do mundo". In BRAIT, Beth (org.). *O sertão e os sertões*. São Paulo: Arte & Ciência, 1998, p. 79-102.

AGUIAR, Joaquim Alves de. *Espaços da memória: Um estudo sobre Pedro Nava*. São Paulo: Edusp/Fapesp, 1998.

ALBERTI, Verena. *Ouvir contar – Textos em história oral*. Rio de Janeiro: Ed. FGV, 2004.

ALEGRE, Manuel. "*Muana Puó*: ou talvez o nosso rosto". *Jornal de Letras, Artes e Ideias*, Lisboa, 29/3/1995, p. 19-20.

ALN (Ação Libertadora Nacional). O GUERRILHEIRO. *Órgão Central da ALN*, Brasil, nº 3, set. 1971.

_____. VENCEREMOS, Brasil, nº 4, ago. 1971.

ALN & MR-8 (Movimento Revolucionário 8 de Outubro). "Manifesto". In: *Versões e ficções: o sequestro da história*. 2. ed. ampl. São Paulo: Editora Fundação Perseu Abramo, 1997, p. 227-30.

ALVAREZ. Domingo Amuch. "Angola: punto de virage". *África: Revista do Centro de Estudos Africanos*, São Paulo, USP, nº 1, vol. 14-15, 1991/1992, p. 37-54.

ANDERSON, Benedict. *Nação e consciência nacional*. São Paulo: Ática, 1989.

ANDRADE, Mário. *Antologia temática de poesia africana*. I – Na noite grávida de punhais. Lisboa: Sá da Costa, 1975.

_____. *Antologia temática de poesia africana*. II – O canto armado. 2. ed. Praia: Instituto Caboverdeano do Livro, 1980.

ANDRADE, Mário & REIS, Maria do Céu [orgs.]. *Ideologias da libertação nacional – "Textos de apoio"*. Centro de Estudos Africanos – Universidade Eduardo Mondlane , Maputo, 1985.

ARAGÃO, Eloisa. *Censura na lei e na marra: como a ditadura quis calar as narrativas sobre suas violências*. São Paulo: Humanitas/Fapesp, 2013.

ARENDT, Hannah. *Entre o passado e o futuro*. [trad.: Mauro W. Barbosa de Almeida]. 2. ed. São Paulo: Perspectiva, 1979.

ARRIGUCCI JR., Davi. "Gabeira em dois tempos". In: *Enigma e comentário: ensaios sobre literatura e experiência*. São Paulo: Companhia das Letras, 1987, p. 119-39.

_____ *et alii*. "Jornal, realismo, alegoria: o romance brasileiro recente". In: ARRIGUCCI JR. *Achados e perdidos – ensaios de crítica*. São Paulo: Polis, 1979, p. 79-115.

AVELAR, Idelber. *Alegorias da derrota. A ficção pós-ditatorial e o trabalho do luto na América Latina*. [trad.: Saulo Gouveia]. Belo Horizonte: Ed. da UFMG, 2003.

BACCEGA, Maria Aparecida. Mayombe: *Ficção e história (Uma leitura em movimento)*. Tese (doutorado em Letras) – DLCV da FFLCH/USP, São Paulo, 1985.

BACHELARD, Gaston. *A água e os sonhos – Ensaio sobre a imaginação da matéria*. [trad.: Antonio de Pádua Danesi]. São Paulo: Martins Fontes, 1989.

BAKHTIN, Mikhail. *Questões de literatura e estética – a teoria do romance*. [trad.: Aurora Fornoni Bernadini *et alii*.]. 5. ed. São Paulo: Annablume/ Hucitec, 2002.

BAZCKO, Bronislaw. "Utopia". In: *Enciclopédia Einaudi*. Lisboa: Imprensa Nacional/Casa da Moeda, 1985, Vol. V (Anthropos/Homem), p. 333-96.

BENJAMIN, Walter. "Experiência e pobreza". In: *Obras escolhidas*, vol. 1, Magia e técnica, arte e política – Ensaios sobre literatura e história da cultura. [trad.: Sergio Paulo Rouanet]. São Paulo: Brasiliense, 1985, p. 114-19.

_____. "O narrador   Considerações sobre a obra de Nikolai Leskov". In: *Obras escolhidas*, vol. 1., 7. ed./10. reimp. São Paulo: Brasiliense, 1996, p. 197-221.

BITTENCOURT, Marcelo. *As linhas que formam o "EME" – um estudo sobre a criação do Movimento Popular de Libertação de Angola*. Dissertação (mestrado em Antropologia Social) – FFLCH/USP, São Paulo, 1996.

_____. "Estamos juntos". O MPLA e a Luta Anticolonial (1961-1974). Tese (doutorado em História Social) – UFF, Niterói, 2002.

BORGES, Márcio. Os sonhos não envelhecem – histórias do Clube da Esquina. 3. ed. São Paulo: Geração Editorial, 1999 [1. ed.: 1996].

BORJA, Rodrigo. "Resistencia". In: Enciclopedia de la politica. México: Fondo de Cultura Económica, 1997, p. 879-80.

BORNHEIM, Gerd. "O conceito de tradição". In: BORNHEIM, Gerd et alii. Tradição/contradição. Rio de Janeiro: Zahar, 1987, p. 13-29.

BOSI, Alfredo. "Narrativa e resistência". In: Literatura e resistência. São Paulo: Companhia das Letras, 2002a, p. 118-35.

_____. "A escrita do testemunho em Memórias do cárcere". In: Literatura e resistência. São Paulo: Companhia das Letras, 2002b, p. 221-37.

BOSI, Ecléa. Memória e sociedade: lembranças de velhos. 4. ed. São Paulo: Companhia das Letras, 1995.

BRAIT, Beth. A personagem. 5. ed. São Paulo: Ática, 1993.

CANDIDO, Antonio. Formação da literatura brasileira: momentos decisivos. 5. ed. Belo Horizonte: Itatiaia, 1975, 2 vols.

_____. "Literatura e subdesenvolvimento". In: A educação pela noite e outros ensaios. São Paulo: Ática, 2006a, p. 169-96.

_____. "Poesia e ficção na autobiografia". In: A educação pela noite e outros ensaios. São Paulo: Ática, 2006b, p. 61-83.

_____. "A nova narrativa". In: A educação pela noite e outros ensaios. São Paulo: Ática, 2006c, p. 241-60.

_____. "O mundo coberto de moços". In: Recortes. São Paulo: Cia das Letras, 1993, p. 252-6.

_____. "O direito à literatura". In: *Vários escritos*. 3. ed. revista e ampliada. São Paulo: Duas Cidades, 1995, p. 235-63.

_____. "A literatura e a formação do homem". *Remate de Males. Antonio Candido (número especial)*. Revista do Departamento de Teoria Literária. Unicamp, Campinas, 1999a. Antonio Arnoni Prado *et alli* (org.), p. 81-9.

_____. "Crítica e sociologia". In: *Literatura e sociedade*. 8. ed. São Paulo: T. A. Queiroz/Publifolha, 2000.

CARVALHO FILHO, Sílvio de Almeida. *Angola: nação e literatura (1975-1985)*. Tese (doutorado em História) – FFLCH/USP, São Paulo, 1994, 2 vols.

CENTRO DE ESTUDOS ANGOLANOS. *História de Angola (Apontamentos)*. Porto: Edições Afrontamento, s.d.

CHAVES, Rita. Mayombe: *a reinvenção de Ogun, o Prometeu africano*. Dissertação (mestrado em Letras) – UFF, Niterói, 1984.

_____. "Imagens da utopia: o Brasil e as literaturas africanas de língua portuguesa". *Mimeo*. Texto apresentado no Painel Arte e Sociedade do V Congresso Luso-Afro-Brasileiro de Ciências Sociais. Maputo, Universidade Eduardo Mondlane, 1998, p. 1- 4.

_____. *A formação do romance angolano. Entre intenções e gestos*. São Paulo: Área de Estudos Comparados de Literaturas de Língua Portuguesa do Departamento de Letras Clássicas e Vernáculas, FFLCH/USP, 1999a.

_____. "Pepetela: romance e utopia na história de Angola". *Via Atlântica*, Área de Estudos Comparados de Literaturas de Língua Portuguesa do DLCV/USP, São Paulo, nº 2, 1999b, p. 216-232.

_____. "O passado presente na literatura angolana". *Scripta*, Belo Horizonte: nº 6, vol. 3, 2000, p. 245-257.

_____. "Angola e Brasil: um diálogo de diferenças". *Boletim Bibliográfico da Biblioteca Mário de Andrade*, São Paulo, nº 1/4, vol. 49, p. 45-54.

CHAVES, Rita & MACÊDO, Tania (orgs.). *Portanto... Pepetela*. Luanda: Edições Chá de Caxinde, 2002.

"CHEFE DE ESTADO inaugurou 'Presidente'". *Novembro*, Luanda, nº 74, ano 8, fev. 1984, p. 23.

CHEVALIER, Jean & GHEERBRANT, Alain. *Dicionário de símbolos. Mitos, sonhos, costumes, gestos, formas, figuras, cores, números*. 7. ed. (coord.: Carlos Sussekind; trad.: Vera da Costa e Silva et alli). Rio de Janeiro: José Olympio, 1993.

COMISSÃO NACIONAL DA VERDADE. Disponível em: <http://www.cnv.gov.br/index.php/institucional-acesso-informacao/a-cnv>. Acesso em: 25 jan. 2015.

CONSTITUIÇÃO DA REPÚBLICA FEDERATIVA DO BRASIL. (Incluindo: Emenda Constitucional nº 1, de 17/10/1969; Atos Institucionais; Leis Complementares; Legislação Ordinária Complementar). 4. ed. Porto Alegre: Editora Síntese, 1981.

COSTA, Fernando Marques da & FALÉ, Natália. *Guia político dos* PALOP. Lisboa: Fragmentos/ Fundação de Relações Internacionais, 1991.

COSTA ANDRADE, Fernando. "A propósito de 'As Aventuras de Ngunga'". In: *Literatura Angolana (Opiniões)*. Lisboa: Edições 70, 1980, p. 91-102.

_____. *Poesia com armas*. 4. ed. Luanda: União dos Escritores Angolanos, s.d.

CUNHA, Derneval Ribeiro Rodrigues da. *Entre Gabeira e Guevara: notas sobre os escritos da luta armada*. Dissertação (mestrado) – PROLAM/USP, São Paulo, 2002.

CYRILLO, Manoel de Oliveira. Testemunho concedido durante o evento *Memória & Resistência – a educação pelo engajamento* (23 a 27/8 e 30/8 a

3/9/2004). Coordenação: Prof. Dr. Marcos Ferreira Santos. Organização: Associação dos Educadores e Pesquisadores (AEP). São Paulo, FEUSP, 1º/9/2004.

DALCASTAGNÈ, Regina. *O espaço da dor: o regime de 64 no romance brasileiro.* Brasília: Editora Universidade de Brasília, 1996.

"DECLARAÇÃO DA OLAS". In LÖWY, Michael (org.). *O marxismo na América Latina. – Uma antologia de 1909 aos dias atuais.* [trad.: Cláudia Schilling e Luís Carlos Borges]. São Paulo: Editora Fundação Perseu Abramo, 1999, p. 303-14.

DE MARCO, Valéria. "Literatura de testemunho: aproximação a Ferreira Gullar". In: *Seminário Brasileiro de Crítica Literária.* Anais 18. Porto Alegre: EDIPUCRS, 2001, p. 47-70.

DENIS, Benoît. *Literatura e engajamento: de Pascal a Sartre.* [trad.: Luiz Dagobert de Aguirra Roncari]. Bauru: Edusc, 2002.

DEUTSCHER, Isaac. "Derrota na vitória". In: *Trotski – O profeta armado. 1879-1921.* [trad.: Waltensir Dutra]. 2. ed. Rio de Janeiro: Civilização Brasileira, 1984, p. 519-55.

_____. "Pós-escrito: Vitória na derrota". In: *Trotski – O profeta banido. 1929-1940.* [trad.: Waltensir Dutra]. 2. ed. Rio de Janeiro: Civilização Brasileira, 1984, p. 523-35.

"DOS LEITORES". In: *Novembro.* Luanda, nº 8, vol. 73, jan. 1984, p. 4-6.

_____. In: *Novembro.* Luanda, nº 10, vol. 87, jan. 1987, p. 4-6.

EAGLETON, Terry. *Marxismo e crítica literária.* Porto: Edições Afrontamento, 1978.

_____. *Teoria da literatura: uma introdução.* [trad.: Waltensir Dutra]. São Paulo: Martins Fontes, 1994.

282 Marina Ruivo

ERVEDOSA, Carlos. *Roteiro da literatura angolana*. 4. ed. Luanda: UEA, s.d.

ESPINOSA, Roberto. *Abraços que sufocam*. São Paulo: Viramundo, 2000.

FANON, Frantz. *Os condenados da terra*. 2. ed. Rio de Janeiro: Civilização Brasileira, 1979.

FELMAN, Shoshana. "Educação e crise, ou as vicissitudes do ensino". In: NESTROVSKI, Arthur & SELIGMANN-SILVA, Márcio (orgs.). *Catástrofe e representação: ensaios*. São Paulo: Escuta, 2000, p. 13-71.

FERREIRA, Aurélio Buarque de Holanda. *Dicionário Aurélio*. Rio de Janeiro: Nova Fronteira, 1975.

FERREIRA, Carlos Rogé. *Literatura e jornalismo, práticas políticas. Discursos e contradiscursos, o Novo Jornalismo, o Romance-reportagem e os Livros-reportagem*. São Paulo: Edusp, 2004.

FERREIRA, Manuel. *Literaturas africanas de expressão portuguesa*. São Paulo: Ática, 1987.

FOLHA DE S. PAULO. *Primeira Página: Folha de S. Paulo*. 5. ed. São Paulo: Publifolha, 2000.

FORSTER, E. M. *Aspectos do romance*. [trad.: Maria Helena Martins]. 2. ed., Porto Alegre: Globo, 1974.

FORTUNATO, José (ed.]) *Angola – Documentos do MPLA*. Vol. 1. Lisboa: Ulmeiro, 1977.

FRANCO, Renato. *Itinerário político do romance pós-64: A festa*. São Paulo: Fundação Editora da Unesp, 1998.

_____. "Literatura e catástrofe no Brasil: anos 70". In: *História, Memória, Literatura – O testemunho na Era das Catástrofes*. Campinas: Editora da Unicamp, 2003, p. 355-74.

GABEIRA, Fernando. *O que é isso, companheiro?: depoimento*. Rio de Janeiro: Codecri, 1979.

GAGNEBIN, Jeanne-Marie. "Memória, história, testemunho". In: BRESCIANI, Stella & NAXARA, Márcia [orgs.]. *Memória e (Res)sentimento – Indagações sobre uma questão sensível*. Campinas: Ed. da Unicamp, 2001, p. 85-94.

GALICH, Manuel. "Para una definición del género testimonio". *Casa de las Américas*, Havana: nº 36, vol. 200, jul.-set. 1995, p. 124.

GORENDER, Jacob. *Combate nas trevas. A esquerda brasileira: das ilusões perdidas à luta armada*. 3. ed. São Paulo: Ática, 1987.

GOULART, João. "Discurso de 13 de março". In: CARTA': *falas, reflexões, memórias*. (Informe de distribuição restrita do Senador Darcy Ribeiro). Brasília, Imprensa do Senado, nº 11, 1994, p. 135-42.

GUARANY, Reinaldo. *A fuga*. São Paulo: Brasiliense, 1984.

GUEVARA, Ernesto Che. "Guerra de guerrilhas, um método". In: LÖWY, Michael [org.]. *O marxismo na América Latina. – Uma antologia de 1909 aos dias atuais*. [trad.: Cláudia Schilling e Luís Carlos Borges]. São Paulo: Editora Fundação Perseu Abramo, 1999, p. 275-84.

GUSDORF, Georges. *Professores para quê: Para uma pedagogia da pedagogia*. 2. ed. São Paulo: Martins Fontes, 1995.

HAMILTON, Russell G. *Literatura africana. Literatura necessária. I – Angola*. [trad. do autor]. Lisboa/Luanda: Edições 70/Inald, 1981.

_____. "A utopia se despedaça: O espaço e o tempo num romance de Pepetela". *Lavra & Oficina*, Luanda, *II série*, nº 10, 1999a, p. 10-12.

_____. "A literatura dos Palop e a Teoria Pós-Colonial". *Via Atlântica*, Área de Estudos Comparados de Literaturas de Língua Portuguesa do DLCV/ USP, São Paulo, nº 3, 1999b, p. 12-22.

HARLOW, Bárbara. *Literatura de resistencia*. [trad.: Xoán Vila Penedo]. Santiago de Compostela, 1993.

HEREDIA, Francisco Martinez. *Contra a cultura da resignação*. In LÖWY, Michael [org.]. *O marxismo na América Latina. – Uma antologia de 1909 aos dias atuais*. [trad.: Cláudia Schilling e Luís Carlos Borges]. São Paulo: Editora Fundação Perseu Abramo, 1999, p. 526-31.

HOBSBAWM, Eric. *Era dos extremos: o breve século XX*. [trad.: Marcos Santarrita]. São Paulo: Cia. das Letras, 1995.

HOUAISS, Antonio & VILLAR, Mauro de Salles. *Dicionário eletrônico Houaiss da Língua Portuguesa 1.0*. Editora Objetiva, 2001.

JORNAL DE ANGOLA. Edição *Online*. Disponível em: <www.jornaldeangola. com>. Último acesso em: 29 jan. 2015.

KEHL, Maria Rita. "Prefácio". In COSTA, Ana. *Corpo e escrita: relações entre memória e transmissão da experiência*. Rio de Janeiro: Relume Dumará, 2001, p. 11-24.

KI-ZERBO, Joseph. *História da África Negra*. [trad.: Américo de Carvalho]. Lisboa: Europa-América, 1978.

LEI CONSTITUCIONAL DA REPÚBLICA POPULAR DE ANGOLA. In MIRANDA, Jorge (org.). *Constituições de diversos países*. Vol. I. Lisboa: Imprensa Nacional/ Casa da Moeda, 1979, p. 63-74.

LEITE, Ana Mafalda. "O desConstrutor de mitos". *Jornal de Letras, Artes e Ideias*. Lisboa, 7/5/1997, p. 10.

LEITE, Lígia Chiappini Moraes. *O foco narrativo (ou a polêmica em torno da ilusão)*. 7. ed. São Paulo: Ática, 1994.

LEITE, Paulo Moreira. "O que foi aquilo, companheiro". In: *Versões e ficções: o sequestro da história*. 2. ed. ampl. São Paulo: Editora Fundação Perseu Abramo, 1997, p. 51-60.

LIMA, Isabel Pires de. "Em busca de uma nova pátria: o romance de Portugal e de Angola após a descolonização". *Via Atlântica*, Área de Estudos Comparados de Literaturas de Língua Portuguesa do DLCV da FFLCH/USP, São Paulo, n°1, 1997, p. 128-141.

LIMA FILHO, Antonio Guedes. *Resistência ou conformismo? A ruptura política de Carlos Marighella com o PCB e as razões da ALN (1958-1964)*. Dissertação (mestrado em História). – FFC/Unesp, Marília, 2003.

LIMA, Ruth Ribeiro de. *Nunca é tarde para saber: Histórias de vida. Histórias da guerrilha*. Tese (doutorado em História). – FFLCH/USP, São Paulo, 1998, 2 vols.

LOPES, Adérito. "Introdução". In: MARIGHELLA, Carlos. *Manual do guerrilheiro urbano e outros textos*. (org. por Adérito Lopes). 2. ed. Assírio & Alvim, 1974, p. 5-12.

MANHEIM, Karl. *Ideologia e utopia*. [trad.: Sérgio Magalhães Santeiro]. Rio de Janeiro: Zahar, 1968.

MANNONI, Maud. "Apresentação". In: VIÑAR, Maren & VIÑAR, Marcelo. *Exílio e tortura*. [trad.: Wladimir Barreto Lisboa]. São Paulo: Escuta, 1992, p. 9-11.

MARCUSE, Herbert. "Etica y revolucion". In: *Etica de la revolucion*. [trad. esp.: Aurelio Alvarez Remon]. 2. ed. Madrid: Taurus, 1970, p. 141-56.

MARGARIDO, Alfredo. *Estudos sobre literaturas das nações africanas de língua portuguesa*. Lisboa: a regra do jogo, 1980.

MARIGHELLA, Carlos. *Escritos de Carlos Marighella*. São Paulo: Livramento, 1979.

_____. *Por que resisti à prisão*. 3. ed. São Paulo: Brasiliense; Salvador: EDUFBA: Olodum, 1995.

_____. *Manual do guerrilheiro urbano e outros textos*. [org. por Adérito Lopes]. 2. ed. Assírio & Alvim, 1974.

MARINANGELO, Célia Regina. *Literatura no compasso da história: Angola e Brasil.* Dissertação (mestrado em Letras) – FFLCH/USP, São Paulo, 2001.

MARTIN, Vima Lia de Rossi. *Trajetória do discurso utópico: uma leitura comparativa entre* Levantado do chão, *de José Saramago, e* Yaka, *de Pepetela.* Dissertação (mestrado em Letras) – FFLCH/USP, São Paulo, 1998.

MATA, Inocência. "Pepetela: um escritor (ainda) em busca da utopia". *Scripta*, Belo Horizonte, n° 3, vol. 5, 2000a, p. 243-259.

_____. "Reorientando o olhar sobre a nação: o pós-colonial nas literaturas africanas de língua portuguesa". *Mimeo.* Comunicação apresentada ao X Congresso Internacional da ALADAA, 26 a 29/10/2000b, p. 1-14.

MATEUS, Dalila Cabrita. *A luta pela independência – A formação das elites Fundadoras da FRELIMO, MPLA E PAIGC.* Mem Martins: Editorial Inquérito, 1999.

MATTEUCI, Nicola. "Resistência". In BOBBIO, Norberto, MATTEUCCI, Nicola & PASQUINO, Gianfranco. *Dicionário de política.* [trad.: Luís Guerrero Pinto Caçais *et alii*]. Brasília: Editora da UNB, 1986, p. 1114-16.

MEMMI, Albert. *Retrato do colonizado precedido pelo retrato do colonizador.* [trad.: Roland Corbisier e Mariza Pinto Coelho]. Rio de Janeiro: Paz e Terra, 1967.

MENDES, Vannildo. "Abertura dos Arquivos começa por 750 cassações – Entrevista com Nilmário Miranda". *O Estado de S. Paulo*, São Paulo, 26/3/2005.

MENDILOW, A. A. *O tempo e o romance.* [trad.: Flávio Wolf Aguiar]. Porto Alegre: Globo, 1972.

MENESES, Adélia Bezerra de. "Memória e ficção I (Aristóteles, Freud e a Memória)". In: *Do poder da palavra: ensaios de literatura e psicanálise.* São Paulo: Duas Cidades, 1995 a, p. 131-41.

_____. "Memória e ficção II (Memória: matéria de mimese)". In: *Do poder da palavra: ensaios de literatura e psicanálise*. São Paulo: Duas Cidades, 1995b, p. 143-60.

MESTRE, David. "A memória colectiva". *Jornal de Letras, Artes e Ideias*, Lisboa, 29/3/1995, p. 17-8.

MIRANDA, Orlando. *Obscuros heróis de Capricórnio*. São Paulo: Global, 1987.

MOITA, Luís. *Os congressos da FRELIMO, do PAIGC e do MPLA*. Lisboa: Ulmeiro, 1977.

MOURÃO, Fernando Augusto Albuquerque. *A sociedade angolana através da literatura*. São Paulo: Ática, 1978.

NASCIMENTO, José Ferreira do. *Heróis guerrilheiros. Um estudo comparado de personagens das obras* Mayombe, *de Pepetela, e* Em câmara lenta, *de Renato Tapajós*. Dissertação (mestrado em Letras). FFLCH/USP, São Paulo, 2001.

NESTROVSKI, Arthur & SELIGMANN-SILVA, Márcio. "Apresentação". In _____. (orgs.). *Catástrofe e representação: ensaios*. São Paulo: Escuta, 2000, p. 7-12.

NETO, Agostinho. "Proclamação da República Popular de Angola". In: CENTRO DE INVESTIGAÇÃO PEDAGÓGICA DO MINISTÉRIO DA EDUCAÇÃO DA R.P.A. *Textos Africanos de Expressão Portuguesa*. Luanda: CIP/Ministério da Educação, 1983, p. 263-69.

NITRINI, Sandra. *Literatura comparada – História, teoria e crítica*. São Paulo: EDUSP, 1997.

NOVEMBRO, Luanda, n° 9, vol. 82, mar./abr. 1985.

PAUPERIO, A. Machado. *O direito político de resistência*. 2. ed. Rio de Janeiro: Forense, 1978.

PENNA, João Camilo. "Este corpo, esta dor, esta fome: notas sobre o testemunho hispano-americano". In: SELIGMANN-SILVA, Márcio (org.). *História*, *memória, literatura – O testemunho na Era das Catástrofes*. Campinas: Editora da Unicamp, 2003, p. 299-345.

RAMA, A; AGUIRRE, I; ENZENSBERGER, H.; GALICH, M; JITRIK, N; SANTAMARÍA, H. "Conversación en torno al testimonio". *Casa de las Américas*, Havana: nº 36, vol.200, jul.-set. 1995, p. 122-124

RECADO PARA O LEITOR. *Novembro*. Luanda, nº 8, vol. 75, 4, mar./abr. 1984.

RÊGO, Victor da Cunha & MORAIS, João M. Tito de. *Angola através dos textos*. São Paulo: Felman-Rego, 1962.

REIS FILHO, Daniel Aarão. A *revolução faltou ao encontro*. São Paulo: Brasiliense, 1990.

_____. "Um passado imprevisível: a construção da memória da esquerda nos anos 60". In: *Versões e ficções: o sequestro da história*. 2. ed. ampl. São Paulo: Editora Fundação Perseu Abramo, 1997, p. 31-45.

_____. "Ditadura e sociedade: as reconstruções da memória". In: REIS FILHO, Daniel Aarão, RIDENTI, Marcelo & SÁ MOTTA, Rodrigo Patto (orgs.). *O golpe e a ditadura militar: 40 anos depois (1964 - 2004)*. Bauru: Edusc, 2004, p. 29-52.

RESOLUÇÕES FINAIS DA 1ª CONFERÊNCIA DO MPLA-PT. *Novembro*, Luanda, nº 9, vol. 81, jan./fev. 1985, p. 40-44,

RIBEIRO, Maria Cláudia Badan. *Memória, história e sociedade: a contribuição da narrativa de Carlos Eugênio Paz*. Dissertação (mestrado em Sociologia). –. Unicamp, Campinas, 2005.

RIDENTI, Marcelo. *O fantasma da revolução brasileira*. São Paulo: Editora da Unesp, 1993.

_____. "Que história é essa?". In: REIS FILHO, Daniel Aarão (org.). *Versões e ficções: o sequestro da história*. 2. ed. ampl. São Paulo: Fundação Perseu Abramo, 1997, p. 11-30.

_____. *Em busca do povo brasileiro: artistas da revolução, do CPC à era da TV*. Rio de Janeiro: Record, 2000.

_____. "Resistência e mistificação da resistência armada contra a ditadura: armadilhas para pesquisadores". In: REIS FILHO, Daniel Aarão, RIDENTI, Marcelo & SÁ MOTTA, Rodrigo Patto (orgs.). *O golpe e a ditadura militar: 40 anos depois (1964 - 2004)*. Bauru: Edusc, 2004, p. 53-65.

ROLLEMBERG, Denise. "Clemente". In: KUSCHNIR, Beatriz (org.). *Perfis cruzados: Trajetórias e militância política no Brasil*. Rio de Janeiro: Imago, 2002, p. 73-84.

_____. "A ALN e Cuba: apoio e conflito". *Tempo de Ditadura*. Cadernos AEL, Campinas: nº 8, vol. 14/15, 2001, p. 211-251.

ROSENFELD, Anatol. *O teatro épico*. São Paulo: Perspectiva, 1985.

RUIVO, Marina. "*Viagem à luta armada*: entre a ficção e a história". *Via Atlântica*, São Paulo: nº5, 2002a, p. 190-196.

_____. "*Mayombe*: Angola entre passado e futuro". In: CHAVES, Rita & MACEDO, Tânia (orgs.). *Portanto... Pepetela*. Luanda: Edições Chá de Caxinde, 2002b, p. 273-280.

_____. "Aníbal e Clamart – uma leitura das obras através das personagens". *A geração da utopia*, de Pepetela, e *Viagem à luta armada*, de Carlos Eugênio Paz. *Cadernos CESPUC de Pesquisa*. Belo Horizonte: nº 11, 2003, p. 90-105.

_____. "Apresentação". In: ARAGÃO, Eloísa. *Censura na lei e na marra: como a ditadura quis calar as narrativas sobre suas violências*. São Paulo: Humanitas/Fapesp, 2013, p. 13-7.

SÁBATO, Ernesto. *O túnel*. [trad.: Sérgio Molina]. São Paulo: Cia. das Letras, 2000.

SAINT-PIERRE, Héctor Luis. *A política armada. Fundamentos da guerra revolucionária*. São Paulo: Editora Unesp, 2000.

SANTILLI, Maria Aparecida. *Africanidades*. São Paulo: Ática, 1985.

SANTOS, José Eduardo dos. "Mensagem de Ano Novo 1984 – Ano da Defesa e da Produção". *Novembro*, Luanda, nº 8, vol.73, jan. 1984, p. 16-19.

_____. "Mensagem de Ano Novo 1985 – Ano do II Congresso do Partido". *Novembro*, Luanda, nº 9, vol. 81, jan./fev. 1985, p. 14-15.

SARTRE, Jean-Paul. *Que é a literatura?* [trad.: Carlos Felipe Moisés]. 2. ed. São Paulo: Ática, 1993.

SCHNAIDERMAN, Boris. "Tempo, literatura, história. Algumas variações". *Mimeo*, set. 2000, p. 1-7.

SELIGMANN-SILVA, Márcio. "A história como trauma". In: NESTROVSKI, Arthur & SELIGMANN-SILVA, Márcio (orgs.). *Catástrofe e representação: ensaios*. São Paulo: Escuta, 2000, p. 73-98.

_____. "Introdução". In: *História, memória, literatura – O testemunho na Era das Catástrofes*. Campinas: Editora da Unicamp, 2003a, p.7-44.

_____. "Apresentação da questão". In: *História, memória, literatura – O testemunho na Era das Catástrofes*. Campinas: Editora da Unicamp, 2003b, p. 45-58.

SERRANO, Carlos Moreira Henriques. *Angola: nasce uma nação – Um estudo sobre a construção da identidade nacional*. Tese (doutorado em Antropologia Social) – FFLCH/USP, São Paulo, 1988.

SILVERMAN, Malcom. *Protesto e o novo romance brasileiro*. 2. ed. rev. [trad.: Carlos Araújo]. Rio de Janeiro: Civilização Brasileira, 2000.

SYRKIS, Alfredo. *Os carbonários. Memórias da guerrilha perdida*. 7. ed. São Paulo: Global, 1981.

STYCER, Mauricio. "Márcio – O guerrilheiro". *Carta Capital*. São Paulo: Editora Confiança, IX, nº 233, 26/3/2003, p. 8-15.

SÜSSEKIND, Flora. *Literatura e vida literária: polêmicas, diários e retratos*. 2. ed. Belo Horizonte: Editora UFMG, 2004.

TEIXEIRA, Valéria Maria Borges. *A recuperação da cultura tradicional angolana a partir da releitura do mito, da lenda e da História em* Lueji (O nascimento dum Império). Dissertação (mestrado em Letras), FFLCH/ USP, São Paulo, 1999.

VÁZQUEZ, Adolfo Sánchez. *Ética*. [trad.: João Dell'Anna]. 13. ed. Rio de Janeiro: Civilização Brasileira, 1992.

VENTURA, Zuenir. *1968: O ano que não terminou*. Rio de Janeiro: Nova Fronteira, 1988.

VIÑAR, Marcelo. "A experiência do exílio: do traumatismo ao inesperado". In: VIÑAR, Maren & VIÑAR, Marcelo. *Exílio e tortura*. [trad.: Wladimir Barreto Lisboa]. São Paulo: Escuta, 1992a, p. 109-18.

_____. "Um grito entre milhares. Relato do cárcere". In: VIÑAR, Maren & VIÑAR, Marcelo. *Exílio e tortura*. [trad.: Wladimir Barreto Lisboa]. São Paulo: Escuta, 1992b, p. 21-34.

VVAA. *Anais do I Encontro de Professores de Literaturas Africanas de Língua Portuguesa – Repensando a africanidade*. Niterói (1º a 4 de outubro de 1991). (org.: Laura Cavalcante Padilha). Niterói: Imprensa Universitária da UFF, 1995.

VVAA. *Atas do I Seminário das Literaturas Africanas de Língua Portuguesa*. Rio de Janeiro (16 a 18 de novembro de 1994). (org.: Carmen Lúcia Tindó Secco). Rio de Janeiro: UFRJ, 1996.

VVAA. *Literaturas Africanas de Língua Portuguesa*. Lisboa: Fundação Calouste Gulbenkian/ACARTE, 1987.

WATT, Ian. *A ascensão do romance: estudos sobre Defoe, Richardson e Fielding*. [trad.: Hildegard Feist]. 1. reimp. São Paulo: Companhia das Letras, 1996.

WRIGHT, Georges. *A destruição de um país – a política dos Estados Unidos para Angola desde 1945*. 2. ed. Luanda: Editorial Nzila, 2001.

Esta obra foi impressa em Blumenau
pela Gráfica Nova Letra na primavera de 2015. No texto foi utilizada a
fonte Electra LH em corpo 11 e en-
trelinha de 17 pontos.